AF547266

Peter A. Söhngen

Die Fälschungen der Evangelien

Peter A. Söhngen, Jahrgang 1942, ist heute im Ruhestand. Zuvor übte er den Beruf des Elektrotechnikers aus.

Er ist ein wissensdurstiger Freigeist. Ihn faszinieren die kulturell unterschiedlichen Wege, das Leben zu meistern, und deren Beweggründe. Die Formel „Licht kommt aus dem Osten“ spricht ihm aus dem Herzen. Das chinesische „Tao te king“ und „I Ging“ schätzt er besonders. In die schriftlose Zeit eindringend versuchte er die Auffassungen und geistigen Techniken der Vorzeit zu ergründen.

Über die Ursprünge unserer Kultur verfasste er die Trilogie „Gespräche mit Lucy“. Als Wegweiser für ein erfolgreiches, menschliches Zusammenleben schrieb er „Stadt ohne Väter“. Sein letztes Werk „Der Märchenerzähler“, sind aufschlussreiche und unterhaltsame Liebesmärchen.

In seinem neuesten Werk „Die Fälschungen der Evangelien“ geht er den Quellflüssen des Christentums nach.

Peter A. Söhngen

Die Fälschungen der Evangelien

Die ursprüngliche Lehre nach dem Thomas- und Friedensevangelium

Jupiter-Verlag
Leonberg

Bibliografische Information der Deutschen Nationalbibliothek:
Die Deutsche Nationalbibliothek verzeichnet diese Publikation in der Deutschen Nationalbibliografie; detaillierte bibliografische Daten sind im Internet über www.dnb.de abrufbar.

© 2015 Peter A. Söhngen
Herstellung Book on Demand
ISBN 3-9807822-8-X

Inhaltsverzeichnis

Was ist die Mehrheit?
Die Mehrheit ist der Unsinn!
Verstand ist stets
bei wen'gen nur gewesen.
Friedrich Schiller in Demtrius

Vorwort

Ramtha, der Held des indischen Epos Ramayana, welcher im letzten Jahrhundert durch das amerikanisches Medium J. Z. Knight sprach, sagte: „Religionen wurden geschaffen, um Menschen zu kontrollieren, wenn Armeen versagten, und die Angst ist das Werkzeug, das sie im Schach hält." Wenn keine Religion kontrollieren würde, bliebe die reine unverfälschte Spiritualität. Religionen versuchen auf hinterhältige Weise Menschen zu manipulieren, um nicht versklaven zu sagen, dagegen versucht Spiritualität den Menschen zu befreien, zu erlösen. Von Zeit zu Zeit treten Erlöser auf, aber kurz darauf wird die Erlösungslehre so abgeändert, dass sie zur Versklavung missbraucht werden kann und wird.
Im Folgenden werden die Verdrehungen der christlichen Religion offengelegt und ein jesuanischer Weg zur Spiritualität aufgezeigt.

Fußnoten [1] sind nummeriert, dagegen sind Literaturangaben in eckige Klammern [987] gesetzt. Hochzahlen hinter dem Herausgabejahr bezeichnen die wievielte Auflage benutzt wurde. Beides, Fußnoten und Literaturangaben, erscheinen am Seitenende, gegebenenfalls werden sie am Ende der folgenden Seite fortgesetzt.

---

1 Fußnoten: Erläuternde Randbemerkungen oder Erklärung am Fuß einer Seite.

[987] Jane Roberts: *Gespräche mit Seth - Von der ewigen Gültigkeit der Seele*, Ariston Verlag, Genf, 1984[4]

Abkürzungen

1. Kor	1. Brief an die Korinther
1. Mos	1. Buch des Moses (Genesis)
1. Tim	1. Brief an Thimotheus
2. Kö	2. Buch der Könige
2. Kor	2. Brief an die Korinther
2. Tim	2. Brief an Thimotheus
3. Mos	3. Buch des Moses (Levitikus)
5. Mos	5. Buch des Moses (Deuteronomium)
Apg	Apostelgeschichte
Das Leben des Heiligen Isa	Kapitel aus: Nikolai Notovitsch: *Die Lücke im Leben Jesu*
Eph	Brief an die Epheser
f	und folgend
FEv	Friedensevangelium der Essener
Gal	Brief an die Galater
Hen	Äthiopisches Henochbuch
Jes	Jesaja (Isais)
Jh	Johannesevangelium
Jud	Brief des Judas
Krn	Koran
Lk	Lukasevangelium
Mi	Micha
Mk	Markusevangelium
Mt	Matthäusevangelium
n. Z.	nach unserer Zeitrechnung (n. Chr.)
Prediger	Ekklesiastes
Ps	Psalm
Röm	Brief an die Römer
S.	Seite
Sach	Sacharja
Th	Brief an die Thessalonicher
ThEv	Thomasevangelium
v. Z.	vor unserer Zeitrechnung (v. Chr.)
vergl.	vergleiche
||	parallel, Parallele
>	siehe bei dem folgenden Wort

Vorschau

Der nachfolgende Artikel *Die Lehre des Jesus Christus* von Charan Singh [2] zeigt wie völlig anders Jesus und seine Lehre gesehen werden kann. Seine Aussagen decken sich zwar mit meinen grundsätzlichen Vorstellungen, aber nicht in jedem Detail.
Wie für den Vollmilchschokolade-Konsument die *Schwarze Herrenschokolade mit Chili* ungewohnt schmeckt, so bildet der folgende Artikel einen herzhaften Vorgeschmack, mit welch geistigem Spagat der Leser rechnen muss. Keinesfalls braucht er die ungewohnte Vorkost schlucken. Wenn er auf die Leckerbissen der Vorschau verzichten will, kann er gleich an den Beginn von *Teil 1: Die Irrlehren* springen.

Die Lehre des Jesus Christus von Charan Singh

Einführung nach dem Herausgeber des *UPDATE* [3]
Die Auszüge aus dem folgenden Interview in dem dänischen Journal *UPDATE* sind auf viele Weise einzigartig. Die Diskussion fand auf der einen Seite mit Maharaj Charan Singh statt. Der spätere Maharaj Charan Singh von Radhasoami Satsang Beas war ein hoch verehrter Heiliger in Indien. Er glaubte, dass die wesentliche Lehre von Jesus Christus durch die heutigen engstirnigen Christen fehlinterpretiert wird. Anstatt Gott in sich zu suchen, argumentierte er, suchen sie Gott im Außen. Anstatt, den menschlichen Körper als den Tempel des lebenden Gottes zu sehen, errichteten die Christen große Gebäude mit sorgsam ausgestalteten Altären. Anstelle Jesus als einen gro-

---

2 Maharaj Charan Singh von Radhasoami Satsang Beas, (*1916, †1990) ein Angehöriger der Religion des Nanak; diese Gläubigen fallen in Europa durch ihren vorne spitz zulaufenden Turban auf

[3] *UPDATE* Magazin, Dänemark, Editor: Prof. David Christopher Lane, publiziert: 1981, englisches Original: http://www.volker-doormann.org/charaniv.txt

ßen Gott-Menschen unter anderen zu betrachten, machten sie ihn und seine Lehre als historisch einmalig. Dabei verbannten sie alle anderen großen, geistigen Gedanken mit ihren jeweiligen Wegen. In der Diskussion stand Charan Singh die UPDATE-Gruppe, aus biblischen Fundamentalisten gegenüber, die von östlicher Mystik und dergleichen mehr oder weniger glauben, dass dies Krankes sei und vieles von der westlichen Kultur mit Pseudo-Gurus und altertümlichen Meditationstechniken habe.

Im Nachfolgenden sehen wir zwei Ansichten von Spiritualität, oder genauer, zwei Ansichten zu der Lehre Jesu. Das eine ist das gnostische [4] Radikale und im Wesentlichen Mystische; das andere klebt am Buchstaben, ist engstirnig und im Wesentlichen biblisch.

Die Basis für diesen Dialog ist ein wenig schräg, weil Christen ihren eigenen Text benutzen - einen Text, der, bevor er die heutige Anerkennung erhielt, eine Anzahl von politischen Prüfungen und Redaktionen [5] durchlief.

Dennoch glaubt Charan Singh, dass das Neue Testament noch Schlüsselelemente von Christi Lehre enthält; Lehren, die er mit den Entdeckungen anderer großer geistiger Führer, wie Rumi (*1207, †1273), Kabir (*1440, †1518) und Nanak (*1459, †1539) gleichsetzt.

Demgegenüber sieht die christliche Gruppe des UPDATES die Lehre Jesu nicht als Teil der beständig fortschreitenden Weisheit der Menschheit, sondern eher als einmalige, einzigartige Enthüllung im Universum über das Verhältnis des Menschen zu Gott. Für sie ist Jesus nicht einfach ein Mystiker unter anderen Mystikern; für sie ist er der einzige Sohn Gottes.

Wenn der Leser denkt, dass dies eine verhältnismäßig neue Debatte des 20. Jahrhunderts ist, in der die Trennlinien zwi-

---

4 gnostisch: die Gnosis betreffend; Gnosis ist eine zum Christentum konkurrierende Lehre, welche fragt: Wer sind wir, wo kommen wir her und wo gehen wir hin?

5 Redaktion: Abänderung eines Schriftstücks

schen Wissenschaft und Religion jetzt offenbar gezogen worden sind, dann wäre dies ein Fehlschluss.
Zweifellos war diese Debatte schon während und nach der Zeit von Christus in voller Blüte. Geschichtlich gesehen gewannen selbstverständlich die Literaten, wenn sie ihre Ansicht, dass Jesus Christus der Messias für die ganze Menschheit war und dass er, als der Sohn Gottes, den Tod besiegte, indem er leibhaftig am dritten Tag wiederbelebt war. Die gnostische Ansicht, die das Konzept einschloss, dass Jesus geistig (aber nicht leibhaftig) von den Toten aufstieg, wurde in der frühen christlichen Kirche als mystische *Ketzerei* unterdrückt, obwohl das Evangelium dafür einen gegenteiligen Beweis zeigt.
Zwanzig Jahrhunderte später haben wir immer noch die gleiche Debatte über eine Figur, die vielleicht die einflussreichste Person in der Geschichte ist.
Lösen wir das Rätsel?
Nein, nicht zu jedermanns universaler Zufriedenheit, aber der folgende Dialog erklärt wenigstens die Schlüsselargumente, welche die zwei wesentlichen Sichtweisen über Jesus unterscheiden.

Die Lehre Jesu aus zwei Sichtweisen

Die Diskussion

Haack: „Was ist diese Lehre, die alle Mystiker der Welt lehren?"
Charan Singh: „Ich erkläre Ihnen den Kern davon. Es gibt einen Gott und es gibt eine Notwendigkeit, *zu ihm zurück* zu gehen. Ohne zurück zu unserem Vater zu gehen, können wir den Geburten und dem Tod nicht entgehen. Der *Herr* ist nirgendwo da draußen, er ist in jedem von uns. Und der Weg, der zurück zu dem Vater führt, ist auch derselbe. In unserem Körper ist der Sitz der Seele und des Verstandes hier in der Mitte zwischen den Augen (drittes Auge). Unser vollständiges Bewusstsein funktioniert von hier heraus in die Richtungen, der neun Öffnungen des Körpers. Durch diese werden wir zu diesem voll-

ständigen Sein gebracht. Und dieses Bewusstsein holt uns zurück zu dem Sein in jeder Zeit nach dem Tod."
Albrecht: „Sie meinen Reinkarnation."
Charan Singh: „Ja, Christus sagte, *wenn du deinen Schatz in der Welt errichtest, wirst du zur Welt zurückkommen; wenn du ihn im Himmel errichtest, gehst du zurück zum Himmel.* [6] Wenn Sie zu diesem Sein gebracht werden, kommen Sie zu diesem Sein zurück. Wenn Sie zum Vater gebracht werden, gehen Sie zurück zu dem Vater. Wenn wir dieses Bewusstsein nicht zurücknehmen zum Augenzentrum, kommen wir nicht zur Tür unseres Hauses. Unsere geistige Reise beginnt vom Augenzentrum an aufwärts. So müssen wir unser Bewusstsein zurücknehmen zum Augenzentrum. Und danach müssen Sie mit diesem Licht und Ton im Inneren reisen. Darum sagte Christus: *Wenn dein Auge einzeln ist, dann ist dein ganzer Körper voll vom Licht.* [7] Wir müssen dieses Auge öffnen und dieses Licht sehen. Mit Hilfe dieses Lichtes können wir unseren Weg zurück zu Gott finden. Christus sagt, dass spirituelle Ergebenheit den Vater erfreut. Und dieser Geist, dieser Heilige Geist, dieses Wort, der Logos, der in jedem von uns ist, ist hier in der Mitte zwischen den Augen. Indische Mystiker haben ihm indische Namen gegeben, Christus hat dem seinen eigenen Namen gegeben, persische Mystiker haben ihm ihren eigenen Namen gegeben, aber die, die im Inneren auf diesem Weg gereist sind, erzählen alle dasselbe. Sie sind nicht durch irgendein Ritual, oder durch irgendwelche Zeremonien gebunden; sie müssen nichts außerhalb ihres Selbst verehren, sie verehren Ihn im Inneren." [8]
Haack: „In der Bibel gibt es ein spezielles Ritual, das von Christus eingeführt wurde, das Abendmahl des Herrn, das durch die Nachfolger von Jesus Christus praktiziert wird."

---

[6] Mt 6,19-21
[7] Mt 6,22; Lk 11,34
[8] Lk 17,21

Charan Singh: „Diese Rituale sind später gekommen. Diese Rituale sind nie von Jesus Christus selbst durchgeführt worden. Sie sind später gekommen. Es war gesegnete Nahrung, die er an seine Schüler verteilte. Es war kein Ritual."
Aagaard: „Am letzten Abend, bevor er verraten wurde?"
Charan Singh: „Ja, er segnete den Brotlaib."
Aagaard: „Er sagte, *nimm, esse, dies ist mein Körper...* "
Charan Singh: „*Dies ist mein Körper,* - sehen Sie, er sagte: *Wenn ihr nicht mein Blut und Fleisch kostet, könnt ihr nicht ein Teil von mir sein*. Es ist nicht das Blut und Fleisch des physischen Körpers, es ist der geistige Körper. [9] Sie kosten nicht das Blut und das Fleisch des geistigen Körpers. Sie sind Geist, der Heilige Geist. Er sagte zu seinen Schülern, *Ihr seid in mich gekommen und ich bin in Euch gekommen*. [10]
Kein physischer Körper kann in den eines andern kommen."
Aagaard: „Wir sprechen in der christlichen Theologie über einen geistigen Körper, das ist richtig. In der christlichen Tradition ist der geistige Körper, soweit wie ich ihn verstanden habe, der Körper der Gläubigen, in denen der Heilige Geist lebt, wie in einem Tempel. Der Tempel des Heiligen Geistes ist eine Gemeinschaft der Gläubigen."
Charan Singh: „Dieser Heilige Geist ist innerhalb von jedem von uns, hier in der Mitte zwischen den Augen."
Aagaard: „Warum genau in der Mitte zwischen den Augen?"
Charan Singh: „Weil der Sitz der Seele und des Verstandes hier in der Mitte zwischen den Augen ist. *Wenn das Auge einzeln ist, ist der ganze Körper voll vom Licht.*"
Aagaard: "Ja, ich kenne diesen Vers, aber ich habe ihn nicht in dieser Weise verstanden."
Charan Singh: „Und dieses Licht ist der Körper von Jesus Christus. Dieses Licht kommt vom Strahlen seines geistigen Körpers."

---

[9] Siehe auch Jane Roberts: *Gespräche mit Seth*, S. 416f
[10] Jh 15,4

Alexander: „Jesus scheint zu lehren, und seine Nachfolger glauben definitiv, dass die Grundlage des Zurückbringens zum Vater das Verzeihen der Sünde war und dass der Tod von Jesus für dieses Verzeihen irgendwie ausschlaggebend war."
Charan Singh: „Sehen sie, was ist Verzeihen? Verzeihen von was?"
Alexander: „In biblischen Begriffen gesprochen ist es das Verzeihen von Sünde."
Charan Singh: „Sünde von Einzelpersonen. Sehen Sie, es gibt etwas, das zwischen mir und dem Vater steht. Solange das nicht Vergeben ist, kann die Seele nicht zurück zu dem Vater gehen. Diese Sperre sind unsere Sünden, unsere Karmas, unsere Tätigkeiten der letzten Leben. Solange all das nicht verziehen ist, kann die Seele nicht zurück zum Vater gehen. Sie kann nicht glänzen, sie kann nicht ganz werden. Deshalb müssen wir meditieren, um dieses Verzeihen zu suchen."
Alexander: „Meine Frage war, dass im Christentum oder in der biblischen Sichtweise der Dinge das Verzeihen auf Jesu Tod basiert."
Charan Singh: „Sie müssen an sich selbst arbeiten, um das Verzeihen des Vaters zu suchen. Jesus hat Ihnen von dem Weg erzählt. Er hat Ihnen eine Lehre gegeben. Er hat Ihnen den Weg gezeigt. Sie müssen diesen Weg, diesen Pfad finden und das Verzeihen Ihrer Sünden suchen, bevor Sie zurück zu dem Vater gehen können. Er sagte: *„Denke anders, das Königreich Gottes ist dir nahe.*" [11] Anders denken in Bezug zu was? Sie wissen nicht, was Sie getan haben (in den letzten Leben). Wie können Sie etwas bereuen, wenn Sie nicht wissen, was Sie getan haben?"
Williams: „Warum wissen wir nicht?"
Charan Singh: „Es ist keine Frage von *warum*, denn wir wissen nicht, wie wir verletzt haben. Ein Kind hat niemanden verletzt; es ist nur Liebe. Warum sieht es nicht Gott? Wir haben viele

---

[11] Mk 1,15; Lk 10,9-11

Jahre durchlaufen, also können wir sehen, was wir getan haben. Aber was ist mit dem Kind? Es weiß es wegen seines Karmas in der Vergangenheit, wegen seiner Sünden in der Vergangenheit nicht. Diese Sünden der Vergangenheit sind unser Meister geworden, und wir sind ihr Sklave geworden. Unsere Seele ist der Sklave jener Sünden geworden."
Williams: „Wenn man dem folgt, was Sie gerade gesagt haben, realisieren Sie, dass es die Sünden früherer Inkarnationen sind. Wie erzielen Sie Verzeihen für sie?"
Charan Singh: „Sie sehen, alle diese Sünden haben eine Beziehung zum Verstand. Die Seele wird durch den Verstand beherrscht. Der Verstand ist ein Sklave der Sinne. Als ein Sklave der Sinne legt der Verstand Sünden fest. Und die Seele wird durch den Verstand beherrscht. So muss die Seele für alle jene Sünden zahlen. Solange die Seele nicht eine Freigabe vom Verstand erhält, kann die Seele nie ganz werden, kann die Seele nie glänzen. Deshalb sollen wir das Bewusstsein zurücknehmen zur Mitte zwischen den Augen und es zum göttlichen Licht im Inneren verbinden. Wenn der Verstand mit dem verbunden ist, wird er nicht durch die Sinne bestimmt. Wenn also der Verstand zu seiner eigenen Quelle zurückkommt, erhält die Seele die Freigabe vom Verstand. Die ganze Belastung wird von der Seele genommen, die Seele leuchtet."
Williams: „Nachdem Sie meditiert haben und Verzeihung erhalten haben, endet die Reinkarnation. Was geschieht dann, nachdem Sie sterben?"
Charan Singh: „Sie gehen zurück zum Vater. Es ist nur unser Karma und die Sünden, die uns zu diesen Leben zurückziehen. Wenn alle beglichen sind, kann uns nichts zu diesem physischen Sein zurückziehen. Wenn es Ihnen möglich ist Ihr Karma durch Meditation während dieser Lebenszeit zu verbrennen, dann müssen Sie nicht zurückkommen."
Albrecht: „Die Frage des Karmas betreffend, woher kam der erste Impuls von Karma? Fing es innerhalb der Göttlichkeit selbst an?"

Charan Singh: „Es beginnt in dem Moment, wo wir Teil dieses Lebens geworden sind. Dann hat der Herr sich selbst in dieses Leben projiziert. Als Sie Johannes lasen, [12] sagte er, dass es das Wort vor dem Leben gab und das Wort das Leben gebildet hat. Es gibt keinen Unterschied zwischen dem Wort und Gott. Vorher also, war es nur die kreative Energie, die Sie Gott nennen können. Und diese kreative Energie hat das Leben verursacht. So hat er sich in dieses Leben projiziert."

Albrecht: „Aber dieses zeigt ein moralisches und ein ethisches Problem. Dieses Leben ist unvollkommen und gefallen; es gibt in der Gesellschaft das Böse und das Leiden in der Welt. Wenn dieses Karma von Gott kam, oder projiziert wurde oder ausströmte von seinem Wesen, dann schließt das ein, dass Gott unvollkommen ist."

Charan Singh: „Nein, Gott ist nicht unvollkommen. Aber Gott hat diese unvollkommene Welt geschaffen. Die Welt ist unvollkommen, es sei denn sie existiert nicht. In dem Moment, wo jemand vollkommen ist in der Welt, geht er zurück zum Vollkommenen. Wir sind nur hier, insoweit wir unvollkommen sind. Und der Punkt unserer Meditation ist vollkommen zu werden. Christus sagte, *gehe und sündige nicht mehr, so dass dir nichts Schlechteres widerfahre.* [13] Sobald Sie auf dem Weg sind, sind Sie auf dem Weg vollkommen zu werden. Andernfalls müssen Sie zu diesem Leben wieder zurückkommen. Und Sie müssen ein glänzendes Beispiel für andere werden, dann werden sie Ihnen auch folgen."

Pandit: „Was ist das Ziel dieses menschlichen Lebens?"

Charan Singh: „Das Ziel ist, uns selbst vollkommen zu machen und zurück zum Vater zu gehen.

Wenn Sie der Gesellschaft helfen möchten, ist das ein ganz anderes Problem. So viele Reformer sind gekommen, also viele Mystiker und Heilige sind gekommen und ist die Gesellschaft

---

[12] Jh 1,1-3

[13] Jh 5,14

verbessert worden? Sie können nicht die Dornen von der Welt entfernen, aber Sie können Schuhe tragen, so stechen sie Sie nicht. Die Gesellschaft bleibt immer dieselbe. Diese Welt ist immer unvollkommen; sie bleibt unvollkommen. Aber wir können in diesem Leben vollkommen werden. Wir können Schuhe tragen. Sie können nicht die Probleme der Welt lösen, aber Sie können sich über das Problem erheben; es beeinflusst Sie dann nicht mehr."

Pandit: „Damit kommen Sie in die Position der Gita,[14] indem er, der ein großer Yogi ist, jenseits der Bindung ist."

Charan Singh: „Ja, er wird nicht beeinflusst durch das, was um ihn herum geschieht. Er muss ein Zuschauer sein."

Haack: „So spielt Gott sein eigenes Spiel in uns?"

Charan Singh: „Ja, wir sind alle Marionetten. Wir haben keine Freiheit - absolut nicht."

Williams: „Gut, aber warum meditiert man dann?"

Charan Singh: "Weil Er möchte, dass wir meditieren. Wir sind nicht erforderlich. Wenn wir einen freien Willen hätten, würden wir keine Rolle in seiner Kreation haben. Wer möchte vom Schöpfer weg sein und ein Teil dieser miserablen Kreation sein? Hatten wir den freien Willen, zu dieser Kreation zu kommen?"

Haack: „Was bedeutet das? Können wir nichts tun?"

Charan Singh: „Absolut nichts. Christus sagte: *Sogar die Haare auf dem Körper werden gezählt*. [15] Wie würden Sie das erklären? Einige Haare weniger oder mehr, würde das irgendeinen Unterschied für sie machen? Er sagt sogar, dass alles gezählt wird - sogar die kleinen bedeutungslosen Dinge. Wir haben einen begrenzten freien Willen, einen bedingten freien Willen, aber keinen absoluten freien Willen."

Haack: „Keinen absoluten freier Willen - nur Gott hat den."

---

14 Gita: Kurzbezeichnung für die Bhagavad Gita: *Der Gesang des Erhabenen*; das heilige Buch der Hindu

[15] Mt 10,30; Lk 12,7

Charan Singh: "Das ist das, was ich sage. Es gibt keinen absoluten freien Willen. Wir haben einen bedingten freien Willen."
Aagaard: „Bedeutet es, wenn wir diese Bedingungen mittels der Meditation loswerden, wir dann unseren freien Willen wieder gewonnen haben?"
Charan Singh: „Nein, dann gehen Sie zurück zum Vater und Sie werden in seinem Willen leben.
Die Frage ist: Was ist *Sie*? Was Sie als Ihr Selbst bezeichnen ist ein Ego, ein Verstand. Und wenn wir das Ego begrenzen, dann ist der transzendierte [16] Verstand die Seele, dann ist die Seele, ein Tropfen des göttlichen Ozeans. Der Zweck ist, eins mit dem Schöpfer zu werden, nicht getrennt von dem Schöpfer zu sein.“
Pandit: „Ist diese Einheit in Identität oder in einer Vereinigung ausgedrückt?"
Charan Singh: „Nennen Sie es wie Sie wollen. Es ist nur eine Art es zu erklären. Sie verlieren Ihre Identität, und doch sind Sie getrennt von ihm. Sie verlieren Ihre Identität, Sie werden gerade eins mit ihm."
Pandit: „Da ist mein Arm, mein Körper, dennoch gilt, es ist ein Arm..."
Charan Singh: „Ja, das ist richtig. Sie sehen die Wellen im Ozean. Sie sind ein Teil des Ozeans, und doch können Sie sagen, dass sie unterschiedlich sind; aber sie sind auch dasselbe."
Haack: „Bin ich mir meiner Existenz nicht länger bewusst, wenn ich eins mit Ihm bin?"
Charan Singh: „Wer möchte sich seiner eigenen Existenz bewusst sein? Es ist nur das Ego, das es wünscht. Ein Liebender möchte immer eins mit dem Geliebten werden. Wer möchte ein Tropfen und nicht der Ozean sein?"

---

16 transzendieren: über einen Bereich hinaus in einen anderen (hin)-übergehen

Haack: „Ich nehme meine menschliche Existenz und Identität als ein wundervolles Geschenk vom Schöpfer selbst, nicht um ausgelöscht zu werden."
Charan Singh: „Sehen sie, ich erkläre es Ihnen. Der Herr verehrt sich selbst durch uns. Wir sind nur Marionetten. Er zieht uns von innen. Solange Er uns nicht diesen Weg zeigt, können wir überhaupt nicht zurück zu ihm gehen. Wir sind blind. Ein blinder Mann kann nie eine Dunkelheit verlassen, es sei denn, jemand mit Augen führt ihn aus dieser Dunkelheit heraus. So sagte Christus, *meine Schafe erkennen meine Stimme*." [17]
Alexander: „Eine weitere Frage betrifft Christi Tod. Sie haben gesagt, bevor man zum Vater zurück kann, ist Verzeihen nötig, und dieses Verzeihen basiert nicht auf Christi Tod, sondern auf unserer Meditation und dem vollkommen werden."
Charan Singh: „Nein, nein. Seine Freundlichkeit ist da, seine Hilfe ist da, er hat uns den Weg gezeigt und gelehrt."
Alexander: „Richtig. Aber ich spreche von seinem Tod als einer Buße für Sünden. Wenn Gottes Verzeihung nicht auf Christi Tod basiert, welche Bedeutung hat dann Christi Tod? Welche Bedeutung hat Christi Kreuzigung?"
Charan Singh: „Ich persönlich denke, dass, wenn Christus nicht gekreuzigt worden wäre, dann wäre seine Lehre ungehört vergangen. Er wäre gegangen ohne dass die Welt etwas von ihm weiß. Viele Heilige sind gekommen und gegangen, niemand weiß alles über sie. Für sie ist das Gehen nichts, ob am Kreuz oder im Körper. Sie sind eins mit dem Vater."
Aagaard: „Wie wird dann die Auferstehung verstanden?"
Charan Singh: „Was ist Ihr Konzept der Auferstehung?"
Aagaard: „Es ist, dass Jesus Christus leibhaftig getötet wurde, und am dritten Tag wieder in dieser Welt aufstieg, wie der Heilige Geist, der aller Menschheit Vergebung und neues Leben bringt."
Charan Singh: „Und wohin ging er danach?"

---

[17] Jh 10,4

Aagaard: "Er ging zur rechten Seite Gottes zu sitzen, dem Vater, wie wir es im Glaubensbekenntnis erklären. Und von dort wird er wiederkommen."
Charan Singh: „Mein Konzept ist: Seine Schüler sahen Christus innerhalb ihrer selbst, seine leuchtende Form."
Williams: „Noch vierzig Tage nach der Auferstehung wurde sein Körper von vielen Leuten gesehen."
Charan Singh: „Leute sahen seinen geistigen Körper. Aber dieser Körper ist nicht aus dieser Materie."
Williams: „Aber er aß wirklich Nahrung am Strand." [18]
Charan Singh: „So sah es aus. Aber wenn sie versuchten, ihn zu fangen (seinen Körper) konnten sie es nicht."
Scott: „Sie zitierten zwei Passagen aus Jesu Worten, und es gibt einige andere Passagen die sehr nah an jenen zwei Passagen anschließen. Sie sprechen vom inneren Licht. Jesus sagte, *Wenn das Licht in Dir Dunkelheit ist, wie groß ist die Dunkelheit.* [19] Sie sprachen über Jesus als Hirte und er sprach über sich selbst als der einzige Hirte. Und er sprach über andere Lehrer, die Diebe und Räuber sind. Denken Sie es war Jesu Absicht Leute irrezuführen, oder missverstanden zu werden? Wie setzen wir diese Dinge in den Kontext ein?"
Charan Singh: „Leute verdrehen seine Lehre, es tut mir leid das sagen zu müssen. Er sagte, dass es eine Dunkelheit in jedem von uns gibt und Licht erfasst sie nicht. Wir können dieses Licht nirgends sehen, weil es eine Dunkelheit im Inneren gibt, nicht irgendwo draußen. Jeder benötigt eine Anleitung. Christus erhielt seine Anleitung von Johannes dem Täufer. Er sagte, dass es einen Mann gibt, der von Gott gekommen ist, dessen Name Johannes ist." [20]
Scott: „War also Johannes der Lehrer von Jesus?"
Charan Singh: "Ja."
Scott: „Ich sehe..."

---

[18] Jh 21,12-13
[19] Mt 6,23; Lk 11,35
[20] Jh 1,6

Charan Singh: „Absolut. Wir können oder möglicherweise können wir es nicht akzeptieren. Versuchen Sie, ein wenig tiefer in der Bibel zu gehen."
Haack: „Ich bekomme das merkwürdige Gefühl, dass wir vor allem die Paulus-Briefe, die im Neuen Testament sind, verwerfen. Sie sagen, dass es nur ein Licht für die Welt gibt, Jesus Christus..."
Charan Singh: „Sie dürfen nicht zu Paulus gehen. Gehen Sie zu der Lehre des Johannes, des Matthäus, des Lukas. Sie sind die, welche die direkte Lehre von Christus empfingen. Niemand notierte was Christus sagte. Folglich können wir einen Vers wie *der einzige Sohn* nicht buchstäblich nehmen, es könnte auch nur *der Sohn* bedeutet haben, das ist die Weise aller Mystik.
Ich habe einen Kommentar zu Matthäus geschrieben. Ich verstehe es, aber ich sage nicht, dass ich eine Autorität der Bibel bin, weil das nicht mein Hintergrund ist, wie Sie sehen."
Williams: „Wie kann ich (im Nachhinein) regeln, was ich in den Jahren vorher tat, als ich nicht mal wusste, wer oder was ich war?"
Charan Singh: „Das ist der Zweck der Meditation. Christus sagte: *Denke anders, das Königreich Gottes ist dir nahe.*" [21] Wir können nicht etwas bereuen, was wir nicht wissen."
Williams: „Aber kann ich nicht von diesem Tag, von diesem Leben an, wo ich als Kind aufgewachsen bin und weiß, was ich getan habe, bereuen?"
Charan Singh: „Sie können nur in dem Sinne bereuen, dass Sie nichts tun, von dem Sie denken, dass es schlecht ist. Aber deswegen wissen Sie noch immer nicht, was Sie in der Vergangenheit getan haben."
Williams: „Die christliche Haltung ist, dass der Moment, wo wir geboren werden, wir mit einer nagelneuen Seele starten und wir eine nagelneue Schöpfung von einem liebevollen Vater waren."

---

[21] Mt 10,7

Charan Singh: "Christus sagte, *bei der Geburt nimmst du deine Sünden mit*. Die Bibel sagt, dass Sie mit Ihren Sünden kommen müssen; zusammen mit Ihren Sünden, der ursprünglichen Sünde. Dieses ist das Konzept der ursprünglichen Sünde - die Sünden, die Sie in vergangenen Leben gelegt haben. Sie müssen zusammen mit ihnen kommen. Sie sind Ihr Meister geworden. Sie sind ihr Schüler geworden."
Albrecht: "Ich habe eine Menge über Reinkarnation und das grundlegende Problem nachgedacht, dass ich sehe, um ein Beispiel zu sagen, dass ich Billy the Kid war, ein notorischer Gesetzloser und Mörder in den USA im letzten Jahrhundert. Jetzt habe ich keine Erinnerung von all dem, aber, wenn ich seine Reinkarnation bin, dann werde ich für alle Dinge, die Billy the Kid tat, leiden. Nun, ich habe keine Verbindung zu Billy the Kid, keine Erinnerung oder Anerkenntnis für das Leben. Warum sollte ich für seine Sünden zahlen? Dieses scheint mir unlogisch und ungerecht zu sein."
Charan Singh: "Was ist *Sie*? Ist es der Körper, gebildet von den chemischen Elementen, oder ist es die Seele?"
Albrecht: "Ich glaube, dass ich eine Kombination meines Körpers, Verstandes und Geistes oder Seele bin."
Charan Singh: "Wer gibt diesem Körper und Seele das Leben?"
Albrecht: "Gott erschafft die Seele."
Charan Singh: "Ja, und alle Sünden sind bezogen auf die Seele. Und durch den Körper müssen Sie sie bezahlen. Jetzt sind Sie es in diesem Körper, damals war es jene Person, dieselbe Seele. Die Seele stirbt nie und Christus sagte, dass sie unsterblich ist."
Albrecht: "Für mich ist meine Seele unentwirrbar mit meiner Persönlichkeit verbunden. Nicht mit Billy the Kid's Persönlichkeit oder wem auch immer."
Charan Singh: "Nein, nein. Sehen Sie: Billy the Kid ist in dem bestimmten Körper. Aber die Seele kann dieselbe sein. Dieselbe Seele, die in dem Körper war, ist jetzt in diesem Körper

zusammen mit allen ursprünglichen Sünden gekommen, jene Sünden, die von ihm gelegt wurden."
Alexander: "Sagen Sie, dass die Seele sich erinnert?"
Charan Singh: "Nein, nein. Sie kann sich an nichts erinnern. Aber die gleiche Seele kommt zusammen mit jenen Sünden jetzt in diesem Körper und bezahlt für jene Sünden durch diesen Körper. Der Körper ist nur ein Gewand."
Albrecht: "O.K., aber wer stellt fest, welche Seele einsteigt in welchen Körper? Gibt es einen großen Computer in den Himmeln?"
Charan Singh: „Den Herrn."

Teil 1: Die Irrlehren

Hinter den Kulissen

Wenn eine Religion geschaffen wird, um Menschen zu kontrollieren, welche politische Situation drohte dann aus dem Ruder zu laufen oder war schon nicht mehr leicht zu kontrollieren? Wenn eine Armee versagte, was begann dann in Palästina bzw. im umliegenden Machtbereich zurzeit Jesu der Regierung aus dem Griff zu gleiten?

Das römische Reich bedrückte auch seinen Vasallenstaat Judäa mit hohen Steuern. Schon 6 bis 7 n. Z. kam es zu einem Aufstand, den Judas, Sohn des Ezechias, führte. Judas war einer von mehreren Volkspredigern, die sich als Messias ausgaben. Im Jahre 26 n. Z. kam es zu schweren Unruhen, als Pontius Pilatus Kaiserbilder nach Jerusalem bringen ließ.

Was lief da hinter den Kulissen?

Der Sohn einer keltischen, englischen Adeligen und eines palästinensischen Adeligen war ein Magnat [22] und Großreeder. Er handelte mit Blei, aber vor allem mit Zinn, einem zu seiner Zeit sehr wertvollen Rohstoff und nötigen Bestandteil der Bronzelegierungen. Das Zinn, mit dem er handelte, stammte aus den Zinnmienen von Cornwall. Er war der reichste Mann im römischen Reich und ein Mitglied des Sanhedrins, des altjüdischen Gerichts in Jerusalem. Seine zahlreichen Handelsreisen dienten weniger dem Handel an sich, sondern großenteils der Belebung des Netzwerkes der Essener und deren Verbindung mit den Druiden.

Er war nicht nur der Onkel mütterlicherseits von Jesus, sondern auch dessen Lehrer. Er führte Jesus sowohl in das essenische Wissen, als auch in das druidische Wissen ein. Durch das Zinnmonopol, das in seinen Händen lag, konnte er die römische Regierung gut beeinflussen. Dass er ein Essener war, hielt er geheim. Er gehörte zur grauen Eminenz, welche die Fäden in der Hand hält. Sein Name war Joseph von Arimathia.

---

[22] Magnat, hoher Adeliger, Großgrundbesitzer

Auf der anderen Seite versuchte die römische Regierung mehr Einfluss auf die aufrührerischen Juden zu bekommen. Dazu wurde Saulus von Tarsus ins Feld geschickt. Er war römischer Staatsbürger und Jude zugleich. Er sollte die religiöse Freiheit, die durch Alexander den Großen entstanden war, zu Gunsten des römischen Kaisers kanalisieren. Aus dem Propheten Jesus, der teilweise als der erwartete jüdische Erlöser angesehen wurde, dem es aber nicht gelang, das römische Joch abzuschütteln, machte Saulus einen himmlischen Erlöser, den Christus Jesus. Damit sollte die irdischen Machtverhältnisse an der Ostküste des Mittelmeers und später im ganzen römischen Reich wieder zu Gunsten des Kaisers stabil hergestellt werden.
Zunächst verfolgte *Saulus von Tarsus*, die Nazaräer oder Nazarener, [23] die Anhänger der Lehre Jesu. [24] Nazaräer bedeutet die Frommen. Nachdem Jesus seine Jünger verlassen hatte, schossen die Sekten aus dem Boden, wie das Unkraut nach einem Regen. Judas schrieb von den Irrlehren in seinem Brief, [25] Petrus in seinem 2. Brief [26] und Paulus wetterte in verschiedenen Briefen gegen die Irrlehren.
Wie das jüdische Sprichwort weiß: „Wer mit einem Finger auf andere zeigt, der zeigt mit drei Fingern auf sich.“ Und tatsächlich wurde Paulus später von den Essenern als der sogenannte *Lügner* angesehen.
Die ägyptische Vorstellung von der leiblichen Auferstehung, welcher auch die Pharisäer anhingen, projizierte Paulus auf Jesus. Da Paulus etwas grundlegend anderes als Jesus erzählte, musste er sich von den Jesusjüngern trennen. [27] Später gelang es Paulus mit einer Spende sich bei der Urgemeinde beliebt zu machen, um nicht zu sagen, es gelang ihm sich ein-

---

[23] Apg 24,5
[24] Apg 8,3
[25] Jud 1,4
[26] 2. Pet 2,1
[27] Apg 9,26-30

zukaufen. [28] Mit Hilfe des römischen Kaisers verbreitete die Paulinische Irrlehre von der Erlösung durch den Sündenbock *Jesus* sich im Abendland. Manchmal wird sie korrekterweise *Paulinismus* genannt.
Hatten wir es bei diesem frühen Religionskampf mit Soziopathen zu tun?

Soziopathen

Soziopath kam aus dem Englischen zu uns und wird immer öfter verwendet. Wie der Psychopath, so ist der Soziopath ein psychisch Kranker. Er verhält sich krankhaft gegenüber der Gesellschaft. Das entspricht unserem Begriff *asozial*. Doch als Asoziale werden, teilweise bis heute, insbesondere Bettler, Landstreicher, Obdachlose, Fürsorgeempfänger, Suchtkranke, Fahrende und andere Unangepasste bezeichnet. Nicht die Schiffschaukelbremser oder die Lebenskünstler, die unter der Brücke schlafen, sind Soziopathen. Soziopathen sind die Halsabschneider, die Wölfe im Schafspelz, die Aasgeier. [29] Bei einer Untersuchung des Kooperationsverhaltens im Jahr 2013 kamen Forscher in der Schweiz zum Schluss, dass sich auch Börsenhändler deutlich egoistischer und asozialer verhalten als die Normalbevölkerung. Ein Soziopath findet sich weniger bei den Fürsorgeempfängern, er findet sich vor allem bei den Verbrechern mit den weißen Kragen, den Inquisitoren, Politikern, Chaoshändlern und Rattenfängern.
Soziopathen sind wahre Meister der Beeinflussung und Irreführung. Nur wenig von dem, was sie von sich geben, entspricht der Wahrheit oder der Wirklichkeit, aber sie sind extrem geschickt darin, alles was sie sagen, glaubwürdig *klingen* zu lassen, auch wenn sie es einfach erfinden.

---

[28] Apg 12,25

[29] Vergleiche: Mike Adams: *Wie man einen Soziopathen erkennt - zehn Wahrzeichen, die sie davor schützen können, einem charismatischen Spinner auf den Leim zu gehen.* In KOPP ONLINE vom 15.06.2012

Viele der nachfolgenden Informationen sind dem faszinierenden Buch *Der Soziopath von nebenan* entnommen. Laut der Autorin sind vier Prozent der Bevölkerung Soziopathen.

Das Krankheitsbild des Soziopathen zeigt, dass Soziopathen Meister darin sind, zur Rechtfertigung ihres Handelns komplizierte fiktive Erklärungen abzugeben. Werden sie auf frischer Tat ertappt, reagieren sie mit Wut und Drohungen und erfinden umgehend neue Lügengespinste, mit denen sie wegdiskutieren, was ihnen da vorgeworfen wird.

Ein Soziopath, der mit einem Koffer voller Geld, das er gerade gestohlen hat, geschnappt wird, erklärt vielleicht, er habe das Geld gerettet, weil es jemand anders stehlen wollte, und er sei auf der Suche nach dem rechtmäßigen Besitzer gewesen. Er stellt sich als der Held hin, verstehst Du? Und doch wird er in Wirklichkeit das Geld einstecken und behalten. Wenn du ihm Fragen dazu stellst, wird er dir vorwerfen, seine Ehrlichkeit infrage zu stellen.

Soziopathen sind Meister darin, sich als Helden von hoher Moral und philosophischem Anspruch darzustellen, aber dahinter verbirgt sich echtes kriminelles Denken, sie stehlen, zersetzen, täuschen und stürzen oft genug ganze Gemeinschaften ins Chaos. Sie verstehen es meisterhaft, Gruppen von Menschen gegeneinander auszuspielen und sich selbst als den einzigen wahren Retter zu präsentieren. Wo sie gehen und stehen, stiften sie Zwietracht, Streit und Hass, sind aber unfähig, ihre eigene Rolle dabei zu erkennen. Sie sind wahnhaft auf so vielen Ebenen, dass sich ihr Gehirn logischen Argumenten verweigert. Mit einem Soziopathen können Sie nicht rational diskutieren. Damit verschwenden Sie nur Ihre Zeit und verärgern den Soziopathen.

Soziopathen übertreiben die Dinge bis ins Irrationale, Absurde. In der Welt des Soziopathen klingt jede Erklärung intensiver und heroischer als das, was wirklich passiert ist. Wo ein normaler Mensch sagen würde: „Ich habe mich gestern

Abend übergeben", sagt der Soziopath: „Ich habe einen neun Meter langen Bandwurm erbrochen."
Und ein echter Soziopath würde vielleicht noch Einzelheiten hinzufügen wie: „Und dann kroch der Bandwurm die Wand herauf, stürzte sich auf mich und versuchte, mich zu erdrosseln!"
Sie mögen über so eine Erklärung lachen, aber ich kenne viele ähnliche Beispiele, die von irrationalen Sektenanhängern geglaubt wurden.
Keine Geschichte, die der Soziopath spinnt, oft aus der Laune des Augenblicks, lässt sich bestätigen oder widerlegen. Niemand kann die Unwahrheit beweisen, weil keiner dabei war, also kann er jedes beliebige Detail in seine Geschichte einbauen. „Nachdem ich das gegessen hatte, hatte ich drei Stunden lang einen Samenerguss." Oder: „Der Dalai Lama wollte mich zum spirituellen Führer salben, aber ich habe es abgelehnt, ich habe ihm gesagt, mir genüge der Glaube, ich bräuchte keine offizielle Anerkennung."
Wie kann jemand so eine Behauptung widerlegen? Es geht nicht. Also verlässt sich der Soziopath auf diese unbeweisbaren, unbegründeten Behauptungen, um eine falsche Aura von Autorität, Spiritualität oder Weisheit aufzubauen. Die umgarnt die Anhänger wie eine Schlange, schlüpft in ihr Hirn und bestimmt ihre Ansichten, bevor sie überhaupt merken, was mit ihnen geschieht.
Wenn Soziopathen reden, fesseln sie die Vorstellungskraft und klingen vernünftig, sogar verlässlich. Aber bei Licht betrachtet ist das, was sie sagen, absurd... sogar gefährlich.
Doch welche Gespinste der Soziopath auch von sich gibt, sie stellen ihn stets als Helden dar – manchmal sogar als Heiligen –, der sein Leben für das Wohl anderer opfert. Er spricht oft vom Heilen oder Entgiften oder vom Gereinigtwerden. Wird er jedoch von jemandem entlarvt, so beschimpft er diesen als verdeckten Geheimagenten. Werden ihm von einer seiner eigenen Anhängerinnen sexuelle Über-

griffe vorgeworfen, verleumdet er sie als Feindin oder Spionin.

Das oberste Ziel eines Soziopathen besteht darin, sich selbst zu vernichten und dabei so viele willige Opfer mitzunehmen wie nur möglich. Das ist das Jim-Jones-Szenario: Trinke das vergiftete Kool-Aid und erweise dich der Sektengemeinschaft würdig.

Ein geläufiges Thema: Gift, Heiligkeit und Erlösung

Interessanterweise bauen viele Soziopathen tatsächlich ihre Handlungen um das Thema eines Getränks oder Nahrungsmittels auf, oft verlangen sie von ihren Mitgliedern, etwas Vergiftetes oder Ekelhaftes zu essen oder zu trinken, das kein rationaler Mensch zu sich nehmen würde. Die Sekte Heaven's Gate wurde von einem klassischen Soziopathen namens Marshall Applewhite angeführt. Er hat es geschafft, 38 Anhänger so weit zu bringen, dass sie mit Phenobarbital vergiftetes Apfelmus aßen und auf diese Weise Selbstmord begingen.

Leider steht immer, wenn sich ein Soziopath umbringt (und dabei ein paar Anhänger mitnimmt) schon ein anderer bereit, seinen Platz zu übernehmen, genau wie der vorige nach Macht, Einfluss und manchmal auch Ruhm strebend. Eine Gemeinsamkeit der Soziopathen besteht darin, dass sie gern in Fernsehshows auftreten möchten oder kurzfristigen Ruhm suchen, indem sie etwas völlig Bizarres tun. Auf diese Weise rekrutieren sie auch Anhänger für ihre Sekte.

Und die Menschen liebten ihn dafür! Sie fühlten sich inspiriert, begeistert, geheilt und geführt. Jim Jones war ihr Retter, ihr Prophet. Sie glaubten ihm aufs Wort und bezahlten ihren törichten Glauben mit dem Leben.

War Jesu oder Paulus ein Soziopath?

Zehn Regeln offenbaren diese Krankheit. Jeder Mensch besitzt soziopathische Züge. Je mehr Charakteristiken zutreffen umso gefährlicher wirkt sich die Krankheit auf seine Mitmenschen aus.

Regel Nr. 1, ***Soziopathen sind reizend.*** *Soziopathen haben Charisma und scharen allein deshalb Anhänger um sich, weil die Menschen ihnen nahe sein möchten. Sie haben eine ‚Glut' in sich, die Menschen anzieht, die nach Führung oder Leitung suchen. Oftmals wirken sie sexy oder haben eine starke sexuelle Ausstrahlung. Natürlich ist nicht jeder, der sexy wirkt, ein Soziopath, aber seien Sie auf der Hut vor übermäßiger sexueller Begierde und merkwürdigen Fetischen.*

Jesus hatte zweifellos Charisma, aber keine sexuelle Begierde und schon gar keinen Fetisch.

Paulus hatte Charisma und scharte Massen um sich, die ihm folgten. Auf Frauen wirkte der Frauenfeind Paulus allerdings nicht sexy. So schreibt er doch tatsächlich:

> *Es ist für den Mann gut, eine Frau nicht anzurühren. Doch um die Unzucht zu vermeiden habe ein jeder seine Frau und eine jede ihren Mann.* [30]

Regel Nr. 2, ***Soziopathen sind spontaner und intensiver als andere Menschen.*** *Sie neigen dazu, seltsame, bisweilen unberechenbare Dinge zu tun, die ein normaler Mensch so leicht nicht tun würde. Sie respektieren keine gesellschaftlichen Sitten. Ihr Verhalten scheint oft irrational oder sogar riskant.*

Zumindest seinen Erzählungen nach machte Paulus gefährliche Reisen, und brüstete sich damit:

> *Denn wir möchten euch Brüder, nicht ohne Wissen lassen von der Drangsal, die uns in Asien widerfahren ist; über unsere Kraft hinaus hatten wir in einem solchen Übermaß zu tragen, dass wir keine Möglichkeit mehr sahen, noch weiter zu leben. Wir hatten schon für uns selbst das Todesurteil gesprochen; wir sollten so nicht auf uns selbst vertrauen, sondern auf Gott, der die Toten auferweckt. Er hat uns aus*

[30] 1. Kor 7,1-2

so schwerer Todesnot errettet und er wird uns wieder retten. Auf ihn haben wir unsere Hoffnung gesetzt, dass er uns auch ferner retten wird. [31]

Paulus respektierte die gesellschaftlichen Sitten nicht, zumindest provozierte er, so dass er immer wieder ins Gefängnis kam oder vor Gericht geladen wurde.

Regel Nr. 3, ***Soziopathen kennen kein Gefühl von Scham, Schuld oder Reue.*** *In ihrem Gehirn sind die Schaltkreise, solche Emotionen zu verarbeiten, nicht angelegt. Deshalb können sie Menschen bedenkenlos betrügen, bedrohen oder ihnen Leid zufügen. Sie tun alles, was ihrem Selbstinteresse dient, auch wenn sie anderen damit schaden.*

Paulus verfolgte die Anhänger von Jesu Lehre:

Saulus aber suchte die Gemeinde zugrunde zu richten, drang in die Häuser ein, schleppte Männer und Frauen weg und lieferte sie in das Gefängnis. [32]

Paulus stimmte der Steinigung des Stephanus zu:

Saulus aber hatte seiner Tötung zugestimmt. [33]

Vermutlich war er sogar der Anstifter, wenn er dies vor dem Volk von Cäsarea schamlos öffentlich wiederholte:

Und damals als das Blut deines Zeugen Stephanus vergossen wurde, meine Zustimmung gab und die Kleider derer, die ihn töteten, bewachte. [34]

Regel Nr. 4, ***Soziopathen erfinden ungeheure Lügen über ihre Erfahrungen.*** *Sie übertreiben Dinge bis ins Unendliche, aber wenn sie Ihnen davon erzählen, scheint es irgendwie glaubwürdig.*

---

[31] 2. Kor 1,8-11

[32] Apg 8,3

[33] Apg 8,1

[34] Apg 22,20

Die erlogene Geschichte des Wandels vom Saulus zum Paulus, die er auf den Stufen der Kaserne in Jerusalem dem Volk zum Besten gab, erreichte den Rang eines weltbekannten Mythos:

> *Ich bin ein Jude, geboren in Tarsus in Kilikien, aufgewachsen aber in dieser Stadt, unterrichtet zu den Füßen Gamaliels nach der Strenge des väterlichen Gesetzes, als Eiferer für Gott, wie auch ihr alle es heute seid. Ich verfolgte diese Lehre bis auf den Tod, indem ich Männer und Frauen gefangennahm und dem Gefängnis überlieferte. Das kann mir der Hohepriester und die gesamte Ältestenschaft bezeugen. Von ihnen erhielt ich Briefe, mit denen ich zu den Brüdern nach Damaskus zog, um die dort sich Aufhaltenden gefesselt nach Jerusalem zu bringen, damit sie gestraft würden. Unterwegs aber, als ich mich Damaskus näherte, geschah es, dass zur Mittagsstunde mich plötzlich vom Himmel her ein helles Licht umstrahlte. Ich stürzte zu Boden und hörte eine Stimme, die zu mir sprach: ‚Saulus, Saulus, warum verfolgst du mich?' Ich antwortete: ‚Wer bist du Herr?' Er sprach zu mir: ‚Ich bin Jesus von Nazareth, den du verfolgst.' Meine Gefährten sahen zwar das Licht, aber die Stimme, dessen, der mit mir sprach, hörten sie nicht. Ich sagte: ‚Was soll ich tun, Herr?' Der Herr aber sprach zu mir: ‚Steh auf und geh nach Damaskus hinein; dort wird dir alles gesagt werden, was dir zu tun aufgetragen ist.' Als ich, vom Glanz jenes Lichtes geblendet, nichts sehen konnte, ging ich, von meinen Gefährten an der Hand geführt, nach Damaskus hinein. Ein gewisser Ananias, ein gesetzesfrommer Mann, der bei allen ansässigen Juden Anerkennung genoss, kam zu mir: ‚Bruder Saul, werde wieder sehend!' Zur selben Stunde konnte ich wieder sehen und blickte zu ihm auf. Er aber sagte: ‚Der Gott unserer Väter hat dich vorherbestimmt, seinen Willen zu erkennen, den Gerechten zu schauen und den Ruf aus seinem Munde zu hören; denn du sollst ihm Zeuge sein vor allen Menschen für das, was du gesehen und gehört hast. Und nun, was zögerst du? Steh auf, lass dich taufen*

und deine Sünden abwaschen, nachdem du seinen Namen angerufen hast.' Als ich wieder nach Jerusalem zurückkam und im Tempel betete, geschah es, dass ich in Verzückung kam und ihn sah, wie er zu mir sagte: ‚Eile und verlasse schleunigst Jerusalem; denn sie werden dein Zeugnis über mich nicht annehmen.' Ich entgegnete: ‚Herr, sie wissen ja selbst, dass ich es war, der jene die an dich glauben, ins Gefängnis brachte und in den Synagogen geißeln ließ. Und damals als das Blut deines Zeugen Stephanus vergossen wurde, war gerade ich es, der dabeistand und meine Zustimmung gab und die Kleider derer, die ihn töteten, bewachte. Er aber sagte zu mir: ‚Zieh fort; denn ich will dich in die Ferne unter die Heiden senden.'" [35]

Regel Nr. 5, ***Soziopathen wollen andere dominieren und um jeden Preis „gewinnen".*** *Sie hassen es, einen Streit zu verlieren, und werden ihr Lügengespinst mit allen Mitteln verteidigen, bis hin zur logischen Absurdität.*
In der Erzählung auf der Kasernentreppe verhedderte Paulus sich in seinen Lügen. Die Apostelgeschichte erzählt die Zeit nach seiner Berufung folgendermaßen:

> *Er hielt sich bei den Jüngern, die zu Damaskus waren, einige Tage auf und predigte sofort in den Synagogen von Jesus, dass er der Sohn Gottes sei.* [36]

Im Brief an die Galater schrieb er, dass er nach seiner Offenbarung sich nicht an Menschen wandte und auch nicht nach Jerusalem ging, sondern nach Damaskus. Erst nach drei Jahren ging er nach Jerusalem:

> *Als es jedoch dem, der mich von meiner Mutter Schoß her ausgesondert und durch seine Gnade berufen hat, gefiel seinen Sohn in mir zu offenbaren, damit ich ihn unter den Heiden verkünde, da wandte ich mich nicht sogleich an Fleisch*

[35] Apg 22,3-21
[36] Apg 9,19

und Blut, auch ging ich nicht nach Jerusalem hinauf zu denen, die vor mir Apostel waren, sondern begab mich nach Arabien und kehrte wieder zurück nach Damaskus. Nach drei Jahren ging ich nach Jerusalem hinauf, um Kephas zu sehen, und blieb bei ihm fünfzehn Tage. [37]

Regel Nr. 6, ***Soziopathen sind in der Regel hochintelligent,*** *nutzen ihre Geisteskräfte aber dazu, andere zu täuschen, anstatt sie zu entwickeln. Ihr hoher Intelligenzquotient macht sie oft gefährlich. Das ist der Grund, warum einige der bekanntesten Serienmörder, die sich erfolgreich der Strafverfolgung entzogen, Soziopathen waren.*
Jesus war hochintelligent, aber er täuschte seine Anhänger nicht, sondern versuchte sie zu entwickeln.
Paulus studierte zu Füßen des Rabbi *Gamaliel*.

Regel Nr. 7, ***Soziopathen sind unfähig zur Liebe*** *und kümmern sich nur um sich selbst. Sie können Liebe oder Leidenschaft vortäuschen, damit sie bekommen, was sie wollen, aber in der Regel FÜHLEN sie die Liebe nicht so wie Sie oder ich.*
Das wesentliche Kriterium des Soziopathen besteht in der Unfähigkeit zu lieben. Jesus zeichnet die Fähigkeit zu lieben und zu verzeihen gerade aus.
Paulus überspielte diesen Mangel, indem er den Hymnus über die Liebe bei den Essenern kopierte und im 13. Kapitel seines 1. Briefes an die Korinther sandte:

Wenn ich mit den Zungen der Menschen und Engel rede, aber keine Liebe habe, klinge ich wie Blech oder eine scheppernde Zimbel; wenn ich Kommendes voraussagen kann und alle Geheimnisse kenne und alle Weisheit, auch wenn ich so einen starken Glauben habe wie der Sturm, der Berge versetzen kann, aber keine Liebe habe, bin ich nichts. Und wenn ich all meine Güter hergebe, um Arme zu ernähren,

---

[37] Gal 1,15 - 18

und all mein Feuer, das ich von meinem Vater erhalten habe, aber keine Liebe habe, nützt es mir nichts. Liebe ist geduldig, Liebe ist gütig. Liebe ist nicht neidisch, schafft nichts Böses, kennt keinen Stolz; sie ist weder grob noch selbstsüchtig, bleibt gegenüber Ärger gelassen und stellt sich kein Unheil vor, fällt nicht in Ungerechtigkeit, sondern erfreut sich der Gerechtigkeit. Liebe verteidigt alles, Liebe hofft alles. Liebe erträgt alles; sie erschöpft sich nie; doch Worte allein werden vergehen, und Wissen wird verschwinden. Denn wir haben nur teilweise Wahrheit und teilweisen Irrtum, doch wenn die Fülle der Vollkommenheit gekommen ist, wird alle Unvollkommenheit ausgelöscht. Im Kindesalter sprach ein Mensch wie ein Kind, verstand wie ein Kind, dachte wie ein Kind; aber als Erwachsener legte er die kindischen Dinge ab; denn noch sehen wir durch trübes Glas und dunkle Worte. Noch haben wir nur Teilwissen, aber sind wir vor Gottes Gesicht gekommen, werden wir kein Teilwissen mehr haben, sondern ein Wissen, wie er es uns lehrt. Jetzt bleiben diese drei: Glauben und Hoffnung und Liebe; aber das größte davon ist die Liebe. [38]

Regel Nr. 8, ***Soziopathen nutzen eine poetische Sprache.*** *Sie sind Meister der Wortschöpfung und fähig, Monologe im Stil eines ‚Bewusstseinsstromes' zu halten, die gleichermaßen faszinierend und hypnotisierend sind. Sie sind Experten im Geschichtenerzählen, manchmal sogar Dichter.*
Jesus zeichnete seine Sprache aus, aber er erzählte keine fantastischen Geschichten oder Lügen.
Paulus hielt hypnotisierende Reden:

Ein junger Mann - er hieß Eutychus - saß auf der Fensterbank. Weil Paulus nun solange redete, wurde er vom Schlaf

[38] FEv S. 18-19 vergl. 1. Kor 13,1-13

> *überwältigt und fiel drei Stockwerke tief aus dem Fenster.* [39]

Regel Nr. 9, ***Soziopathen entschuldigen sich nie.*** *Sie irren nie, sie fühlen sich nie schuldig, sie können sich einfach nicht entschuldigen. Selbst wenn sie nachweislich Unrecht hatten, verweigern sie eine Entschuldigung und gehen stattdessen zum Angriff über.*
Dann schuf Paulus ein Tabu, indem er die, welche etwas anderes sagen als er, verfluchte:

> *Wie wir schon sagten, so sage ich jetzt noch einmal: Wenn jemand euch ein anderes Evangelium verkündet, als ihr empfangen habt, sei er verflucht!* [40]

Regel Nr. 10, ***Soziopathen sind wahnhaft und glauben buchstäblich daran, dass alles, was sie sagen, Wirklichkeit wird*** *– nur weil sie es sagen!*
Jesus prophezeite die Tempelzerstörung. Er war aber nicht der Urheber, wie die Soziopathen die Urheber sein wollen.
Paulus, glaubte der Kaiser in Rom würde ihn freisprechen, doch er wurde, wie bei Agenten üblich, wie eine heiße Kartoffel fallen gelassen und erlitt den Märtyrertod.

Heiligkeit und Erlösung

Soziopathen bauen ihre Handlungen um das Thema eines Getränks oder Nahrungsmittels auf. Das besitzt das Christentum im Abendmahl mit Brot und Wein auch. Doch danach geht Jesus nicht wirklich in den Tod, nur im Mythos.
Die Pharisäer haben ihren zukünftigen Erlöser, den zukünftigen Messias, griechisch *Christus*. Nach dem Pharisäer Paulus erschien er in Jesus.

---

[39] Apg 20,9
[40] Gal 1,9

Jesus war kein Retter, zu dem er im Christentum gemacht wurde, er war ein Lehrer. In einem Channeling sagte Jesus, dass er keine Religion gegründet habe, dass er die Juden auf ihre ursprüngliche Lehre zurückbringen wollte. [41]

[41] Rupert Höcker: *Erneuerung der Erde*, Band 1, S 115, siehe www.raywasser.de/datei.php?dat_nam=Erde

Die Essener

Die Essener werden auch Essäer genannt. Das Wort entspringt dem Aramäischen und heißt die Frommen. Also beides, Essener und Nazaräer, bedeutet die Frommen. Da Jesus die Pharisäer und Sadduzäer hart angreift, aber nicht die drittgrößte Religionspartei, die exklusiven Essener, kann davon ausgegangen werden, dass Jesus aus ihren Reihen kam. Sie hatten mit ihren Idealen von Demut, Gütergemeinschaft und Armut einen ausgeprägten Yin-Charakter.

Yin kann zunächst einmal als *weiblich* bezeichnet werden. Als ein gutes Beispiel in der Natur gilt der Bienen- oder Ameisenstaat. Alle Bienen sind weiblich. Die Drohnen werden nur zur Befruchtung der Bienenkönigin herangezüchtet und nach dem Hochzeitsflug als unnütze Fresser getötet. Der Kommunismus gleicht dem Insektenstaat, wo alle gleichwertig sind und die Parteibonzen die Königin entsprechen.

Yang kann zunächst einmal als *männlich* bezeichnet werden. Ein gutes Beispiel in der Natur findet sich beim Tierrudel. Einer ist das Alpha-Männchen, und alle anderen Männchen haben zu kuschen. Sie müssen sich die Alpha-Position in erbitterten Rang-Kämpfen erobern. Bei Rudeltieren gibt es eine strenge Hierarchie. Das Vorbild für die Ellenbogengesellschaft bildet das Rudel.

Beispiel für die Gütergemeinschaft zeigt das Gleichnis, bei dem jeder der im Weinberg arbeitete, gleichgültig ob kurz oder lang, den gleichen Lohn erhält [42] oder das Gleichnis vom reichen Mann. [43]

Die essenische Kultgemeinschaft befolgte strenge Regeln und besaß geheimes Wissen, das ursprünglich aus Ägypten und Persien, von Pythagoras sowie der Thora stammte. Die meisten Essener zogen einzelne Bereiche vor; zum Beispiel fühlten sich viele Priester besonders zur Thora hingezogen. Es gab keinen

---

[42] Mt 20,1-9

[43] ThEv 63 vergl. Lk 12,16-20

verbindlichen Konsens darüber, was ein Essener zu glauben hat. Ihre Lehrer achteten darauf, dass ihr Geist nicht durch eine Religion eingeschränkt würde. Sie hatten eine esoterische als auch pragmatische Sicht auf die Dinge. Ihre Hauptzentren waren Alexandria, mit der größten Bibliothek, Qumran am Toten Meer, und Damaskus. Sie hielten den Sabbat fanatisch ein. Bekannt sind ihre täglichen, morgendlichen Bäder. Sie erwarteten zwei Messiasse, einen weltlichen und einen geistlichen. Der geistliche sollte ein Prophet sein, der weltliche, der ersehnte König, nach pharisäischer Tradition, wie König David, aus dem Stamm Juda kommen.
Später entstand bei ihnen der militante Zweig der Zeloten. Sie betrachteten sich als Krieger Gottes, bereit für die letzte große Schlacht gegen die Mächte der Dunkelheit. [44]
Die Essener zeichnen sich durch ihren ausgeprägten Engelglauben aus. Die negativen Engel sind überwiegend im Buch Henoch beschrieben, die positiven im Friedensevangelium.

Der Verfasser des Friedensevangeliums schöpfte teilweise aus dem ägyptischen Kult oder dem Alten Testament. Im apokryphen Thomasevangelium klingt die gleiche Aussage weniger authentisch als im Friedensevangelium. Und die kanonischen Evangelien wandeln die Aussage meist noch mehr ab. Das Friedensevangelium richtet sich nicht patriarchalisch, einseitig auf das Spirituelle aus, es betrachtet auch das Irdische. Es gründet in der Harmonie von Yin und Yang, einer Harmonie von Erdenmutter und Himmelsvater.
Das Alte Testament erklärt, dass der menschliche Körper von der Erde genommen ist und zu ihr zurückkehrt. [45] Das Friedensevangelium gesteht dem Erdkörper ein Wesen zu, wie in anderen Religionen, wo es Gaia oder Mutter Erde genannt wird,

---

[44] Stuart Wilson, Joanna Prentis: *Die Essener - Kinder des Lichts*, S. 56
[45] 1. Mos 3,19

im Friedensevangelium heißt es Erdenmutter. So heißt es im Friedensevangelium:

Eure Mutter ist in euch und ihr in ihr. Sie gebar euch, sie gibt euch das Leben. Sie war es, die euch euren Körper gab, und an sie werdet ihr ihn eines Tages zurückgeben. [46]

Johannes der Täufer war ebenfalls Essener. Aus ihm ging später der Kult der Mandäer hervor, die heute hauptsächlich in Amerika besteht und nur noch wenige tausend Gläubige zählt. Die Essener Lehren breiteten sich durch die nestorianischen Christen[47] bis nach Indien und China aus. Bewohner des Talysch-Gebirges im Kaukasus [48] und des Hunzatales im Karakorum [49] wurde am Ende des zweiten Jahrtausends nach der Methode der Essener einhundertzwanzig Jahre alt.

[46] FEv S. 7

47 Der Patriarch der nestorianischen Christen ist Thaddäus, also der Apostel Thomas; siehe hierzu am Ende des Kapitels Judas aus dem Johannesevangelium.

48 früher Armenien, heute Südspitze von Aserbaidschan

49 durch das Hunzatal, in der Nordspitze Pakistans, führt heute der Karakorum-Highway von Pakistan nach China.

Saulus von Tarsus

Als Saulus von Tarsus feststellte, dass er die Sekte der Nazaräer nicht auslöschen kann, benutzte er einen verwegenen Kunstgriff. Saulus ging nach Arabien. [50] Die schwammige Bezeichnung Arabien steht im Gegensatz zum konkreten Jerusalem. Dahinter verbirgt sich das essenische Zentrum in Damaskus. [51]
Dort behauptete er, dass er eine Erscheinung gehabt habe und sich vom Verfolger zum Bekenner gewandelt habe, der sprichwörtliche Wandel vom Saulus zum Paulus. [52] Sein Ziel war die Sekte der Nazaräer jetzt von innen heraus auszuhöhlen.
Dazu studierte er drei Jahre lang [53] in Damaskus [54] die Lehren der Essener.

Die Essener bei Paulus

Die Briefe des Paulus zeigen, dass er bei den Essenern studierte. Die Texte decken sich teilweise mit denen des bei den Essenern benutzen Henochbuches oder ihrem Friedensevangelium, ebenso mit Funden von Qumran.

Qumran und Paulus

Beim Toten Meer wurden Ruinen der essenischen Stadt Qumran ausgegraben. In der Nähe der Stadt wurde in Höhlen Schriftrollen der Essener gefunden, die vor dem Jahr 67 nach u. Z. versteckt wurden. In diesen Rollen fanden sich vier Textausschnitte, die mit Ausschnitten aus Paulusbriefen identisch sind.
Eine Fundstelle deckt sich mit einer Passage im 1. Brief an Timotheus. Sie lautet:

---

[50] Gal 1,17
[51] Vergl. Apg 9,10-11
[52] Apg 9,1-19
[53] Apg 20,18 mit 20,31
[54] Apg 9,19-30

Wahrhaftig, das Geheimnis unseres Glaubens ist groß: „Er wurde offenbart im Fleisch, gerechtfertigt durch den Geist, geschaut von den Engeln, verkündet unter den Heiden, geglaubt in der Welt, aufgenommen in die Herrlichkeit. [55]

Die zweite Fundstelle deckt sich mit einer Passage im Brief an Die Römer. Sie heißt:

Denn alle haben gesündigt und die Herrlichkeit Gottes verloren. Doch werden sie allein durch seine Gnade ohne eigene Leistung gerecht gesprochen, und zwar aufgrund der Erlösung, die durch den Messias Jesus geschehen ist. [56]

Die dritte Fundstelle entstammt einer Passage aus dem Henochbuch und deckt sich mit dem 1. Brief an Timotheus:

Der Geist sagt ausdrücklich: „In späteren Zeiten werden manche vom Glauben abfallen; sie werden sich betrügerischen Geistern und den Lehren von Dämonen zuwenden.“ [57]

Auch die vierte Fundstelle entstammt dem Henochbuch. Sie deckt sich mit dem 1. Brief an Timotheus:

„Sie verbieten die Heirat und fordern den Verzicht auf bestimmte Speisen, die Gott doch dazu geschaffen hat, dass die, die zum Glauben und zur Erkenntnis der Wahrheit gelangt sind, sie mit Danksagung zu sich nehmen.“ [58]

Paulus übernahm aus dem Henochbuch weitere Stellen in seine Briefe.

Das Buch Henoch bei Paulus

Die Herkunft des Henochbuches wurde Henoch unterstellt. Der geistige Ursprung liegt jedoch beim persischen Zarathustra, der lange vor Jesus lebte. Es berichtet vom letzten Kampf der guten gegen die schlechten Geister, welche Engel und Dämonen

---

[55] 1. Tim 3,16
[56] Rö 3,23-24
[57] 1. Tim 4,1-2
[58] 1. Tim 4,3

genannt werden. Einiges aus der *Geheimen Offenbarung des Johannes* findet sich im Henochbuch. Doch andere Verfasser des Neuen Testaments schöpften auch daraus.

Für den ersten Brief an Timotheus schöpfte Paulus aus dem Henochbuch auch:

> *Kein Engel konnte in dieses Haus eintreten und das Antlitz des Glorreichen und Strahlenden schauen. Kein Sterblicher konnte ihn sehen. Loderndes Feuer war rings um ihn ... sodass keiner derjenigen, die bei ihm waren, sich ihm nähern konnte.* [59]

Daher schrieb er in diesem ersten Brief:

> *Der allein die Unsterblichkeit besitzt, der in unzugänglichem Licht wohnt, den kein Mensch gesehen hat noch je zu sehen vermag: Ihm gebührt Ehre und Macht. Amen.* [60]

Ebenfalls für seinen ersten Brief an Timotheus inspirierte ihn die folgende Stelle des Henochbuches:

> *Nun will ich ein Geheimnis verkünden: Viele Sünder werden das Wort der Anständigkeit verdrehen und dagegen freveln. Sie werden böse Worte sprechen, sie werden lügen, Großes unternehmen und Bücher in ihrer eigenen Sprache schreiben.* [61]

Im ersten Brief an Timotheus schrieb er:

> *Der Geist sagt ausdrücklich: In späteren Zeiten werden manche vom Glauben abfallen; sie werden sich betrügerischen Geistern und den Lehren von Dämonen zuwenden, getäuscht von heuchlerischen Lügnern, deren Gewissen gebrandmarkt ist.* [62]

---

[59] Hen 14,23-24
[60] 1. Tim 6,16
[61] Hen 104,7-8
[62] 1. Tim 4,1-2

Paulus ließ sich von dem folgenden Satz des Henochbuches in seinem ersten Brief an die Korinther inspirieren:

Und da ihre Zahl groß war, verführten sie die Menschen zur Gottlosigkeit und brachten sie dazu, allerlei Irrtümer zu begehen, sodass diese den Teufeln wie Götter opferten. [63]

Dort schrieb Paulus:

Was man dort opfert, opfert man nicht Gott, sondern den Dämonen. [64]

Paulus ließ sich auch für den zweiten Brief an die Korinther aus dem Henochbuch inspirieren. Dort heißt es:

Eine Wolke riss mich empor, und der Wind hob mich über die Oberfläche der Erde und brachte mich an das Ende der Himmel. [65]

Daraus wurde im zweiten Korintherbrief:

Ich kenne jemand, der in enger Verbindung mit Christus lebt und vor vierzehn Jahren bis in den dritten Himmel hinein versetzt wurde. [66] *Jedenfalls weiß ich von dem Betreffenden ...,* [67] *dass er bis ins Paradies entrückt wurde.* [68]

Für seinen Brief an die Kolosser ließ sich Paulus ebenfalls vom Henochbuch inspirieren:

Dies ist der Menschensohn, dem die Gerechtigkeit gehört, dem die Gerechtigkeit inne wohnt, und der alle Schätze dessen, was verborgen ist, offenbaren wird ... [69]

Im Kolosserbrief schreibt Paulus:

Dadurch sollen sie getröstet werden; sie sollen in Liebe zusammenhalten, um die tiefe und reiche Einsicht zu erlangen

---

[63] Hen 19,2

[64] 1. Kor 10,20

[65] Hen 39,3

[66] 2. Kor 12,2

[67] 2. Kor 12,3

[68] 2. Kor 12,4

[69] Hen 46,2

und das göttliche Geheimnis zu erkennen, das Christus ist. In ihm sind alle Schätze der Weisheit und Erkenntnis verborgen. [70]

Paulus ließ sich von dem folgenden Satz des Henochbuches für seinen ersten Brief an die Thessalonicher inspirieren:

Schmerz wird über sie kommen, wie über eine Frau, in den Wehen, die eine schwere Geburt hat, und die, wenn ihr Kind zum Muttermund kommt, Schwierigkeiten hat, es herauszupressen. [71]

Dort schrieb Paulus:

Während die Menschen sagen: Friede und Sicherheit, kommt plötzlich Verderben über sie wie die Wehen über eine schwangere Frau, und es gibt kein Entrinnen. [72]

Von dem folgenden Gedanken aus dem Henochbuch ließ sich Paulus im ersten Brief an die Thessalonicher und in dem Brief an die Epheser inspirieren:

Nun werde ich die Geister der Guten aus der Generation des Lichts rufen und jene verwandeln, die in Finsternis geboren wurden ... [73]

Im ersten Brief an die Thessalonicher heißt es:

Ihr alle seid Söhne des Lichts und Söhne des Tages. Wir gehören nicht der Nacht und der Finsternis an. [74]

Deshalb schrieb Paulus in seinem Brief an die Epheser:

Denn einst ward ihr Finsternis, jetzt aber seid ihr durch den Herrn Licht geworden. [75]

---

[70] Kol 2,2
[71] Hen 61,7
[72] 1. Thes 5,3
[73] Hen 105,25
[74] Thes 5,5
[75] Eph 5,8

Im zweiten Brief an die Thessalonicher ließ sich Paulus von der folgenden Stelle des Henochbuches inspirieren:

Er wird jede Macht im Himmel anrufen, alle Heiligen in der Höhe, die Macht Gottes, die Cherubim, die Seraphim, und die Ophanim, all die mächtigen Engel, alle Engel der Herrschaften, vor allem die Auserwählten ... [76]

Deshalb schreibt er im 2. Brief an die Thessalonicher:

... euch aber, den Bedrängten, zusammen mit uns Ruhe zu schenken, wenn Jesus, der Herr, sich vom Himmel her offenbart mit seinen mächtigen Engeln... [77]

Paulus schrieb diesen Gedanken aus dem Henochbuch, *vor seinem Gericht zählt die Stellung nicht,* [78] in den Briefen an die Römer, Epheser und Kolosser.

Im Brief an die Römer schrieb er:

Denn Gott richtet ohne Ansehen der Person. [79]

Im Brief an die Epheser schrieb er:

Beim ihm (Gott) gibt es kein Ansehen der Person. [80]

Im Brief an die Kolosser schrieb er:

Wer Unrecht tut, wird dafür seine Strafe erhalten, ohne Ansehen der Person. [81]

Das Friedensevangelium bei Paulus

Die Paulusbriefe, enthalten Passagen aus dem kirchlich nicht anerkannten Friedensevangelium. Außer der schon erwähnten Liebeshymne als 13. Kapitel im 1. Korintherbrief, steht eine weitere Parallele zum Friedensevangelium im 6. Kapitel desselben Briefes:

---

[76] Hen 60,13
[77] 2. Thes 1,7
[78] Hen 62,11
[79] Röm 2,11
[80] Eph 6,9
[81] Kol 3,25

Begeht keine Hurerei am Tag und in der Nacht, denn die Hurerei ist wie ein Baum, dessen Saft aus seinem Stamm fließt. Und dieser Baum wird vor seiner Zeit ausgetrocknet sein, noch wird er Frucht tragen. Darum geht nicht huren, damit der Satan nicht eure Körper austrocknet, und der Herr eure Saat unfruchtbar macht. [82]

Zwei weitere Parallelen zum Friedensevangelium stehen im Brief an die Römer:

Und ihr habt Satan gedient. [83]

und:

Denn der Sold der Sünde ist der Tod. [84]

Der Qumran-Fachmann Prof. Robert Eisenmann (* 1937) sagte: „Drei wichtige Personen sind in den Schriftrollen von Qumran benannt, der Lehrer der Gerechtigkeit, er war nicht der Gründer, aber richtungsweisender Führer der frühchristlichen Gemeinde. Zweitens, der gottlose Priester, ein Feind und vermutlich Jerusalems höchster Priester. Und die dritte Person heißt der Lügner, ein verstoßenes Mitglied der Gemeinde. Und dieser sogenannte Lügner ist ausdrücklich als ein Abweichler benannt. Er predigte den Gesetzesverstoß, die Loslösung vom Gesetz der Vorväter. Es gibt keine bessere Beschreibung für den Apostel Paulus, der so in Jerusalem sprach und schrieb.“ [85]

Die erste Quelle des Paulus war das Alte Testament

Die Essener waren die zweite Quelle aus der Paulus schöpfte. Die erste Quelle war das, was er bei Rabbi Gamaliel (* um 9,

---

[82] FEv S. 44; vergleiche 1. Kor 6,12-18

[83] FEv S. 45-46 vergl. Rö 6,17

[84] FEv S. 32 vergl. Rö 6,23

[85] https://www.youtube.com/watch?v=8Fd4VZ2--gDs

†50) [86] studierte. [87] Dies wird im Christentum das *Alte Testament* genannt. Es besteht aus dem Gesetz, nämlich den fünf Büchern des Moses, und den Propheten. Für die Samarianer [88] und die Sadduzäer zählt nur das Gesetz.

Wie Jesus zum Christus wurde

Nach seinem dreijährigen Studium bei den Essenern überwarf er sich mit Petrus. Entgegen den Jesusjüngern, mit ihrem Auftrag spirituell zu heilen und schlechte Geister auszutreiben, missionierte Paulus mit einer von Jesaja übernommenen Erlösungstheologie [89] von dem Christus, der sich als Sündenbock geopfert hat.

Grundlegende Dogmen der christlichen Kirchen beruhen nicht auf der Lehre Jesu, sondern auf der Lehre des Paulus, von der Sündenerlösung durch Christi Opfertod. Paulus erhebt Jesus durch seinen Kreuzestod in seinen Briefen an die Römer, Korinther, Galater, Thessalonicher und Epheser zum Erlöser, zum Messias, zum Christus. [90]

Mit der von Jesaja übernommenen Opfertod-Ideologie veränderte Paulus eine pharisäische Erlösungslehre, die er Jesus andichtete. Jesus sagte nie, auch nicht sinngemäß, wenn ich am Kreuz gestorben bin, sind alle, die an mich glauben, von ihren Sünden erlöst, das erfand Paulus.

Die Paulinische Erlösungslehre nimmt dem Mündigen die Selbstverantwortung, indem sie meint, wie die christlichen Erneuerungsbewegungen, die von Jesaja abgewandelte Idee salopp formulieren: „Wirf deine Sünden auf Jesus." [91] Die

---

86 Rabbi Gamaliel jüdischer Patriarch und die bedeutendste Persönlichkeit des rabbinischen Judentums um die Mitte des ersten nachchristlichen Jahrhunderts

[87] Apg 22,3

88 Samarianer wird vielfach Samariter oder Samartianer genannt.

[89] Jes 53,4-12

[90] Rö 5,6; 1. Kor 15,3; Gal 2,21; 1. Th 5,10; Eph 5,2

[91] Jes 53,6

Erlösung durch den Sündenbock *Jesus* führte schließlich zum Paulinismus, der meistens Christentum genannt wird.
Der Weg von der Religion zur Spiritualität geht hin zur Selbstverantwortung, weg davon, dass andere, der Pfarrer, der Papst oder Gott die Verantwortung tragen.

Das Neue Testament enthält zwei grundverschiedene religiöse Systeme. Diese beiden Theologien sind so radikal entgegengesetzt, dass man sich kaum etwas Entgegengesetzteres vorstellen kann. Man denke nur an Jesu Gottesbegriff, den Gott der reinen Liebe, der seine Sonne über Gute und Böse aufgehen lässt, [92] und anderseits an den pharisäischen Rachegott des Paulus, der nur versöhnt werden kann, wenn er Blut, und zwar das Blut seines eigenen Sohnes sieht. Oder stellen wir dem Menschenbild Jesu dasjenige des Paulus gegenüber. Bei Jesus trägt der Mensch das Gute in sich und besitzt sogar in sich, vollkommen zu werden, Paulus dagegen hält ihn für radikal böse und unverbesserlich. [93] Beide projizieren ihr inneres Bild, das sie von sich selbst besitzen, nach außen auf die allgemeine Menschheit.

Dass Jesus die Gläubigen durch seinen Kreuzestod nicht erlöste, wird bei den westlichen Gläubigen nie in Erwägung gezogen. Anders bei den Gnostikern. Bei den Gnostikern, gibt es, nach dem Thomasevangelium, keine Leidensgeschichte. Sie glauben nicht an die Auferstehung am jüngsten Tag, sondern an die körperliche Wiedergeburt, welche in Jesu Lehre ursprünglich enthalten war. Die griechisch-orthodoxe Kirche entfernte aus der Bibel alle Stellen, an denen von Wiedergeburt die Rede war. [94]

---

[92] Mt 5,45

[93] vergl. Robert Krehl: *Das Christentum war nichts Neues,* Stiftung für universelle Religion, CH 4900 Langenthal, 1974, S. 13

[94] Drunvalo Melchizedek: *Die Blume des Lebens*, Band 1, S. 40, Burgrain, 2000[2]

Die Apostelgeschichte erzählt, dass Saulus erst einige Tage bei den Jüngern in Damaskus war, da predigte er auch schon in den Synagogen, dass Jesus der Sohn Gottes sei. Alle die ihn hörten waren fassungslos. „Ist das nicht der Mann, der in Jerusalem alle erbarmungslos verfolgte, die diesen Namen anriefen?“, sagten sie. „Und ist er nicht deswegen hierhergekommen, um sie als Gefangene den Hohenpriestern auszuliefern?“ Saulus aber trat umso entschiedener auf und brachte die Juden von Damaskus durcheinander, weil er ihnen beweisen konnte, dass Jesus der Messias ist. Als nun eine geraume Zeit vergangen war, fassten die Juden den Beschluss, Saulus zu töten, aber er hatte davon erfahren. Sie bewachten nämlich Tag und Nacht die Stadttore, um ihn nicht entkommen zu lassen. Seine Anhänger ließen ihn eines Nachts in einem Korb die Stadtmauer hinab. Als Saulus wieder nach Jerusalem kam, versuchte er sich dort den Jüngern anzuschließen. Aber sie hatten alle Angst vor ihm, weil sie nicht wirklich glaubten, dass er ein Jünger geworden war. Da nahm sich Barnabas seiner an. Er brachte ihn zu den Aposteln und erzählte ihnen, wie Saulus auf seiner Reise den Herrn gesehen und wie der Herr zu ihm gesprochen hatte. Er schilderte auch, wie mutig Saulus in Damaskus im Namen von Jesus aufgetreten war. Von da an ging Saulus bei den Jüngern aus und ein. [95]

Die **Irrlehre des Paulus** ist die **Gute Nachricht** von der **Erlösung durch Christus**.

Jesu Heilslehre ist **Der Weg zum Leben**. [96]

Die Kirchenfürsten Petrus und Paulus

Ein Grundsatz des Kirchenvaters Augustinus von Thagaste sagt:

---

[95] Apg 9,19-28

[96] Mt 7,14-15; Apg 2,28

Es ist noch vieles wahr, aber es frommt dem Volk nicht, es zu wissen, und es ist auch vieles falsch, was das Volk durchaus zu seinem Nutzen ruhig für wahr halten soll!

Wie der Grundsatz besagt, so wurde in der Apostelgeschichte eine klitzekleine Kleinigkeit ausgelassen. Paulus hatte die Achillesferse des Petrus gefunden. Bei den Essenern hatte er eine Quelle der frommen Lügen des Petrus entdeckt. Damit versuchte er ihn in die Knie zu zwingen. Er beschimpfte die Petrusanhänger:

Diese Leute sind falsche Apostel, arbeiten unehrlich, aber geben sich als Apostel von Christus aus. [97]

Niemand, nicht einmal wir selbst oder ein Engel darf euch irgendetwas als Evangelium verkünden, das dem widerspricht, was wir euch gebracht haben. Wer das tut, der soll verflucht sein! Ich sage es noch einmal: Wer euch etwas als Evangelium verkündet, was dem widerspricht, das ihr empfangen habt, der soll verflucht sein! [98]

Die Nennung des Engels bei *wir oder ein Engel* zeigt auch wieder auf die Essener, denn die Essener Oberhäupter wurden als Engel chiffriert.

Paulus wollte Petrus auffliegen lassen.

Deshalb schrieb er an Timotheus: „Bring Markus mit; denn ich könnte ihn hier gut gebrauchen.“ [99]

Zu welch anderen Nutzen konnte Paulus Markus benutzen, als ihn dazu zu bringen, dass er gesteht, dass Petrus die Wunder Jesus angedichtet hat?

Die nötigen Beweisstücke waren die gewünschten Bücher und Pergamente, die Timotheus mitbringen sollte.

Und bring' die Bücher mit, besonders die Pergamente! [100]

---

[97] 2. Kor 11,13

[98] Gal 1,8f

[99] 2. Tim 4,11

[100] 2. Tim 4,13

Paulus konnte die Erfindungen des Petrus nicht mehr aufdecken. Paulus, der Andersgläubige verfolgte, wurde selbst ein Opfer der Glaubensverfolgung.

Mythen

Definition von Mythos

Ein Mythos ist eine Idee, die, obwohl weitläufig geglaubt, falsch ist. Der Mythos verleiht Macht denen, die zwar die Wahrheit kennen, aber den Mythos ausnutzen, um die Gesellschaft zu kontrollieren. An einem Mythos zu kratzen ist so frevelhaft, wie an einem Tabu zu rühren. Der religiöse Mythos ist das mächtigste Werkzeug das wohl je erfunden wurde. [101]

Leben

Wenn auf einem Aufkleber steht, „Jesus lebt“, dann sollen die Leute, die das behaupten, mir eine Audienz bei Jesus verschaffen, damit ich einen Cappuccino, von mir aus auch ein Glas Wein, mit Jesus trinken kann.
Die Unsterblichkeit ist ein Mythos. Wenn die ewig existierende Seele den Körper verlässt und das Band zwischen Körper und Seele zerreißt, dann endet das Leben dieses Geschöpfes, dann ist es tot. Der Prediger Salomo weiß:

Der silberne Strick zerreißt,
die goldene Schale zerbricht
an der Quelle,
der Eimer zerschellt,
das zerbrochene Rad
in den Brunnen fällt.
Denn der Staub muss wieder zur Erde kommen
wie er gewesen ist,
und der Geist wieder zu Gott,
der ihn gegeben hat. [102]

---

[101] Vergleiche: https://www.youtube.com/watch?v=GgmLxQuPcNw, während der 34. - 36. Minute

[102] Vergleiche Prediger 12,6-7

Der ägyptische Kult in der Bibel

Im Alten Testament der Bibel ist nicht nur der Sonnengesang des Pharao *Echnaton* [103] erhalten, Teile des ägyptischen Totenkults, gingen in das Neue Testament ein. „Ich bin das Gestern, ich kenne das Morgen“ [104] oder „ich bin der Herr der Ewigkeit“, [105] Texte aus dem ägyptischen Totenbuch, finden sich im Neuen Testament, im Brief an die Hebräer, wieder. [106]

Um die Verwandtschaft der Evangelien mit dem ägyptischen Kult zu erkennen, muss Grundlegendes aus ihm bekannt sein.

Auferstehung

Im mondorientierten Matriarchat wurde bemerkt, dass der Mond nicht nur mit den Gezeiten des Meeres einen Einfluss auf die Erde ausübt, ebenso verläuft der natürliche Zyklus der Frau mit dem Mond. Daher wurde dem Mondzyklus viel Aufmerksamkeit geschenkt. Die verschiedenen Mondphasen wurden feierlich begangen. Die Mondphase des Verschwindens bei Neumond dauert drei Tage.

Der Neumond war ein guter Zeitpunkt, sich von Krankheiten, "giftigen Gedanken" und belastenden Erinnerungen in Frieden zu verabschieden. Er war die Zeit, zu der man sich von etwas trennte, um etwas Neues zu beginnen. Die Wiederauferstehung des Mondes forderte dazu auf, jede entstandene Lücke wieder aufzufüllen, um wieder ganz zu werden.

Das sonnenorientierte Patriarchat entzog die Aufmerksamkeit dem Mond und übertrug sie der Sonne. Die Mondgöttinnen wurden von den Sonnengöttern abgelöst. Bei den Ägyptern wurde die Sonne als der Gott Ra verehrt. Zum einen war der morgendliche Aufgang der Sonne im Osten nach dem abendli-

---

[103] Ps 104,27-28 oder Ps 145,15-16

[104] Das Totenbuch der Ägypter, Spruch 17,24

[105] Das Totenbuch der Ägypter, Spruch 42,45

[106] Brief an die Hebräer 13,8

chen Tod im Westen eine Wiederauferstehung. Zum anderen wurden nach der Wintersonnwende die Tage wieder länger und die verdorrten Pflanzen begannen zu grünen und blühen, die Tiere begannen ihren Nachwuchs zu zeugen, so wurde auch die Wintersonnwende als eine Auferstehung gesehen.

Die Aufmerksamkeit auf den dreitägigen Neumond im Matriarchat wurde im Patriarchat auf die dreitägige Wintersonnwende übertragen. Bei der Wintersonnwende steht die Wanderung des Aufgangspunktes der Sonne am Horizont drei Tage still, als ob sie sich nicht mehr bewegen könne und tot sei. An Stelle der Auferstehung des Mondes wurde die Auferstehung des Sonnengottes gefeiert.

Wie der Sonnengott, nach seinem Tod im Westen, im Osten wieder aufersteht und wie die verdorrten Blätter nach der Wintersonnwende wieder auferstehen, so musste auch der Mensch nach seinem Tod auferstehen. Aus der vom Matriarchat her bekannten Wiedergeburt entwickelte sich der ägyptische, komplexe Kult. Andere Völker nannten diese Auferstehung einfach Wiedergeburt, im Lateinischen wird der Begriff Reinkarnation verwendet, was „wieder im Fleisch“ bedeutet.

Im alten Ägypten wurden die Leichen gewaschen, die Eingeweide dem Körper entnommen, in Tonkrügen, den sogenannten Kanopen, verwahrt, der Körper mit Natronlauge und wohlriechenden Salben oder Ölen einbalsamiert, mit Leinenbinden umwickelt und in dcn Sarkophag zur Auferstehung gelegt und dann beigesetzt. Diese Prozedur dauerte Wochen. Dabei spielt der Osirismythos eine zentrale Rolle.

Der ägyptische Totenkult gründet auf dem Osirismythos. Mit dem Osirismythos sind die Mythen von Isis und Horus verbunden. Diese Mythen spiegeln auch den mathematischen Versuch der alten Ägypter den damals vorherrschenden Mondkalender mit dem neuen Sonnenkalender zu verknüpfen, denn der Sonnenkalender braucht fünf Tage länger als der Mondkalender, das ist der 72. Teil des Jahres. Für den heutigen Menschen zählen die fünf Tage, für die Ägypter war der 72. Teil des Jahres von Bedeutung.

Der Osirismythos

Der uneinheitliche Osirismythos muss verschiedenen Aussagen dienen. Für die Übernahmen in das Johannesevangelium genügt folgendes zu wissen.
Die Himmelsgöttin *Nut* vereinigte sich heimlich mit dem Erdgott *Geb*. Das bemerkte der Sonnengott *Re* und verfluchte sie, dass sie in keinem Monat und in keinem Jahr gebären soll. Aber auch der Gott *Thot* liebte die Göttin und wohnte ihr bei. Als er hierauf mit der Mondgöttin Brett spielte und ihr den 72. Teil des Tages abgewonnen hatte, fasste er alle diese Teile zu fünf Tagen zusammen und schaltete sie hinter die 360 Tage des Jahres, die die Ägypter deshalb *die Darangefügten* nannten und als Geburtstage der Götter feierten.
Am ersten zusätzlichen Tag wurde Osiris geboren. Er wurde sogleich König der Welt, denn sein zweiter Name war *Wennenofer,* das heißt *das Wesen, das ewig gut ist.* Am dritten Tag wurde *Seth*, Osiris böser und neidischer Bruder geboren. Am vierten Tag wurde ihre Schwester *Isis* und am fünften Tag ihre Schwester *Nyphthys* geboren. Die Geschwister Seth und Nephthys vermählten sich. Die Geschwister Isis und Osiris aber liebten einander schon vor ihrer Geburt.
Als Osiris vor vielen Tausenden von Jahren geboren wurde, erschallte eine Stimme über ganz Ägypten, die die Geburt eines Gottes verkündete. Auch andere Wunder geschahen. Osiris wurde zwar als Gott geboren, doch er wuchs als Mensch auf, und als er erwachsen war, saß er auf dem Thron Ägyptens.
Die Menschen waren zu seiner Zeit unkultiviert. Osiris zeigte ihnen den Ackerbau, wie man Korn und Gerste pflanzt und unterwies sie im Weinanbau. Er gab ihnen Gesetze, die sie zu befolgen hatten. Er lehrte sie die Götter zu ehren und brachte ihnen Rituale bei, um sie anzubeten. An seiner Seite stand Thot, der den Menschen Wörter für Dinge gab, die vorher noch

keinen Namen hatten. Thot erfand die Hieroglyphen, das Rechnen, die Baukunst und die Astronomie und zusammen mit Osiris brachten sie all diese Dinge den Menschen bei. Nach einigen Jahren verließen Osiris und Thot Ägypten, um alle auswärtigen Länder ebenfalls zu kultivieren. Sie reisten nach Äthiopien, über Arabien bis hin nach Indien, über den Hellespont bis nach Europa. Osiris Gemahlin *Isis* blieb zurück in Ägypten und übernahm die Regierungsgeschäfte ihres Mannes. Zurück blieb auch Osiris Bruder *Seth*.
Seth war sehr eifersüchtig auf seinen Bruder und neidete ihm die Königswürde, sein Land und seine Gemahlin. Also ersann er einen teuflischen Plan. Er nahm heimlich die Maße von Osiris Körper und fertigte eine wunderschöne Lade nach seinen Maßen an. Er sammelte 72 Schergen um sich, die Osiris bei seiner Rückkehr freudig begrüßten. Doch in ihren Köpfen planten sie bereits seinen Mord. Seth veranstaltete ein großes Fest. Sein Bruder und seine 72 Schergen waren die Gäste. Nachdem schon viel gesungen und getrunken wurde, ließ Seth die Lade herholen. Die Gäste bewunderten erstaunt die Schönheit dieser Lade und Seth versprach sie dem zum Geschenk, der in sie hineinpasste. Einer nach dem anderen legte sich hinein, doch bei keinem passte sie. Also forderte Seth seinen Bruder scherzhaft dazu auf, es doch auch einmal zu probieren. Osiris ging zu der Lade hin, legte sich hinein und war erfreut darüber, dass er perfekt in sie hineinpasste. Doch in diesem Moment rannten Seths Schergen zu der Lade, klappten ihren Deckel zu, vernagelten ihn und schlossen den Spalt zwischen Deckel und Wanne mit heißem Blei. Keine Atemluft drang mehr in die Lade und Osiris erstickte. Seths Schergen schmissen die Lade mitsamt Osiris in den Nil und die Strömung trug sie fort.
Isis verweilte gerade in der Nähe von Theben, als sie von der schrecklichen Nachricht erfuhr. Großer Kummer befiel sie und sie reiste durch ganz Ägypten und fragte jeden, den sie traf, ob er die Lade mit dem Körper ihres Mannes gesehen hätte. Keiner konnte ihr helfen. Während ihrer Suche wurde Isis auch

noch zugetragen, dass ihre Schwester Nephthys sich in Osiris verliebt und ihn auch verführt hatte. Sie wurde schwanger und aus Angst vor ihrem Gatten Seth brachte sie das Kind heimlich zur Welt. Nach der Geburt setzte sie es sofort aus. Wilde Hunde fanden das Baby und schleppten es mit sich. Isis fand das Rudel und nahm ihren Neffen bei sich auf. Sie gab ihm den Namen *Anubis* und von da an wachte er über Isis, wie es auch sterbliche Hunde taten.

Isis verzieh ihrer Schwester Nephthys und beide trauerten über den Verlust ihres geliebten Osiris. Nephthys trennte sich von Seth und widmete sich von da an zusammen mit Isis der Suche nach Osiris.

Eines Tages traf sie auf eine Gruppe von Kindern, die tatsächlich beobachtet hatten, wie die Lade in den Nil geworfen und wie sie von der Strömung nach Norden Richtung Meer geleitet wurde. Daraufhin bestieg Isis ein Schiff und fuhr die Küste entlang bis nach Byblos.

Isis fand schließlich die Lade mit dem Körper ihres toten Mannes, lud sie auf ihr Schiff und segelte unter Gefahren wieder Richtung Heimat.

Wieder in Ägypten, zog Isis die Lade an Land, wo bereits Nephthys auf sie wartete. Beide stimmten einen magischen Gesang an, der so stark war, dass die Wärme und der Lebensatem wieder in Osiris Glieder flossen. Gerade lang genug, damit er mit Isis ein Kind zeugen konnte.

Isis war sehr glücklich über die Geburt ihres Sohnes, dem sie den Namen Horus gab. Doch ihre Freude währte nicht lange. Thot erschien und drängte Isis, vor dem herannahenden Seth zu fliehen. Er empfahl ihr, sich so lange zu verstecken, bis ihr Sohn alt genug wäre, auf dem Thron Ägyptens zu sitzen. Und so entschloss Isis, sich mit ihrem Sohn noch tiefer in den Sümpfen des Nildeltas zu verstecken.

Bei einer Wildschweinjagd stieß Seth auf die von ihm selbst angefertigte Lade. Er schrie auf vor Zorn, nahm den Körper des Osiris, zerfetzte ihn in 14 Teile und streute die Stücke in den

Nil. Er lachte böse und beglückwünschte sich zu seiner Tat. Denn es war eigentlich nicht möglich, den Körper eines Gottes zu zerstören, doch er hatte dies nun vollbracht – glaubte er.
Isis setzte sich in ein Papyrusboot und fuhr den Nil entlang, um alle Teile ihres Mannes einzusammeln. Immer wenn sie eines fand, baute sie einen Schrein und gab vor, es zu verbrennen. Doch sie sammelte heimlich alle Körperteile ein und übergab sie Horus, Thot und Anubis, die sie wieder zusammensetzten. Schließlich hatte Isis alle Körperteile ihres Mannes gefunden. Nur sein Geschlechtsteil hatte ein gottloser Fisch gefressen, aber Isis formte es nach. So zusammengesetzt wurde Osiris von Anubis und Horus einbalsamiert. Er konnte nun den Tod endgültig überwinden und in das Totenreich einziehen, wo er von da an herrschte.
Als Horus groß war, kam er zurück, um seinen Vater zu rächen. Mutig bekämpfte er den Seth und zwang ihn zum Rückzug. Auf Ratschluss der Götter erhielt Horus die Herrschaft über das Nildelta, während Seth König von Oberägypten blieb.

Der mythische Jesus

Im Christentum wird Paulus öfters zitiert, als Jesus, aber die Galionsfigur des Christentums stellt nicht Paulus, sondern Jesus dar.
Entgegen frommer Sprüche in öffentlichen Verkehrsmitteln lebt Jesus nicht, er ist seit zweitausend Jahren tot. Doch diese Seele existiert nach wie vor.
Ich beabsichtige nicht Jesus der Lächerlichkeit preiszugeben, sondern die Schriftenfälscher, die dies nach den Prinzipien des Fischezeitalters aber richtig machten. Doch die schillernden Mythen um ihn passen nicht mehr in unsere Zeit, in der die USA, Russland, Europa, Indien und China Raumfahrt betreiben. Ich beabsichtige das hervorzuheben, was Jesus den Menschen brachte. Dazu muss aber erst die Verbrämung abgelöst werden.

Nach Jesu unerwartetem Verschwinden wurde ein Mythos um ihn geschaffen.
Mythen enthalten verschiedene Archetypen. [107] Für einen Mythos braucht es nicht alle Archetypen, doch der Jesusmythos vereinigt viele Archetypen.
Diese Archetypen bestehen in der Vorhersage der Erscheinung eines Halbgottes oder Helden. Diese werden auf besondere Art gezeugt. Sie erfahren eine besondere Geburt. Sie stellen sich als Wunderkinder heraus. Der Knabe wird in der Fremde ausgebildet. Oft ist er von edlem Geblüt oder gar ein Königssohn. Er erfährt seine Mission oder Einweihung. Von seinem Widersacher wird er zu verführen versucht. Der Übermensch sammelt Mitstreiter um sich. Er begeht seine Helden- oder Wundertaten. Er wird durch eine Frau herausgefordert. Schließlich stirbt er einen Tod, der durch Heimtücke herbeigeführt wird.
Fast alle treffen für Jesus zu. Das bedeutet nicht, dass Jesus nur ein Mythos ist. Wachsen doch auch in den meisten Familien Helden oder Heldinnen auf. - Sie können früher als andere Mama sagen, oder gehen früher aufs Töpfchen, oder taten den ersten selbständigen Schritt früher oder bekamen den ersten Zahn früher als andere.
Das für Jesus Archetypische waren seine Ankündigungen als Messias. Im Alten Testament finden sich über dreihundert Hinweise auf den kommenden Messias. [108]
Wie bei Simson (Samson), Johannes dem Täufer oder Isaak wurde Jesu Geburt durch einen Engel angekündigt. [109]
Jesu archetypische Zeugung geschah nicht durch den Göttervater Zeus, der sich in einen Schwan verwandelt hatte, sondern durch den Heiligen Geist. Das Christentum überliefert nicht, ob

---

107 Archetyp: Komponente des kollektiven Unbewussten im Menschen z. B. der Held, der Schurke, die Heilige, die Hure usw.

[108] Dale Rhoton: *Die Logik des Glaubens*, S. 63, ISBN 3-7751-0071-7

[109] Ri 13,3; Lk 1,11-13; 1.Mos 18,10

der Heilige Geist in Form einer Taube Jesus zeugte, nach dem Koran jedenfalls erschien er als ein vollkommener Mann. [110]
Wie in Ägypten der Morgenstern die Geburt des Horus und in Indien die Geburt Buddhas ankündigte, so auch der Stern im Osten die Geburt Jesu. [111]
Wenn bei Sargon dem Großen seine Mutter eine Priesterin war, [112] so wurde Jesu Mutter immerhin im Tempel erzogen. [113]
Wie bei Sargon dem Großen kennt auch bei Jesus niemand den leiblichen Vater. [114]
Jesu Geburt fand, wie bei Krischna, nicht am Wohnsitz der Mutter *Yashoda* statt, sondern als sie mit ihrem Mann in eine andere Stadt fuhr, um Steuern zu bezahlen. Wie Krischna wurde Jesus in eine Futterkrippe bei Schäfern gelegt. [115]
Zu Jesu irdischer Begrüßung waren, wie bei Krischna, Tiere und Hirten da. [116] Wie bei Krischna oder Horus trachtet ein Tyrann nach Jesu Leben. [117]
Bei der Geburt des Horus sagt der Gott *That* zu seiner Mutter: „Komm du Göttin Isis, verberge dich mit deinem Kind.“ Ihr wird aufgetragen, das Baby zu einer abgeschiedenen Stelle in den Sümpfen Unterägyptens zu bringen. [118] Wie Isis gewarnt wurde, dass ihr Sohn *Horus* ermordet werden soll und sie daraufhin flüchtet, so wurde Marias Mann, *Joseph*, gewarnt und die heilige Familie flüchtete nach Ägypten. [119]

---

[110] Krn 19,17

[111] *Ur-Jesus* S. 119; Tom Harpur: *Der Heidnische Heiland - das Jesus-Plagiat enthüllt*, S. 108, Ansata Verlag, München, 2005

[112] Helmut Uhlig: *Die Sumerer*, S. 251, Bergisch Gladbach, 19962

[113] Protevangelium des Jakobus 8,2

[114] Helmut Uhlig: *Die Sumerer*, S. 251, Bergisch Gladbach, 19962

[115] *Ur-Jesus* S.119

[116] *Ur-Jesus* S.119

[117] *Ur-Jesus* S.119; Tom Harpur: *Der Heidnische Heiland - das Jesus-Plagiat* enthüllt, S. 119, Ansata Verlag, München, 2005; Mt 1,13

[118] Tom Harpur: *Der Heidnische Heiland - das Jesus-Plagiat enthüllt*, S. 119, Ansata Verlag, München, 2005

[119] Mt 2,13-15

Nach den von der Kirche abgelehnten Kindheitserzählungen vollbrachte schon der Jesusknabe Wunder. Er zahnte nicht nur früher als andere, er weckte einen toten Spielkameraden wieder zum Leben auf. Er hauchte Tonvögeln Leben ein, dass sie mit Geschrei davonflogen. Im Koran besteht dieser Mythos von den Tonvögeln heute noch als Glaubensinhalt. [120]
Für Christen erscheint der Wunderknabe erst mit zwölf Jahren, wo er im Tempel mit den Priestern diskutiert und ihnen erklärt, dass in ihm der erwartete Messias vor ihnen steht.
Dann folgte seine Ausbildung in der Fremde. Jesus ging wie Buddha heimlich in die Fremde, so dass man nicht weiß, ob er nach Indien, Ägypten oder nach beiden Ländern ging.
Über die Zeit zwischen seinem zwölften und dem dreißigsten Lebensjahr wissen wir von Horus so wenig wie über Jesus. [121]
Jesus und Horus empfangen ihre Taufe im Alter von dreißig Jahren. [122]
Zuvor weist Johannes der Täufer auf ihn als den Erwarteten hin. [123]
Wie Buddha, beginnt Jesus im Alter von dreißig Jahren seine Mission.
Wie Horus vom bösen Sut auf einem Hohen Berg zu einer spirituellen Prüfung geschleppt wurde, [124] so verführt der Satan Jesus. [125]
Dann sammelt Jesus seine Mitstreiter, dem Fischezeitalter entsprechend sind es keine Krieger oder Hirten, sondern Fischer.

---

[120] Krn 5,110

[121] Tom Harpur: *Der Heidnische Heiland - das Jesus-Plagiat enthüllt*, S. 108, Ansata Verlag, München, 2005

[122] Tom Harpur: *Der Heidnische Heiland - das Jesus-Plagiat enthüllt*, S. 121, Ansata Verlag, München, 2005

[123] Lk 3,16-17

[124] Tom Harpur: *Der Heidnische Heiland - das Jesus-Plagiat enthüllt*, S. 123, Ansata Verlag, München, 2005

[125] Lk 4,1-13; Mt 4,1-11; Mk 1,12-13

Ausgebildet und geprüft übt Jesus seine übernatürlichen Begabungen aus. Er treibt grausame Dämonen aus, heilt Kranke und weckt Tote zum Leben auf. Das Einzige was er nicht vollbrachte war, dass er über glühende Kohlen ging. Das war in dem Weltzeitalter Fische, das zum Element Wasser gehört, auch nicht erforderlich. (Ich habe das Gehen über glühende Kohlen in Candy auf der Insel Sri Lanka aus ein paar Metern Entfernung gesehen, das gibt es tatsächlich.)
Horus Vater, *Osiris*, erscheint in den Wolken des Himmels. [126] Bei Jesus erscheint der Vater in den Wolken, aus denen er spricht. Dazu gibt es im Lukasevangelium [127] eine Anleihe aus dem Henochbuch. [128]

Lukas übernahm vom Osirismythos:

> *Die zweiundsiebzig kehrten voll Freude zurück und sprachen: „Herr, auch die bösen Geister sind uns in deinem Namen untertan." Er aber sprach zu ihnen: „Ich sah den Satan wie ein Blitz vom Himmel fallen. Seht, ich habe Macht gegeben, auf Schlangen und Skorpione zu treten, sowie über jede feindliche Gewalt, und nichts wird euch schaden. Aber freut euch nicht darum, dass euch die Geister unterworfen sind; sondern freut euch, dass eure Namen aufgezeichnet sind im Himmel."* [129]

Jesu Herausforderung durch eine oder mehrere Frauen erschien nicht als Kampf mit einer Brunhilde,[130] sondern gelten die Begegnungen mit Ehebrecherinnen und Huren. Wie Buddha

[126] Tom Harpur: *Der Heidnische Heiland - das Jesus-Plagiat enthüllt*, S. 252, Ansata Verlag, München, 2005

[127] Lk 9,35

[128] Hen 45,5

[129] Lk 10,17-20

130 Nach dem Nibelungenlied sagenhafte unbesiegbare Königin

die Kurtisane Ambapali bei einem abendlichen Mahl trifft, so trifft bei einem Mahl eine stadtbekannte Dirne auf Jesus. [131]
Jesus wird der Gotteslästerung und der Volksverhetzung bezichtigt und schließlich wie andere Retter oder Heilande zur Kreuzigung verurteilt. [132]

Im ägyptischen Mondmythos werden zwei Diebe des Lichts, bei denen es sich um die kleineren Gottheiten Anup und Aan handelt, zu beiden Seiten des Gottes hochgezogen. Dies ist zweifellos das authentische vorchristliche Urbild der Kreuzigung zwischen zwei Dieben, über die die Evangelien berichten. [133]
Aber nach drei Tagen steht Jesus, wie viele andere Halbgötter, zum Leben wieder auf.
Kurz darauf steigt er in den Himmel nicht zu Zeus, sondern zu Gott Vater auf. Soweit der Mythos.
Ein Mythos enthält oft einen historischen Kern, der eigentlich in den Evangelien zu finden sein müsste.

Der Mythos des Leiden Jesu wurde hauptsächlich vom ägyptischen Gottessohn *Horus* kopiert. Die reine Kopie findet sich bei Jesaja mit geringen Auslassungen.

Die ägyptische Erzählung geht folgendermaßen:

> *Er wurde verachtet und alle mieden ihn. Er war voller Schmerzen, mit Leiden vertraut, wie einer, dessen Anblick man nicht erträgt. Er wurde verabscheut, und auch wir verachteten ihn. Doch er hat unsere Krankheit ertragen und unsere Schmerzen. Er lud sie auf sich. Wir dachten, er wäre von Gott gestraft, von ihm geschlagen und niedergebeugt. Doch man hat ihn durchbohrt wegen unserer Schuld, wegen*

---

[131] Lk 7,36-40

[132] Kersey Graves: *The World's Sixteen* Crucified Saviors *(or Christianity Before Christ)* 1875

[133] Tom Harpur: *Der Heidnische Heiland - das Jesus-Plagiat enthüllt*, S. 254, Ansata Verlag, München, 2005

unserer Sünden ihn gequält. Für unseren Frieden ertrug er den Schmerz, und wir sind durch seine Striemen geheilt. Wie Schafe hatten wir uns alle verirrt; jeder ging seinen eigenen Weg. Doch ihm lud der Herr unsere ganze Schuld auf. Er wurde misshandelt, doch er beugte sich und machte seinen Mund nicht auf. Wie ein Lamm, das zum Schlachten geführt wird, wie ein Schaf, das vor den Scherern verstummt, so ertrug er alles ohne Widerspruch. Durch Bedrückung und Gericht wurde er dahingerafft. Doch wer von seinen Zeitgenossen dachte darüber nach? Man hat sein Leben auf der Erde ausgelöscht. Die Strafe für die Schuld meines Volkes traf ihn. Bei Gottlosen sollte er liegen im Tod. Doch ins Steingrab eines Reichen kam er, weil er kein Unrecht beging und kein unwahres Wort aus seinem Mund kam. [134]

(In der ägyptischen, älteren Version fehlt Jesaja 53,10-11)

Darum teile ich die Vielen ihm zu, und die Starken werden seine Beute sein, weil er sein Leben dem Tod preisgegeben hat und sich unter die Verbrecher rechnen ließ. Dabei war er es doch, der die Sünden der Vielen trug und fürbittend für Verbrecher eintrat. [135]

Meri und Seb sind die mythischen Eltern des Erlösers *Horus*. Damit wären also Seb und Meri das mythische Urbild von Joseph und Maria als Eltern des göttlichen Kindes. [136]
Erlöser heißt auf ägyptisch Iusu oder Iusa, daraus wurde im Alten Testament Iosua oder Ioshoa und im Neuen Ieshua, eine andere Schreibweise besteht in Isa oder Issa. Die griechische

---

[134] Jes 53,3-9

[135] Jes 53,12

[136] Tom Harpur: *Der Heidnische Heiland - das Jesus-Plagiat enthüllt*, S.115 , Ansata Verlag, München, 2005

Schreibweise war Iesou latinisiert Iesus später Jesus. [137] Jesus bedeutet also keinen Namen, sondern einen Titel.

---

[137] Tom Harpur: *Der Heidnische Heiland - das Jesus-Plagiat enthüllt*, S. 259, Ansata Verlag, München, 2005

Das mystische Johannesevangelium

Das Wort *Evangelium* entstammt der griechischen Sprache, es heißt *Frohe Botschaft* oder weniger enthusiastisch *Gute Nachricht*. Die Evangelien von Matthäus, Markus und Lukas sehen sich gleich. Deswegen werden diese *synoptische Evangelien* genannt. Synoptisch entstammt ebenfalls der griechischen Sprache. Syn bedeutet *gleich*, - wie in synchron, was *gleichzeitig* meint - und optisch meint, *wie etwas aussieht*. Die Verfasser der synoptischen Evangelien werden Synoptiker genannt.
Am Anfang des Christentums wurden viele Evangelien verfasst. Die Schätzung der Anzahl schwankt zwischen 40 und 80. Später wurden die allermeisten verworfen. Die von den Amtskirchen anerkannten Evangelien werden als rechtmäßige Evangelien bezeichnet, was aber wieder mit dem Fremdwort *kanonisch* geschieht. Sie stehen den apokryphen Evangelien gegenüber. Die Bedeutung des griechischen Wortes *apokryph* reicht von *geheim* über *nicht erkennbar* bis *unecht*. Im Gegensatz zu den synoptischen Evangelien wird das Johannesevangelium als das mystische Evangelium bezeichnet.

Obwohl das Johannesevangelium als letztes der kirchlich anerkannten Evangelien entstanden ist, nimmt es eine Schlüsselstellung ein. Von ihm wurden die Leidens- und Auferstehungsgeschichte, aber auch andere Dinge, auf die synoptischen Evangelien übertragen.
Im Johannesevangelium finden sich Stellen, die nach christlichem Verständnis fremd anmuten oder gar widersinnig sind.

> *Der Vater liebt den Sohn und hat alles in seine Hand gelegt. Wer an den Sohn glaubt, wer ihm vertraut, hat ewiges Leben. Wer dem Sohn aber nicht gehorcht, wird das ewige Leben nie zu sehen bekommen, denn Gottes Zorn wird auf ihm verbleiben.* [138]

---

[138] Jh 3,35-36

Dieser Vers enthält den zornigen Gott des Alten Testaments, der im absoluten Gegensatz zum liebenden Vater des Neuen Testaments steht! Demnach muss das Johannesevangelium verändert worden sein.

Die letzte Redaktion

Auffällig andersartig als die synoptischen Evangelien sind Anfang und Ende des Johannesevangeliums. Sie dürften die letzte Änderung des Johannesevangeliums sein. Wurden sie vor beziehungsweise hinter das seitherige Evangelium gesetzt? Erhebt das Evangelium, das zunächst Petrus zum Oberhirten macht, [139] mit seinem johannessympathischen Anfang und Ende, dadurch Johannes subtil über Petrus?

Der Vorsatz des Johannesevangeliums besteht im sogenannten Prolog, [140] in dem Jesu göttlicher Ursprung und seine Mission, die Erlösung, vorgestellt wird. [141] Nach dem Prolog fährt der Zusatz der zuletzt entstandenen Schicht mit Johannes dem Täufer fort. [142] Den meisten Christen wird nicht bekannt sein, dass der Vater des Evangelisten Johannes, Jesu Lieblingsjünger kein geringerer als Johannes der Täufer ist. [143] Das Evangelium schweigt sich über die Mutter des Evangelisten aus. Doch sie tritt, zusammen mit ihm, höchst unkenntlich bei der Kreuzigung auf. [144] Wäre es nicht durch ein Channeling bekannt geworden, würde es niemand vermuten. Die Mutter des Evangelisten ist Maria-Magdalena, die mit Johannes dem Täufer verheiratet war, bis sie zu seiner Witwe wurde.

Das Johannesevangelium beginnt also mit dem Vorfahre des Evangelisten. Das Lukasevangelium beginnt sogar mit Erzäh-

---

[139] Jh 21,15-17

140 Prolog: Vorwort

[141] Jh 1,1-18

[142] Jh 1,19-34

[143] Tom Kenyon und Judi Sion: *Das Manuskript der Magdalena*, KOHA Verlag, Burgrain, 2003

[144] Jh 19,25-27

lung über die Großeltern des Evangelisten, *Elisabeth* und *Zacharias*. [145]
Die zuletzt entstandenen Schicht endet damit, dass Jesus Petrus auffordert: „Folge mir!" [146] Darauf erhebt der Redaktor den Evangelisten Johannes über Petrus:

> *Petrus wandte sich um und sah, dass der Jünger, den Jesus besonders liebte, hinter ihnen herging. Es war derselbe Jünger, der beim Abendessen an Jesu Brust gelegen war und gefragt hatte: „Herr, wer von uns wird dich verraten?" Als Petrus ihn sah, fragt er: „Herr, was soll aber dieser?"*
> *„Wenn ich will, dass er am Leben bleibt, bis ich wiederkomme, was geht dich das an? Folge du mir nach!" So entstand das Gerücht unter den Brüdern, „Jener Jünger würde nicht sterben." Aber Jesus hatte nicht gesagt, dass er nicht sterben würde, sondern nur: „wenn ich will, dass er am Leben bleibt, bis ich wiederkomme, was geht dich das an?" Der Jünger, von dem Jesus das sagte, ist auch der, der bezeugt, was in diesem Buch steht. Er hat es niedergeschrieben und wir wissen, dass alles wahr ist.* [147]

Allein schon die Beteuerung, dass alles wahr sei, [148] deutet die Fälschung an.

Die vorletzte Redaktion

Das apokryphe Petrusevangelium stammt nicht von Petrus, es wurde ihm einfach unterstellt, damit der Schrift mehr Bedeutung beigemessen wird. Aber unter der obersten Schicht des Johannesevangeliums liegt eine Schicht, die Petrusschicht genannt werden könnte. In ihr wird Simon zum Petrus gemacht. In dieser zweitletzten Schicht begann das Evangelium mit dem Mythos, indem Jesus zu Simon sagt: „Du sollst Petrus heißen."

---

[145] Lk 1,5-25; 1,57-80
[146] Jh 21,19
[147] Jh 21,20-24
[148] Jh 22,24

Die zwei Jünger ... gingen Jesus nach. Jesus drehte sich um und sah, dass sie ihm folgten. Da fragte er: „Was sucht ihr?" – „Rabbi, wo wohnst du?", entgegneten sie. Rabbi heißt übrigens „Lehrer." Kommt mit", erwiderte er, „dann werdet ihr es sehen." So kamen sie mit. Das war um die zehnte Stunde. Sie sahen, wo er sich aufhielt und blieben den Tag bei ihm. Einer von beiden, die Jesus gefolgt waren, ... war Andreas, der Bruder von Simon (Petrus). Der fand gleich darauf seinen Bruder Simon und sagte zu ihm: „Wir haben den „Messias" gefunden. Messias ist das hebräische Wort für „Christus." Dann brachte er ihn zu Jesus. Jesus sah ihn an und sagte zu ihm: „Du bist Simon Ben Johannes. Man wird dich einmal Kephas nennen." - Kephas bedeutet „Fels", griechisch „Petros." [149]

Simon Ben Johannes ist falsch übertragen. Richtig steht es im Matthäusevangelium dort wird er Simon Ben Jona genannt. [150] Ben Jona heißt aber nicht Sohn des Johannes, sondern drückt Fischer auf poetische Art aus, wie heute Petrijünger für Fischer steht. Jona war der Prophet, welcher nach dem Mythos drei Tage im Bauch eines Fisches war.

Die Petrusschicht endet mit der Erhebung des Petrus zum Oberhirten, zum Papst, wie er später genannt wird.

Jesus fragte, als sie gefrühstückt hatten, Simon Petrus:
„Fischer Simon, liebst du mich mehr als die anderen hier?"
„Gewiss, Herr, du weißt, dass ich dich liebhabe."
„Dann weide meine Lämmer!"
„Fischer Simon, liebst du mich?"
„Ja, Herr, du weißt, dass ich dich liebhabe."
„Dann hüte meine Schafe!"
„Fischer Simon, hast du mich lieb?"
Petrus wurde traurig, weil Jesus ihn zum dritten Mal fragte, ob er ihn lieb habe und sagte:

---

[149] Jh 1,37-42
[150] Mt 16,17

„Herr, du weißt alles. Du weißt, dass ich dich liebhabe.“
„Dann sorge für meine Schafe!“ [151]

Am Anfang der Petrusschicht wird dem Fischer angesagt, dass er der Kephas sein wird, und am Ende wird der Fischer zum Kephas bevollmächtigt. Auf diese Weise wird durch einen Redaktor die Petrusschicht vom Kephas eingeschlossen.

Die Reihenfolge der darunterliegenden Schichten erkenne ich nicht. Die Schichten bestehen aus der verschlüsselten Deckgeschichte des Isa, der Schicht mit den Anleihen aus der ägyptischen, hinduistischen, buddhistischen oder zarathustrischen Religion, und der eigentlichen jesuanischen Schicht, in der Jünger mit Namen benannt werden.

Das Buch Henoch im Johannesevangelium

Auch Teile aus dem Henochbuch flossen in das Johannesevangelium ein.

Himmlische Orte

Nach dem Henochbuch müsste es im Himmel spezielle Wohnorte geben:

Ihre Wohnstatt sah ich unter den Flügeln des Herrn der Geister. Alle Heiligen und Auserwählten sangen vor ihm, der der Erscheinung nach einem lodernden Feuer gleicht, ihre Münder waren voller Segnungen und ihre Lippen priesen den Namen des Herrn der Geister. Und Gerechtigkeit besteht ununterbrochen vor Ihm. [152]

Daraus erscheint im Johannesevangelium:

Im Haus meines Vaters gibt es viele Wohnungen. Wenn es nicht so wäre, hätte ich dann etwa gesagt: „Ich gehe jetzt hin, um den Platz für euch zu bereiten“? [153]

---

[151] Jh 21,15-17
[152] Hen 39,7
[153] Jh 14,2

Weiter heißt es im Henochbuch:

An jenem Ort sah ich einen Brunnen der Gerechtigkeit, der niemals versiegte und von vielen Quellen der Weisheit umgeben war. Alle Durstigen tranken daraus und wurden von Weisheit erfüllt und hatten Wohnungen bei den Gerechten, Auserwählten und Heiligen. [154]

Aus dem Brunnen der Gerechtigkeit wird im Johannesevangelium der Jakobsbrunnen bei Sychar:

Wer aber von dem Wasser trinkt, das ich ihm geben werde, wird niemals mehr Durst bekommen. Das Wasser, das ich ihm gebe, wird in ihm eine Quelle werden, aus der Wasser für das ewige Leben heraussprudelt. [155]

Das Friedensevangelium bei Johannes

Auch Teile aus dem Friedensevangelium der Essener flossen in das Johannesevangelium ein. Die erste Parallele handelt vom Ineinandersein. Im Friedensevangelium lautet es:

Eure Mutter ist in euch und ihr in ihr. [156]

Das patriarchalische Johannesevangelium macht aus der Mutter den Vater:

Ich bin im Vater und er ist in mir. [157]

Bei der zweiten Parallele gibt es noch vieles vom Vater zu sagen. So heißt es im Friedensevangelium:

Ich habe euch noch viele Dinge zu sagen, aber ihr könnt sie noch nicht ertragen. Denn eure Augen sind die Dunkelheit gewöhnt, und das ganze Licht des Himmlischen Vaters würde euch erblinden lassen. Darum könnt ihr das noch nicht

---

[154] Hen 48,1

[155] Jh 4,14

[156] FEv S. 7

[157] Jh 10,38; 14,10f; 14,20; 17,21

verstehen, was ich euch über den Himmelsvater, der mich zu euch sandte, sage. [158]

Das erscheint im Johannesevangelium so:

Ich habe euch noch viele Dinge zu sagen und zu richten; aber der mich gesandt hat, ist wahr, und was ich von ihm gehört habe, das sende ich zur Welt. Sie erkannten nicht, dass er vom Vater zu ihnen redete. [159]

Die dritte Parallele besteht in dem Gesandten. Im Friedensevangelium heißt es:

Wenn ihr meine Worte glaubt, glaubt ihr an den, der mich schickte. [160]

Im Johannesevangelium tritt diese Gesandtschaft mehrmals auf, sogar fast gleichlautend:

Wer auf mein Wort hört und dem glaubt, der mich gesandt hat ... [161]

Zwei weitere Zitate aus dem Friedensevangelium besitzen eine Parallele zum Johannesevangelium. Das erste lautet: *Wohin sollen wir gehen, wenn die ewigen Worte mit dir sind?,* [162]
Das zweite Zitat heißt: *Geht und sündigt nicht mehr.* [163]
Teile aus dem Friedensevangelium haben ihren Ursprung im ägyptischen Kult.

---

[158] FEv S. 19f
[159] Jh 8,26-27
[160] FEv S. 20
[161] Jh 5,24
[162] FEv S. 33; Jh 6,68
[163] FEv S, 33; 46; Jh 5,14; Jh 8,11

Der ägyptische Kult bei Johannes

Bethanien

Haus heißt im Hebräischen Beth, so in Beth-El, was Haus Gottes heißt oder in Beth-Ani, das Haus des Ani. In alten Sprachen waren „u" und „i" austauschbar, und so wurde aus Beth-Anu Beth-Ani, oder, wie uns geläufiger vorkommt, Bethanien." Beth-Ani war *Heliopolis* in Ägypten. [164] Im Jordantal gab es kein Dorf namens Bethanien. Deshalb wurde in jüngeren Handschriften Bethanien in Beth-Abara verändert. Im Bethanien vollzog Johannes der Täufer angeblich Jesu Taufe, handelt die Lazarusgeschichte und im Markusevangelium die Verfluchung des Feigenbaums, eine Verfluchung, die nicht zu Jesus passt, sowenig wie der Zorn im Tempel oder der Zorn bei Lazarus. Alles was in Bethanien geschehen sein soll, wurde aus dem ägyptischen Kult kopiert.

Das Licht scheint in die Finsternis

Das Friedensevangelium hat sich von Horus inspirieren lassen:

> *Ich bin vom Vater gesandt, damit ich das Licht des Lebens vor euch erscheinen lasse. Das Licht entzündet sich selbst und leuchtet in die Dunkelheit, aber die Dunkelheit kennt nur sich selbst und kennt das Licht nicht.* [165]

Das Johannesevangelium magert die Aussage ab auf:

> *Das Licht scheint in die Finsternis und die Finsternis hat es nicht erfasst.* [166] Jh 1,4

---

[164] Tom Harpur: *Der Heidnische Heiland - das Jesus-Plagiat enthüllt,* S.165, Ansata Verlag, München, 2005

[165] FEv S. 19

[166] Jh 1,4

Johannes der Täufer

1. Johanneskapitel

Nach Massey [167] wurde in einer alten, ägyptischen Schrift der ägyptische Erlöser *Horus* im mythischen Fluss Eridanus von einer Gottesgestalt namens *Anup der Täufer*, getauft, der später enthauptet wurde. Daraus entstand im Johannesevangelium:

> *Da trat ein Mensch auf. Er war von Gott gesandt und hieß Johannes. Er kam, um als Zeuge auf das Licht hinzuweisen. Alle sollten durch ihn daran glauben. Er war nicht selbst das Licht, er sollte nur darauf hinweisen.* [168]

Dagegen sagt nach dem Matthäus-und Lukasevangelium Jesus:

> *Ich versichere euch: Unter allen Menschen, die je geboren wurden, gibt es keinen größeren als Johannes den Täufer.* [169]

Dabei schließt Jesus sich nicht aus, ein Mensch zu sein. Jesus weiß, sein Vetter *Johannes der Täufer* ist der angekündigte und wiedergeborene Prophet *Elias*: Jesus hob seinen Vetter über sich hinaus.

> *Denn alle Propheten* [170] *und das Gesetz haben diese Zeit angekündigt, bis Johannes kam. Und wenn ihr es sehen wollt: Er ist Elias, dessen Kommen vorausgesagt ist* [171]

Die spätere Redaktion, *er kam, um als Zeuge auf das Licht hinzuweisen; alle sollten durch ihn daran glauben; er war nicht selbst das Licht, er sollte nur darauf hinweisen;* hoben Jesus

---

[167] Gerald Massey: *Ancient Egypt, the Light oft he World: A Work of Reclamation and Restitution in Twelve Volumes,* Bd.1, Kila, MT 2002, deutsch zitiert in:
Tom Harpur: *Der Heidnische Heiland - das Jesus-Plagiat enthüllt,* S. 108, Ansata Verlag, München, 2005

[168] Jh 1,6

[169] Mt 11,11; Lk 7,28

[170] Maleachi 3,1

[171] Mt 11,13-14; Lk 7,27-28

über Johannes hinaus, um Jesus, nach der Idee des Völkerapostels Paulus, zum Messias zu machen.

Nach der Vorstellung des Heilands durch den Täufer folgt die Vorstellung des Täufers durch den Evangelisten. Diese Vorstellung endet mit: „Dies ist in Bethanien geschehen, jenseits des Jordans, wo Johannes war und taufte."
Da Bethanien immer auf einen ägyptischen Ursprung hinweist, wurde bis jetzt keine historische Tatsache erzählt.
Über den Täufer fährt das Johannesevangelium fort:

> *Johannes trat als Zeuge für ihn auf. „Der ist es!" rief er, „von ihm habe ich gesagt: ‚Nach mir kommt einer, der weit über mir steht!', denn er war schon vor mir da." Und wir alle haben aus seinem unendlichen Reichtum Gnade und immer wieder Gnade empfangen. Durch Mose wurde das Gesetz gegeben, aber durch Jesus Christus sind Gnade und Wahrheit zu uns gekommen. Niemand hat Gott jemals gesehen. Nur der eingeborene Sohn, der an der Seite des Vaters sitzt, hat uns Aufklärung über Gott gegeben.* [172]

Zweimal geboren

Jesus spricht mit dem realen Ratsherrn und Gesetzeslehrer Nikodemus über die Wiedergeburt, im Sinne wie, in Johannes der Täufer inkarnierte der Prophet Elias. Dann wechselt Jesus zum Thema *zweimal geboren werden, einmal irdisch und einmal sphärisch*:

> *„Ja, ich versichere dir", erwiderte Jesus, „und bestätige es noch einmal: Wenn jemand nicht aus Wasser und Geist geboren wird, kann er nicht in das Reich Gottes kommen. Menschliches Leben wird von Menschen geboren, doch geistliches Leben von Gottes Geist. Wundere dich also*

---

[172] Jh 1,15-18

nicht, dass ich dir sage: Ihr müsst von neuem geboren werden. [173]

Im Friedensevangelium ist schon die Rede von dem zweimal geboren werden:

Wahrhaftig, alles muss durch das Wasser und die Wahrheit wiedergeboren werden, denn euer Körper badet im Fluss des Erdenlebens, und euer Geist badet im Fluss des ewigen Lebens. [174]

Dieses zweimalige Geborenwerden stammt aus dem ägyptischen Kult, dort ruft der verherrlichten Seele zu: „Heil, Osiris, du bist zweimal geboren!" [175]

Zweimaliges Taufen

Zum zweimaligen Geborenwerden gehört auch das zweimalige Taufen, wie es im Matthäusevangelium steht:

Ich taufe euch zwar mit Wasser aufgrund eurer Umkehr, aber es wird einer kommen, der mächtiger ist als ich. Ich bin nicht einmal gut genug, ihm die Sandalen auszuziehen. Er wird euch mit dem Heiligen Geist und dem Feuer taufen. [176]

Nach dem Johannesevangelium erhielt auch Jesus die Feuertaufe:

Dann machte Johannes die Aussage: „Ich sah den Geist Gottes wie eine Taube vom Himmel herabschweben und auf ihm bleiben. Ich hätte nicht gewusst, wer es war, aber der, der mir den Auftrag gab, mit Wasser zu taufen, hatte mir gesagt: ‚Wenn du den Geist auf jemand herabschweben und auf ihm bleiben siehst, dann ist das der, der mit dem Heili-

---

[173] Jh 3,5-7

[174] FEv S. 14

[175] Tom Harpur: *Der Heidnische Heiland - das Jesus-Plagiat enthüllt*, S. 138, Ansata Verlag, München, 2005

[176] Mt 3,11

> *gen Geist tauft.' Ich habe es gesehen und bezeuge: ,Dieser Mann ist der Sohn Gottes.'* [177]

Wenn etwas extra bezeugt wird, dann stimmt es nicht. Die ganze Szene spielt sich in Bethanien ab, [178] was weiter darauf hinweist, dass es sich um eine Kopie des ägyptischen Kults handelt.

Der Zorn Gottes im Johannesevangelium

3. Johanneskapitel

Im dritten Kapitel des Johannesevangeliums übernahm ein Redaktor, den man wohl bei den freigeistigen Essenern suchen muss, Teile aus dem ägyptischen Osirismythos. Auf diese Weise rutschte der Zorn des negativen Gottes Seth, völlig unpassend, zu Jesu liebenden Himmelsvater. Der Johannestext lautet:

> *Der Vater liebt den Sohn und hat alles in seine Hand gelegt. Wer an den Sohn glaubt, wer ihm vertraut, hat ewiges Leben. Wer dem Sohn aber nicht gehorcht, wird das ewige Leben nie zu sehen bekommen, denn Gottes Zorn wird auf ihm verbleiben.* [179]

Der ägyptische Text müsste sinngemäß heißen: „Osiris liebt seinen Sohn Horus und hat alles in seine Hand gelegt. Wer an den Sohn Horus glaubt, wer ihm vertraut, hat ewiges Leben. Wer aber dem Sohn Horus nicht gehorcht, wird das ewige Leben nie zu sehen bekommen, denn Seths Zorn wird auf ihm verbleiben."

---

[177] Jh 1,32-34
[178] Jh 1,28
[179] Jh 3,35-36

Die Übergabe der Rechte an den Heiland

Die schon im ägyptischen Kult erwähnte Übergabe vom Himmelsvater an seinen Sohn findet sich auch im Friedensevangelium:

... gibt er ihm all seinen Besitz, damit er seinem geliebten Sohn gehört und sein Sohn die Arbeiten seines Vaters weiterführt.

Denn der Himmelsvater ist tausend Mal größer als alle irdischen Väter, und größer als alle leiblichen Mütter ist die Erdenmutter. Und der Menschensohn wird vom Himmelsvater und der Erdenmutter mehr geliebt als alle Kinder von ihren irdischen Vätern und Müttern." [180]

Im Johannesevangelium heißt diese Idee:

Der Vater liebt den Sohn und hat alles in seine Hand gelegt. [181] Jh 3,35

Im Totenbuch der Ägypter fand sich noch folgende Johannesparallele:

Ich bin der Sohn, den er liebt. [182]

Ich bin der Sohn, den sein Vater liebt. [183]

Die Übergabe der Gerichtsgewalt an den Heiland

Das Henochbuch kennt die Übergabe der Gerichtsgewalt an den Heiland:

Er saß auf dem Thron seiner Herrlichkeit und der Hauptteil des Gerichts wurde ihm, dem Menschensohn übertragen. [184]

Daraus erscheint im Johannesevangelium:

---

[180] FEv S.17

[181] Jh 3,35

[182] Das Totenbuch der Ägypter, Spruch 9,4

[183] Das Totenbuch der Ägypter, Spruch 9,9

[184] Hen 68,39

Weil nicht der Vater das Urteil über die Menschen spricht, sondern der Sohn. Der Vater hat die ganze richterliche Macht dem Sohn übertragen. [185]

Im Matthäus- und Lukasevangelium heißt es dagegen: „Richtet nicht, auf dass ihr nicht gerichtet werdet." [186]

Die Vorlage zu diesem Widerspruch findet sich im ägyptischen Kult. Im ägyptischen Totenbuch heißt. es:

Was bedeutet das? „Dem Herrschaft über die Götter übertragen wurde" das ist Horus, Sohn der Isis; er wurde zum Herrscher eingesetzt an Stelle seines Vaters Osiris. [187]

Jesu Wandel auf dem Wasser

6. Johanneskapitel

Bei den Rollen von Qumran fand sich unter anderem der Text:

Er sah, wie sie sich beim Rudern abmühten, weil sie gegen den Wind ankämpfen mussten. In der vierten Nachtwache ging er auf dem See zu ihnen hin, wollte an ihnen vorübergehen. [188]

Die Erzählung vom Wandel auf dem Wasser [189] existierte vor Jesus schon vom ägyptischen Erlöser Horus [190] und wie die Funde von Qumran zeigen, waren sie auch den Essenern bekannt und wurden einfach auf Jesus übertragen. Ebenso wurde

---

[185] Jh 5,22

[186] Mt 7,1; Lk 6,37

[187] Das Totenbuch der Ägypter, Spruch 17,296-299

[188] Mk 6,48

[189] Mk 6,47-50 (reinste Kopie) || Mt 14,24-27; Jh 6,18-21

[190] Karlheinz Deschner: *Der manipulierte Glaube*, S. 40ff, Kindler-Verlag, München, 1971; zitiert in: www. manfred-gebhard.de/siehe ich bin das Licht

der sinkende Petrus [191] aus einer Horuserzählung kopiert. [192]

Dass Jesus befähigt war, das Wetter zu beeinflussen, muss außer Zweifel stehen. Allerdings so, wie er den Sturm in Mt 14,32 stillte, ist es dort so wahr, wie Regen aus wolkenlosem Himmel fällt.

Ich bin das Brot des Lebens

6. Johanneskapitel

Bei einer anderen Gelegenheit, als dem Abendmahl, sagt Jesus zweimal kurz hintereinander im Johannesevangelium: „Ich bin das Brot des Lebens", [193] und kurz darauf: „Wer von diesem Brot isst, wird ewig leben." [194] Und Jesus fährt fort: „Wenn ihr das Fleisch des Menschensohnes nicht esst und sein Blut nicht trinkt, könnt ihr das ewige Leben nicht in euch haben. [195] Denn mein Fleisch ist wirkliche Speise und mein Blut wirklicher Trank." [196] Diese Allegorie wurde von den Synoptikern auf das Abendmahl übertragen mit: *Das Brot ist mein Fleisch* und *der Wein ist mein Blut*. [197]

Jesus war nicht die einzige göttliche Person, die ihren Leib und ihr Blut symbolisch opferte, um die Sterblichen zu nähren. Auch Horus gab sein Fleisch zum Essen und sein Blut zum Trinken. [198]

---

[191] Mt 14,28-32

[192] Karlheinz Deschner: *Der manipulierte Glaube*, S 40, Kindler-Verlag, München, 1971; zitiert in:
www. manfred-gebhard.de/siehe ich bin das Licht.
Tom Harpur: *Der Heidnische Heiland - das Jesus-Plagiat enthüllt*, S. 131, Ansata Verlag, München, 2005

[193] Jh 6,35 und Jh 6,48

[194] Jh 6,58

[195] Jh 6,53

[196] Jh 6,55

[197] Mt 26,26-28; Mk 14,22-24; Lk 22,19-20

[198] Tom Harpur: *Der Heidnische Heiland - das Jesus-Plagiat enthüllt*, S. 138, Ansata Verlag, München, 2005

Ich bin das Licht

Wie Horus das Licht ist, so ist auch Jesus das Licht. Horus, das Licht, wurde im Johannesevangelium auf Jesus übertragen:

> *In ihm war das Leben und dieses Leben war das Licht für die Menschen.* [199]
> *Er war nicht selbst das Licht, er sollte nur darauf hinweisen. Der, auf den er hinwies, war das wahre Licht, das in die Welt gekommen und jeden Menschen erleuchten sollte.* [200]

Dann sagte Jesus wieder zu allen Leuten:

> *„Ich bin das Licht der Welt! Wer mir folgt, wird nicht mehr in der Finsternis umherirren, sondern wird das Licht haben, das zum Leben führt."* [201]

Auch das neunte Kapitel des Johannesevangeliums wiederholt, dass Jesus das Licht der Welt ist:

> *Doch solange ich noch in der Welt bin, bin ich das Licht der Welt.* [202]

Das Licht der Welt ist nicht das Licht der geistigen Sphären, sondern das Tageslicht, die Sonne, Horus. Als Horus das göttliche Licht bringt, heißt es von ihm, er steigt vom Himmel herab in die Finsternis der Erde als das Licht der Welt. [203]

Den Tod nicht schmecken

In Jh 8,51 ist die Rede von den Tod nicht schmecken.
Im Friedensevangelium. erscheint die Aussage, dass unter bestimmten Bedingungen ein Mensch den Tod nicht sieht oder nicht schmeckt:

---

[199] Jh 1,4-5
[200] Jh 1,8-9
[201] Jh 8,12
[202] Jh 9,5
[203] Tom Harpur, *Der Heidnische Heiland - das Jesus-Plagiat enthüllt*, S. 137, Ansata Verlag, München, 2005

Glücklich der, der das Reich Gottes betreten kann, denn er wird nie den Tod sehen. [204]

Drunvalo Melchizedek (* 1941) gibt eine hilfreiche Erklärung für das Christentum zum Widerspruch des ewigen Lebens:

Ihr fragt euch vielleicht: Wenn Echnaton und andere unsterblich waren, warum sind sie dann tot? Ich definiere Unsterblichkeit für euch einmal aus der Sicht der Melchizedeks, [205] *und ich hoffe, das ist eine Hilfe. ...*

Unsterblichkeit hat nichts damit zu tun, für immer und ewig im gleichen Körper zu leben. Ewig leben werdet ihr ohnehin - ihr seid immer gewesen und werdet immer sein, aber vielleicht seid ihr euch dessen nicht immer bewusst. Die Definition, die für uns Gültigkeit hat, hat mit dem Gedächtnis zu tun. Wenn ihr unsterblich geworden seid, erreicht ihr den Punkt, an dem euer Gedächtnis von diesem Punkt an intakt bleibt. Mit anderen Worten, von diesem Punkt an seid ihr bewusst, es kommt kein Unbewusstes mehr ins Spiel. Es bedeutet, dass ihr im Körper bleibt, solange ihr wollt, und wenn ihr ihn verlassen wollt, verlasst ihr ihn. Für immer in einem einzigen Körper bleiben zu müssen, wäre wie im Gefängnis oder in einer Falle zu sitzen, denn es hieße ja, dass man nicht wegkann. Es mag einen Grund dafür geben, diesen Körper zu verlassen, und dann werdet ihr schließlich herausfinden, dass ihr weiter wollt als an den Ort, wo ihr euch befindet. Das ist die Definition von ewigem Leben: Einfach ausgedrückt, hat man ein kontinuierlich fortbestehendes durch nichts unterbrochenes Gedächtnis. [206]

Stuart Wilson erklärte in einer Rückführung: „Wenn Jesus in den Städten und Dörfern zu den gewöhnlichen Menschen sprach, nannte er den Aufstieg auch *ewiges Leben*, denn der

---

[204] FEv S. 28; Jh 8,51

205 Melchizedek: Geistiger Führer, höher als nach der jüdischen Ordnung des Aron, (Heb 7,11), z. B. Jesus oder auch Melchizedek der Stadtkönig und oberste Priester (1. Mos 14,17-20)

[206] Drunvalo Melchizedek: *Die Blume des Lebens*, Band 1, S. 142-143, Burgrain, 2000[2]

Lichtkörper, in dem wir dort leben, ist unsterblich und zerfällt nie." [207]

Schamanismus

Das achte Johanneskapitel beginnt mit der Ehebrecherin, die gesteinigt werden sollte, aber nicht gesteinigt wurde, weil Jesus sagte: „Wer ohne Sünde ist, der werfe den ersten Stein." Davor schrieb Jesus auf die Erde. Dieses auf die Erde schreiben, mutet so fremd an, dass es aus dem ägyptischen Kult entnommen sein muss.

Jesus heilte öfters, aber er heilt nur einmal schamanistisch. (Es ist gleichgültig wie geheilt wird; wer heilt hat Recht.) Diese eine schamanistische Heilung geschah einem Blinden. Ihr Vorbild findet sich im ägyptischen Totenbuch. Der Text des Johannesevangeliums lautet:

> *Dann spukte er auf den Boden, machte einen Brei aus seinem Speichel und strich ihn auf die Augen des Blinden.* [208]

Der entsprechende Text des Totenbuchs lautet:

> *Sein Auge war krank, als er wegen seines Nachfolgers weinte. Da bespieh Thot es.* [209]

Die Aussage Gottes erfüllt sich

Im ägyptischen Totenbuch wird gesagt, dass die Aussage Gottes sich erfüllt. Der ägyptische Text lautet:

Seine Stimme ist wahrhaftig, und was er befiehlt, wird ausgeführt im Haus des Osiris. [210]

Daraus wurde im Johannesevangelium folgender Wortlaut:

---

[207] Stuart Wilson, Joanna Prentis: *Die Essener – Kinder des Lichts*, S. 249f, Darmstadt, 20103

[208] Jh 9,6

[209] Das Totenbuch der Ägypter, Spruch 17,124f

[210] Das Totenbuch der Ägypter, Spruch 1,64

Er weiß, dass es wahr ist. .... Denn das alles geschah, damit die Voraussagen der Schrift erfüllt würden. [211]
Geht man der *Schrifterfüllung* auf den Grund, stellt sie sich als unwahr heraus.

Von Mal zu Mal wird im Johannesevangelium der ägyptische Totenkult dicker aufgetragen.
Die Leichenwaschung, Einbalsamierung und der Abstieg in die Totenwelt mit der anschließenden Auferstehung wird nun in umgekehrter Reihenfolge erzählt. Die Leichenwaschung wird zur Fußwaschung, die Einbalsamierung wird zur Salbung und der Abstieg in die Unterwelt mit der anschließenden Auferstehung wird zur Lazaruserzählung.
Danach steigt Jesus selbst in die Totenwelt hinab und aufersteht nach drei Tagen.

Die Lazarusgeschichte

11. Johanneskapitel

In Bethanien wurde ein Mann krank. Er hieß Lazarus. Bethanien war das Dorf, in dem auch Maria und ihre Schwester Martha wohnten. Maria war die Frau, die dem Herrn das kostbare Salböl über die Füße gegossen und sie dann mit ihren Haaren abgetrocknet hatte. Lazarus war ihr Bruder. Da schickten die Schwestern eine Botschaft zu Jesus und ließen ihm sagen: „Herr, den du liebst, Lazarus, ist krank."
Als Jesus das hörte, sagte er: „Am Ende der Krankheit steht nicht der Tod, sondern die Herrlichkeit Gottes. Und dadurch soll der Sohn geehrt werden." Jesus liebte Martha und ihre Schwester und Lazarus. Als er hörte, dass er krank sei, blieb er noch zwei Tage an dem Ort, wo er war. [212]

---

[211] Jh 19,35f
[212] Jh 11,1-6

„An dem Ort, wo er war" zeigt, dass es sich nicht um ein wirkliches Geschehen handelt.

Erst dann sagte er zu seinen Jüngern: „Wir gehen wieder nach Judäa zurück."

„Rabbi, eben noch haben die Juden dort versucht, dich zu steinigen. Und jetzt willst du wieder dorthin?"

„Ist es am Tag nicht zwölf Stunden hell? Solange es hell ist, kann ein Mensch sicher seinen Weg gehen, ohne anzustoßen, weil er das Tageslicht hat. Wer aber in der Nacht unterwegs ist stolpert, weil er kein Licht bei sich hat."

Nach diesen Worten sagte er: „Unser Freund Lazarus ist eingeschlafen. Aber ich gehe hin, um ihn aufzuwecken."

„Herr, wenn er schläft, wird er gesund werden."

Sie dachten, er rede vom natürlichen Schlaf. Jesus hatte aber von seinem Tod gesprochen. Darauf sagte er es ihnen ganz offen:

„Lazarus ist gestorben; und wegen euch bin ich froh, dass ich nicht dort war, damit ihr glauben lernt. Aber kommt und lasst uns zu ihm gehen."

Thomas, den man auch den Zwilling nannte, sagte zu den anderen Jüngern: „Ja, lasst uns mitgehen und mit ihm sterben!" [213]

Nicht nur, dass die ganze Geschichte erfunden ist, auch Jesu *Weg zum Leben* wurde durch seinen entmutigten Jünger Thomas als unwirksam dargestellt.

Als Jesus ankam, erfuhr er, dass Lazarus schon vier Tage in der Grabhöhle lag. Bethanien war nur fünfzehn Stadien von Jerusalem entfernt, und viele Leute waren aus der Stadt gekommen, um Martha und Maria zu trösten.

Als Martha hörte, dass Jesus auf dem Weg zu ihnen war, lief sie ihm entgegen. Maria blieb im Haus.

---

[213] Jh 11,7-16

„Herr“ sagte Martha zu Jesus, „wenn du hier gewesen wärst, dann wäre mein Bruder nicht gestorben. Aber ich weiß, dass Gott dir auch jetzt keine Bitte abschlagen wird.“
„Dein Bruder wird auferstehen.“
„Ich weiß, dass mein Bruder auferstehen wird, bei der Auferstehung am letzten Tag.“
„Ich bin die Auferstehung und das Leben. Wer an mich glaubt wird leben, auch wenn er stirbt. [214]
Und wer lebt und an mich glaubt, wird niemals sterben.
Glaubst du mir das?“
„Ja Herr! Ich glaube, dass du der Gottessohn bist, der in die Welt kommen soll.“
Danach ging sie weg, um ihre Schwester Maria zu holen. Unbemerkt sagte sie: „Der Rabbi ist da. Er will dich sehen.“ Jesus war noch nicht in das Dorf hineingekommen. Er war immer noch an der Stelle, wo ihn Martha getroffen hatte. Da stand Maria sofort auf und lief ihm entgegen. Die Juden, die bei Maria im Haus gewesen waren um sie zu trösten, sahen, wie sie plötzlich aufstand und hinausging. Sie dachten, sie wolle zur Gruft gehen, um dort zu weinen, und folgten ihr.
Als Maria an die Stelle kam, wo Jesus war, warf sie sich ihm zu Füßen und sagte: „Herr, wenn du hier gewesen wärst, dann wäre mein Bruder nicht gestorben. [215]

In der Lazarusgeschichte geschieht nun scheinbar ein logischer Bruch, der aber in der ursprünglichen Erzählung übergangslos passt.

Als Jesus die weinende Maria sah und die Leute, die mit ihr gekommen waren, wurde er zornig und war sehr erregt.
Er fragte: „Wo habt ihr ihn hingelegt?“
„Komm und sieh selbst!“
Da brach Jesus in Tränen aus.

---

[214] Jh 11,17-25
[215] Jh 11,26-32

Die Juden sagten: „Seht einmal, wie lieb er ihn gehabt hat!" Aber einige meinten: „Er hat doch die Augen des Blindgeborenen geöffnet. Hätte er nicht auch Lazarus vor dem Tod bewahren können?"

Da wurde Jesus wieder zornig und ging zur Gruft.

Es war eine Höhle, deren Eingang mit einem Stein verschlossen war. Jesus sagte: „Wälzt den Stein weg!" Martha, die Schwester des Verstorbenen, wandte ein: „Herr, der Geruch! Er liegt schon vier Tage hier."

„Ich habe dir doch gesagt, dass du die Herrlichkeit Gottes sehen wirst, wenn du mir vertraust."

Da wälzten sie den Stein weg. Jesus aber richtete seine Augen nach oben und sprach: „Vater, ich danke dir, dass du mich erhört hast. Ich wusste zwar, dass du mich immer erhörst; aber wegen der anwesenden Menge habe ich es laut gesagt, damit sie glauben, dass du mich gesandt hast." Nach diesen Worten rief er mit lauter Stimme: „Lazarus, komm heraus!" Da kam der Verstorbene heraus, an Füßen und Händen mit Binden umwickelt, und sein Angesicht war von einem Schweißtuch umhüllt. Jesus sagte zu ihnen: „Macht ihn frei und lasst ihn gehen!" [216]

Tom Harbur schreibt: „Die Lazaruserzählung beruht auf dem Osirismythos. [217] Der Tote war mit Binden eingewickelt, mit Binden, wie sie bei der ägyptischen Einbalsamierung verwendet wurden und wie es im Evangelium steht, [218] die aber nicht zum jüdischen Totenritus gehören.

Weiter meint Harbur: „Im ägyptischen Text heißt es, dass Horus, der ägyptische Erlöser, in Anu seinen Vater Osiris von den Toten auferweckte, indem er ihn aufforderte, sich aus seiner Höhle zu erheben und herauszukommen. Weiter heißt es im Hieroglyphentext, dass Horus der göttlichen Meri an die Stelle

---

[216] Jh 11,33-44

[217] Tom Harpur: *Der Heidnische Heiland - das Jesus-Plagiat enthüllt*, S. 161-169, Ansata Verlag, München, 2005

[218] Jh 11,44

folgte, an der El-asar - eine andere Schreibweise für El Osiris in seinem Grab lag, genau, wie Jesus Martha folgte, die ihm den Weg nach Bethanien entgegengekommen war. Weitere Beweise für die Übereinstimmung zwischen dem Mythos und der biblischen Lazarusgeschichte liefern die Hinweise auf die Trauernden im Haus und am Grab des Lazarus. Nicht nur Maria weinte, sondern auch die Juden, die da waren, um Maria zu trösten. Und dann lesen wir: „Und Jesus gingen die Augen über. Das ägyptische Beth-Anu hieß lange zuvor schon *Ort des Weinens* und ihre göttliche Schwester Nephthys weinte über Horus und Jesus, Maria und Martha weinten über den leblosen El-Asar, dessen Namen zu L'azar abgeschliffen und zu Lazarus latinisiert wurde.

Auch die beiden göttlichen Schwestern, Isis und Nephthys, sind von Bedeutung. In alten Quellen hieß Isis Meri. Die Mehrzahl von Meri lautet im ägyptischen Merti. In der hebräischen Form wurde daraus Martha. Aus Nephthys wurde Maria und aus Isis wurde Martha.

Was Jesus über Lazarus sagte, wurde früher schon von Osiris gesagt: „Dies ist Osiris, der nicht tot ist, sondern in Anu schläft, dem Ort der Ruhe, wo er den Ruf erwartet, der ihn heißt, heute herauszukommen." [219]

In den üblichen Übersetzungen ergrimmt Jesus. Ergrimmen hinterlässt ein Bild wic die Faust in der Tasche ballen.

Er ballte so wenig die Faust in seiner Tasche, wie er bei der Tempelreinigung die Händler mit der neunschwänzigen Katze zum Tempel hinaustrieb. Karl-Heinz Vanheiden übersetzt „war zornig." Der Zorn passt nicht zu Jesus, doch im Osirismythos wird Seht zornig.

Der Osirismythos erzählt, dass der Punkt des Sonnenauf- und untergangs am Horizont drei Tage lang wie tot stillsteht und danach sich wieder bewegt. Deshalb bleibt der Heiland da, wo

---

[219] Tom Harbur: *Der Heidnische Heiland - das Jesus-Plagiat enthüllt*, S. 161-169, Ansata Verlag, München, 2005

er sich gerade aufhält, und geht erst nach zwei Tagen zu Lazarus nach Bethanien.

Die Salbung

12. Johanneskapitel

Die Salbung des Heilands wird in allen vier Evangelien erzählt. In ihr wird der Verräter Judas erwähnt. Die Erwähnung des Judas im Johannesevangelium muss eingefügt worden sein, denn die Erzählung handelt von einer ägyptischen Einbalsamierung. Das geht aus der Erwähnung des Ortsnamens Bethanien und den anwesenden, umbenannten, ägyptischen Göttern Lazarus, Martha und Maria hervor. [220]

Sechs Tage vor dem Passafest kam Jesus wieder nach Bethanien, wo Lazarus wohnte, den er vom Tod auferweckt hatte. Die Geschwister gaben zu Jesus Ehren ein Festmahl. Martha bediente und Lazarus lag [221] *mit den anderen zu Tisch. Maria aber nahm eine Flasche mit einem Pfund Salböl, es war echte, sehr kostbare Narde, und salbte Jesus damit die Füße. Dann trocknete sie diese mit ihren Haaren ab.*

Dies war in Palästina zu jener Zeit Dirnenbrauch, womit Maria im Evangelium nun zur Hure gestempelt ist.

Der Duft des Salböls erfüllte das ganze Haus.

Da sagte einer von den Jüngern ärgerlich – es war Judas, der Jesus später verriet: „Warum hat man das Salböl nicht verkauft? Man hätte dreihundert Denare dafür bekommen und das Geld den Armen geben können.“ Er sagte das nicht etwa, weil er sich um die Armen sorgte, sondern weil er ein Dieb war. Er verwaltete die gemeinsame Kasse und be-

---

[220] Tom Harpur: *Der Heidnische Heiland - das Jesus-Plagiat enthüllt*, S. 251, Ansata Verlag, München, 2005

221 Beim Abendmahl bekommen wir gleich das Bild von Leonardo da Vinci in unserer Vorstellung, bei dem Jesus mit seinen Jüngern an einem Tisch sitzt, tatsächlich dürfte er, wie das ältere Mosaik in der Basilika des neuen St. .Apollinaris in Ravenna zeigt, nach römischer Manier zu Tisch gelegen sein.

diente sich daraus. Jesus sagte: „Lass sie in Ruhe. Sie hat das als Vorbereitung für mein Begräbnis getan."

Es handelt sich hier also um die Erzählung einer ägyptischen Einbalsamierung zur Vorbereitung für das Begräbnis.

Der Heiland sagte: „Es wird immer Arme geben, um die ihr euch kümmern könnt. Aber mich habt ihr nicht mehr lange bei euch."

Um die paulinische Lehre unbehindert voranzubringen, wurden gegen Jesu Augenzeugen gehetzt. Maria-Magdalena wurde als Hure [222] verleumdet und Judas wurde der Diebstahl des ihm anvertrauten Geldes unterstellt. [223]

Einzug nach Jerusalem

12. Johanneskapitel

Das Johannesevangelium erzählt es auf die folgende Weise:

Am nächsten Tag erfuhren viele von denen, die zum Passafest gekommen waren, dass Jesus sich auf den Weg nach Jerusalem gemacht hatte. Da nahmen sie Palmzweige in die Hand und zogen ihm entgegen. „Hosianna"!" riefen sie. „Gelobt sei Gott! Gepriesen der da kommt im Namen des Herrn! Heil dem König von Israel!" Jesus hatte einen jungen Esel geliehen und ritt auf ihm in die Stadt, wie es schon in der Heiligen Schrift steht: „Fürchte dich nicht, Tochter Zion! Dein König kommt zu dir! Er reitet auf einem Eselfohlen." [224]

Jesu triumphaler, aber seltsam ergebnisloser Ritt durch Jerusalem, ist im Grunde ein beim Wort genommener, wenn auch verfälschter Bestandteil des alten Mythos, in dem Horus auf dem Rücken eines Esels reitet. Massey weist darauf hin, dass

[222] Jh 12,3
[223] Jh 12,6
[224] Jh 12,12-15

dem Esel Palmblätter vorgeworfen wurden, weil die Palme als esoterisches Symbol für den Mondmonat galt. [225]

Die Fußwaschung

13. Johanneskapitel

Das Passafest stand unmittelbar bevor. Jesus wusste, dass die Zeit für ihn gekommen war, diese Welt zu verlassen und zum Vater zu gehen. Nun bewies er den Seinen in dieser Welt das ganze Ausmaß seiner Liebe. [226]

Es war beim Abendessen. Jesus stand vom Tisch auf, zog sein Obergewand aus und band sich ein Leinentuch um. Er goss Wasser in eine Schüssel und begann, den Jüngern die Füße zu waschen und mit dem Tuch abzutrocknen, das er sich umgebunden hatte. Er kam zu Petrus, der wehrte ab: „Herr, du willst mir die Füße waschen?"

„Was ich jetzt tue, verstehst du nicht; du wirst es aber später begreifen." „Nie und nimmer wäschst du mir die Füße!"

„Wenn ich sie dir nicht wasche, hast du keine Gemeinschaft mit mir!"

„Dann Herr, wasch mir nicht nur die Füße, auch die Hände und den Kopf!"

„Wer gebadet hat, ist ganz rein, er muss sich später nur noch die Füße waschen. Auch ihr seid rein."

Nachdem Jesus ihnen die Füße gewaschen hatte, zog er sein Obergewand wieder an und legte sich an seinen Platz am Tisch.

„Versteht ihr, was ich eben gemacht habe? Ihr nennt mich Rabbi und Herr. Und das ist auch in Ordnung so; denn ich bin es. Wenn ich, der Herr und Rabbi, euch die Füße gewaschen habe, dann seid auch ihr verpflichtet, euch gegenseitig die Füße zu waschen. Ich habe euch ein Beispiel gege-

---

[225] Tom Harpur: Der heidnische Heiland - das Jesus-Plagiat enthüllt, S. 254, Ansata Verlag, München, 2005

[226] Jh 13,1

ben, damit ihr genauso handelt. Ja, ich versichere euch: Ein Sklave ist nicht größer als sein Herr, und ein Gesandter ist nicht größer als sein Auftraggeber. Das wisst ihr jetzt. Nun handelt auch danach, das ist der Weg zum Glück. [227]
Ich gebe euch jetzt ein neues Gebot: Liebt einander! Genauso wie ich euch geliebt habe, sollt ihr einander lieben! An eurer Liebe zueinander werden alle erkennen, dass ihr meine Jünger seid." [228]

Mit der Verzögerung bei der historisch nicht stattgefundenen Fußwaschung, die Jesu Verzögerung bei seiner unhistorischen Taufe gleicht, wurde Jesu Jünger als naiv und emotional dargestellt. Mit seinem Jünger als Einfallspinsel wurde indirekt auch er selbst und damit auch seine Lehre herabgewürdigt.

Nun missbrauchen die Konservativen das Johannesevangelium, um Judas-Thomas den Verrat unterzuschieben. Zunächst soll der eifersüchtige Petrus die Aufmerksamkeit des Lieblingsjüngers erheischt haben:

Der Jünger, den Jesus besonders liebte, lag an der Brust Jesu. Diesem Jünger gab Petrus einen Wink, er solle fragen, von wem er reden würde. [229]

Da soll sich jener an die Brust Jesu zurückgebeugt und gefragt haben: „Herr, wer ist es?"

Darauf soll das Geheimnis von Jesus gelüftet werden:

„Ich werde ein Stück Fladenbrot in die Schüssel tauchen und es dem geben, der es ist." Er nahm ein Stück Fladenbrot, tauchte es in die Schüssel und gab es Judas Ben-Simon, dem Ischariot. [230]

Wer aber mit dem Ischariot verunglimpft wurde, war Judas-Thomas.

---

[227] vergl. Jh 13,4-17
[228] Jh 13,34
[229] Jh 13,24
[230] Jh 13,26

Die drei Erzählungen von der Waschung, der Einbalsamierung und der Auferstehung waren erst das Vorspiel, das in das eigentliche Thema einführt, auf den Oirismythos mit Verrat, Tötung und Auferstehung.

Ich bin der Weinstock, ihr seid die Reben

15. Johanneskapitel

Im 15. Kapitel des Johannesevangeliums findet sich folgende Metapher:

Ich bin der wahre Weinstock
und mein Vater ist der Weingärtner.
Jede Rebe an mir, die keine Frucht bringt, schneidet er weg
und jede die Frucht bringt schneidet er zurück
und reinigt sie so, damit sie noch mehr Frucht bringt.
Ihr allerdings seid durch das Wort,
das ich euch verkündigt habe, schon rein.
Bleibt in mir, und ich bleibe in euch!
Eine Rebe kann nicht aus sich selbst heraus Frucht bringen;
sie muss am Weinstock bleiben.
Auch ihr könnt keine Frucht bringen,
wenn ihr nicht mit mir verbunden bleibt.
Ich bin der Weinstock; ihr seid die Reben.
Wer mit mir verbunden bleibt
und ich dann auch mit ihm,
der trägt viel Frucht.
Denn getrennt von mir könnt ihr nichts ausrichten.
Wenn jemand nicht mit mir verbunden bleibt,
wird es ihm ergehen wie den unfruchtbaren Reben,
die man auf einen Haufen wirft und verbrennt.
Er wird weggeworfen und verdorrt. [231]

Godfrey Higgins berichtet, in einzelnen Schriften würden Osiris als Weinstock und der Erlöser Horus als Unbu beziehungsweise als Zweig charakterisiert: „Der typische Baum des Le-

---

[231] Jh 15,1-6

bens in der griechischen Himmelsdarstellung - die auf der ägyptischen beruht - der Weinstock." Die Trauben entsprangen im oder neben dem Bild *Jungfrau*, der mythischen Mutter des Kindes, das „vom Tod auferstehen soll, um dem Menschen unter dem Zeichen der Weinrebe Erlösung zu bringen." Diese symbolische Rolle, dass er der *wahre Weinstock* ist und die Jünger *die Reben*, dazu bestimmt *viele Früchte* zu tragen, hatte Horus in Ägypten bereits lange zuvor gespielt.
Die Seele beziehungsweise innere Göttlichkeit ist das Ferment, welches das Göttliche im Körper des Lebens zum Gären bringt. Dort kann es sich, genau wie am Weinstock, mit Hilfe der Sonne der Spiritualität entwickeln. Weinstock und Mischschale wurden astronomisch zu Himmelssymbolen erhoben, letztere als Sternbild Becher beziehungsweise Messkelch oder Gral. Beim Johannesevangelium handelt es sich eindeutig um die Neubearbeitung beziehungsweise Nachbildung von etwas, das bereits Jahrhunderte zuvor existierte. [232]

Verherrlichung

17. Johanneskapitel

Im Johannesevangelium finden sich Stellen, die dem christlichen Verständnis fremdartig anmuten, und im ägyptischen Kult ihr Vorbild haben. Die Verherrlichung des Menschensohnes mutet im Christentum fremdartig an. Im ägyptischen Totenbuch bittet der Verstorbene den Gott, ihn zu verherrlichen. Im ägyptischen Totenbuch heißt es:

> *Ich bin einer von denen, die du schon auf Erden verherrlicht hast.* [233]

Im Johannesevangelium findet sich folgende Stelle:

> *Ich habe deine Herrlichkeit hier auf der Erde sichtbar gemacht. Ich habe das Werk vollendet, das du mir aufgetragen*

[232] Tom Harpur: *Der Heidnische Heiland - das Jesus-Plagiat enthüllt*, S. 128, Ansata Verlag, München, 2005

[233] Das Totenbuch der Ägypter, Spruch 15b, 19

> *hast. Vater, gib mir erneut die Herrlichkeit, die ich schon vor der Erschaffung der Welt bei dir hatte.* [234]

Welche Herrlichkeit Gottes, die bis dahin verborgen oder nicht erkannt war, hat Jesus auf der Erde sichtbar gemacht? Aus christlicher Sicht ist, *Ich habe deine Herrlichkeit hier auf der Erde sichtbar gemacht,* Phrasendrescherei!

Tom Harbur schreibt bezüglich des 17. Johanneskapitels:

> *Sowohl Horus als auch Jesus richten lange Ansprachen an ihre Väter. Horus hält insgesamt sogar vierzig solcher Reden. Der berühmteste Monolog Jesu umfasst das ganze 17. Kapitel des Johannesevangeliums. Wie die meisten der Diskurse, die Jesus von Johannes zugeschrieben wurden, liest sich auch dieser ganz anders als alles, was Jesus in den drei synoptischen Evangelien äußert. Bezeichnender Weise beginnt dieser Monolog mit den Worten: „Vater..., verherrliche deinen Sohn, damit dein Sohn dich verherrliche." Ja, er bittet den Vater ihm die Herrlichkeit wiederzugeben, die er bei ihm hatte, „ehe die Welt war." Ähnlich bittet Horus, Osiris möge „mir den Rang der Leuchtenden zukommen lassen. Der Erwählte trifft beim Alten an den Grenzen des Berges der Glorie ein, wo ihn die Krone erwartet." Horus trifft hier eine eindeutige Aussage über die Rückkehr des Sonnenstrahls des Logos.* [235] *Er befand sich seit jeher im Schoß des allumfassenden Vaters Ra und erlitt den Tod, um die Menschheit zu verherrlichen, deren Natur zu heben Ra ihm aufgetragen hatte. Genau wie Horus bittet auch Jesus, in seine ursprüngliche Herrlichkeit zurückversetzt zu werden. Die Ähnlichkeiten sind so auffallend, dass ich sie zunächst kaum glauben konnte.* [236]

---

[234] Jh 17,4

235 Logos: Das Wort, siehe Jh 1,1

[236] Tom Harpur: *Der Heidnische Heiland - das Jesus-Plagiat enthüllt*, S. 139, Ansata Verlag, München, 2005

Die Ergreifung, Tötung und Auferstehung

Vor Osiris Tod findet das Abendmahl mit den 72 Schergen, bei Jesus mit den zwölf Aposteln, statt. [237] Die zwölf Apostel entsprechen den zwölf Monaten des Sonnenjahres und die 72 Schergen entsprechen dem Zweiundsiebzigstel des Sonnenjahres, das an die 360 Tage des Mondkalenders angehängt sind, um das Sonnenjahr zu erhalten.

Im ägyptischen Mythos, wo Seths Komplizen kommen, um Horus, den ägyptischen Erlöser, zu ergreifen, da sehen sie auf seiner Stirn plötzlich eine Krone und fallen auf die Knie. Ebenso weichen im Johannesevangelium bei Jesu Gefangennahme die Tempelwächter zurück und fallen zu Boden.

> *Und Judas kam jetzt dorthin. Er wurde von einem Trupp römischer Soldaten begleitet und von Männern der Tempelwache, die ihm die Hohen Priester zur Verfügung gestellt hatten. Sie waren bewaffnet und trugen Laternen und Fackeln. Jesus wusste, was nun mi ihm geschehen würde, und ging ihnen bis vor den Eingang des Gartens entgegen. „Wen sucht ihr?“, fragte er sie. „Jesus von Nazareth“, gaben sie ihm zur Antwort „Ich bin es“, sagte er. Der Verräter Judas stand bei ihnen. Als nun Jesu zu ihnen sagte: „Ich bin es“, wichen sie zurück und fielen zu Boden.* [238]

Aus dem Abwiegen von Gut und Böse im vergangenen Leben durch einen ägyptischen Gott wird bei Jesus Justizias Abwiegen durch den Hohenpriester und den Statthalter. [239]

Die Evangelien erzählen die Leidensgeschichte, die sie von Jesaja übernahmen, und dieser von den Ägyptern übernommen hatte [240] mit der Ächtung, Erniedrigung und Geißelung, Durchbohrung, Zerschlagung, dem Schweigen vor den Peini-

---

[237] Jh 13,2

[238] Jh 18,3-6

[239] Jh 18,12-13; 18,19-24; 18,28-40; 19,4-15; 19,21-22

[240] Tom Harpur: *Der Heidnische Heiland - das Jesus-Plagiat enthüllt*, S. 140, Ansata Verlag, München, 2005

gern, dem Hass, dem Gerichtsprozess, dem Grab eines Reichen unter Sündern, dem Beten für die Übeltäter.
Im Mythos nach dem Johannesevangelium wurde Jesus wie andere Halbgötter - zum Beispiel Prometheus - gekreuzigt.

Nach der Kreuzesabnahme umwickelten sie nun den Leichnam des Heilands samt den Spezereien mit Leinentüchern, wie es für die Juden Begräbnissitte war. [241]
Die Auferstehung des Osiris an der Wintersonnwende wurde beim christlichen Heiland zur Frühjahrestagundnachtgleiche verlegt. Wie Osiris bei der Wintersonnwende in das Totenreich hinabsteigt und nach drei Tagen sich bewegt, so steigt der christliche Heiland nach seinem Tod [242] in das Totenreich hinab und steht nach drei Tagen daraus auf. [243]

Alles dem christlichen Laien Unverständliche des Johannesevangeliums wird verständlich, wenn man es als Abklatsch des ägyptischen Kults versteht.

Im ägyptischen Kult ist Horus das Brot des Lebens. [244] Im Johannesevangelium heißt es:

> *Jesus erwiderte ihnen: „Ich bin das Brot des Lebens; wer zu mir kommt, wird nicht mehr hungern.“* [245]

Alwin Boyd Kuhn sagt in: *Who Is This King of Glory*:

> *„Alles, was später in das Christentum einging, existierte bereits zuvor in der ägyptischen Mythologie und Eschatologie.*[246]

---

[241] Jh 19,40

[242] Jh 19,30

[243] Jh 2,19-22

[244] Tom Harpur: *Der Heidnische Heiland - das Jesus-Plagiat enthüllt*, S. 108, Ansata Verlag, München, 2005

[245] Jh 6,35

246 Eschatologie = Lehre von den letzten Dingen

Die Jesusgestalt, die als Begründer des Christentums gilt, war schon mehr als zehntausend Jahre alt und als der Ewig kommende Eine durch alle Zeiten auf dem Weg hierher...
In diesen zehntausend Jahren wurde der Geist Ägyptens von der Inkarnation des göttlichen Ideals in der Gestalt von Isua [oder Horus], dem kommenden Sohn durchdrungen." [247]

Damit Paulus Lehre nicht durch Jesu *Weg zum Leben* behindert wurde, sollten Jesu Augenzeugen entehrt werden. Nicht nur mit dem entmutigten Thomas wurde Jesu *Weg zum Leben* als unwirksam dargestellt, Judas und Maria-Magdalena sollen als gesellschaftlicher Abschaum diskriminiert und Petrus sollte als naiv und emotional denunziert werden.

Die nächste Schicht des Johannesevangeliums besteht in der Isa-Schicht.

---

[247] vergleiche: Tom Harpur: D*er Heidnische Heiland - das Jesus-Plagiat enthüllt,* S. 98, Ansata Verlag, München, 2005

Isa

Jesus sagte zu den Juden: „Ich war vor Abraham.“ Diese Aussage meint nicht im Himmel irgendwie spirituell, sondern meint es durchaus irdisch. Was dann ja auch einen Riesentumult auslöste, so dass sie ihn steinigen wollten. [248]
Joseph, einer der zwölf israelitischen Stammesväter, war tatsächlich niemand anderes als das Wesen, das als Jesus, der Nazaräer, inkarnierte. Die Parallelen zwischen beiden Inkarnationen bestätigen dies.
Josephs Gewalttod versucht sein Bruder Ruben zu verhindern. [249] In seiner späteren Inkarnation heißt er Simon, hängt wieder hoch emotional an seinem Bruder, [250] und wieder versucht er dessen Gewalttod zu verhindern. [251]
Asenat, die Tochter des Potiphar, des obersten Priesters zu Heliopolis, in die höchsten ägyptischen Mysterien eingeweiht, war Josephs Frau, [252] sie inkarnierte wieder als Maria-Magdalena.
Doch dieses Wesen, das einmal als Joseph und einmal als Jesus in die Geschichte einging, inkarnierte auch noch zwischen diesen Inkarnationen. Diese Inkarnation ist so gut wie unbekannt. Und wenn etwas davon erzählt wird, wird es mit der Inkarnation als Jesus vermischt. Jesu Stammbaum, wie er bei Matthäus geschrieben steht, gehört nicht zu Jesus, sondern zu dieser Zwischeninkarnation. Die Erinnerung an diese Inkarnation wurde von einem persischen Landpfleger in Jerusalem ausgelöscht.
In Kleintibet, dem heutigen indischen Bundesstaat Ladak, fanden sich in dem buddhistischen Kloster in Hemis Schriften, nach denen dieser Erlöser *Isa* genannt wird. Diese Schriften

---

[248] Jh 8,58-59
[249] 1. Mos 37,21-22
[250] Jh 13,37; 21,7
[251] Mt 16,22
[252] 1. Mos 41,45

wurden von Nikolaus Notovitsch in dem Buch *Die Lücke im Leben Jesu* in dem Kapitel *Das Leben des heiligen Isa* 1894 in Stuttgart veröffentlicht. Notovitsch ließ sich aus zwei Büchern vorlesen, über Isa und über Jesus und vermischte in seinem Buch beides miteinander. Bei dem Landpfleger, der Isa und sein Andenken auslöschte, handelt es sich wohl um Nehemia.

> *Isa sagte zum Landpfleger: „Warum erniedrigst du deine Würde, und warum lernst du deinen Untergebenen an, in der Lüge zu leben, da du doch auch ohne solches Gewalt hast, einen Unschuldigen zu verurteilen?“ Auf diese Worte geriet der Landpfleger in einen heftigen Zorn, und er befahl die Verurteilung Isas zum Tode...* [253]
>
> *Als dies Gerücht zur Kenntnis ... kam, da ärgerte er sich und verbot bei Sklaverei und Todesstrafe, jemals den Namen Isas auszusprechen und den Herrn für ihn zu bitten. Allein das Volk fuhr fort zu weinen und seinen Lehrer ganz laut zu verherrlichen; darum wurden viele in Gefangenschaft abgeführt, der Folter unterworfen und getötet.* [254]

Deshalb ging die Gemeinde in den Untergrund. Isas Geschichte wurde bei den Essäern verschlüsselt erhalten. Diese verschlüsselte Geschichte wurde dem ursprünglichen Johannesevangelium angehängt.

Die verschlüsselte Deckgeschichte des Isa

Den frühen Christen wird eine Verbindung zu den Essenern nachgesagt. Pastor Hans-Jürgen Martensen geht davon aus, dass das Johannesevangelium in der Art verschlüsselt ist, indem bestimmte Bedeutungen mit anderen Begriffen belegt wurden. Der Zufluchtsort der Essener hieß Damaskus, die Essener-Gemeinde wurde als Mutter verschlüsselt. Petrus ist kein Namenszusatz, sondern der Titel des Oberhirten der Essener-

[253] Das Leben des Heiligen Isa XIII, 22f
[254] Das Leben des Heiligen Isa XIV, 8f

Gemeinde. Aus Nichtmitglied wurde Pharisäer, aus Essener-Gemeindemitglied wurde Jude. [255]
Wenn vom Tempel die Rede ist, darf man sich nicht ein nur nach jüdischen Gesichtspunkten ausgestattetes Gotteshaus vorstellen. Tempel bedeutet ein mit einer Mauer eingefriedetes Gelände, in dem das Tempelgebäude steht. Vor dem Tempelgebäude, auf einem Altar, wurden die Brandopfer dargebracht. An der Umfriedungsmauer läuft ein überdachter Säulengang um. Unter dem überdachten Säulengang werden die Opfergaben von der Taube bis zum Ochsen gehandelt oder die Tempelsteuer eingenommen. Weil es den Euro noch nicht gab und auch noch nicht den Dollar, saßen da auch die Geldwechsler. Es ist ein Ort der politischen, rechtlichen und lebenspraktischen Wertevermittlung, ein Ort für Unterricht und Gespräche, ein sozialer Treffpunkt.
„Im Tempel“ meint meistens nicht „im Tempelgebäude“, fast immer „im Tempelhof.“

Die Tempelreinigung

2. Johanneskapitel

Im Johannesevangelium entlädt sich Isas Zorn über die Tempelgräuel:

> *Er flocht eine Geisel aus Stricken und trieb alle, mit den Schafen und Ochsen, vom Tempel weg, verschüttete den Wechslern das Geld und stieß die Tische um.* [256]

Obwohl diese Szene den Heiland so überaus menschlich zeigt, fand sie nie statt. Wenn Isa im Zorn die Händler mit der neunschwänzigen Katze aus dem Tempelgelände vertrieb, spricht er nicht zu denen, die Tauben anbieten: „Schafft das weg und

---

[255] Hans-Jürgen Martensen: *Hier irrte der große Hirte. Die Schriften von Qumran widersprechen Papst Benedikt und seinem Jesus – Dem historischen Christus auf der Spur –, Essen, 2009*

[256] Jh 2,15

macht aus meines Vaters Haus nicht eine Markthalle", [257] er brüllt sie an. Wenn die Geschichte stattgefunden hätte, müsste es zumindest „er rief mit lauter Stimme" heißen, wie er sich zum Beispiel nach dem 7. Kapitel im Tempel nicht zurückhielt. [258] Der Zorn passt nicht zu einem Gottessohn. Die Schriftquelle wird gleich nachgereicht, wenn es heißt: „Die Jünger dachten, dass geschrieben steht: ‚Der Eifer um dein Haus verzehrte mich.'" [259] Wäre diese Szene tatsächlich passiert, hätten die Händler ihm einen Prozess gemacht, wie er im 18. Johanneskapitel beschrieben ist. Auch ist der Tempel für Isa nicht heilig, wie sich noch mehrmals zeigen wird.

Der Schreiber des Johannesevangeliums nimmt die Reinigung der Tempelmauern, bei der auch Sacharja teilnahm, [260] zum Bild, dass Isa den wahren Tempel, also die Essener Gemeinde reinigt, also reformiert. Deshalb brüllt er in der übertragenen Beschreibung die Taubenhändler nicht an, sondern schafft Ordnung. Den synoptischen Evangelien wurde die Tempelreinigung also angehängt. Deshalb erscheinen sie im Johannesevangelium richtigerweise am Anfang seiner Mission und bei den Synoptikern, in die physische Welt gezerrt, fast am Ende der Mission des Heilands.

Nach der Reformierung der Essener-Gemeinde gewinnt Isa seine Anhänger.

Danach fährt das Evangelium damit fort, dass die Essener - im Text steht das verschlüsselte Wort für sie, *die Juden* - ihn fragten: „Welches Zeichen weist du uns vor, dass du das tun darfst?" Darauf sagt Jesus: „Zerstört diesen Tempel und ich werde ihn in drei Tagen wieder aufbauen." [261]

---

[257] Jh 2,16

[258] Jh 7,28

[259] Ps 69,10

[260] Kamal Salibi: *Die Verschwörung von Jerusalem - Wer war Jesus wirklich?*, S. 88, 90f, München 1994

[261] Jh 2,18-19

Das Johannesevangelium besitzt mehrere Ebenen. Beim verschlüsselten Johannesevangelium muss die jüdisch, ägyptische Zahlensymbolik mit einbezogen werden.
Die Zahlensymbolik betrachtet nicht die Quantität, welche eine Zahl ausdrückt, sondern ihre Qualität. Die Quantität einer Zahl ist eindeutig, eine fünf ist so viel wie eine Hand Finger besitzt, nicht mehr und nicht weniger. Dagegen ist die Qualität mehrdeutig. Wenn es eine Zahlenqualität *groß* geben würde, so könnte diese Qualität nicht auf *hoch* eingeschränkt werden, sie bedeutet auch brillant, hingebungsvoll, gewaltig, teuer, langdauern, schwer, sehr, arg, stark, heiß, wild usw.
Zerstört diesen Tempel bedeutet, löst die Gemeinde der Essener auf. Die Drei in den drei Tagen bedeutet die Gemeinschaft. Nach drei Tagen aufbauen bedeutet, ich werde eine neue Gemeinde aufbauen. Dass er den Tempel seines Leibes meinte, ist eine unpassende Anfügung.
In den synoptischen Evangelien wurde er nicht bei der Tempelreinigung nach seiner Vollmacht, dies zu tun gefragt, sondern an einem anderen Tag. [262] Die Antwort ist dort eine völlig andere. Die entschlüsselte Antwort des Johannesevangeliums gibt Sinn, die Frage nach der Vollmacht bei den Synoptikern hat nichts mit deren Tempelreinigung zu tun. Auch dies beweist, dass die Synoptiker die Tempelreinigung vom Johannesevangelium übernahmen.

---

[262] Mt 21,23: Mk 11,28; Lk 20,2

Hochzeit zu Kana

2. Johanneskapitel

Die verschlüsselte Geschichte der Hochzeit zu Kana geht bekanntlich:

> *Am dritten Tag fand eine Hochzeit in Kana in Galiläa statt. Isas Mutter war dort; auch Isa und seine Jünger waren eingeladen. Als es an Wein mangelte, sagte die Mutter zu Isa: „Sie haben keinen Wein mehr!“ Er erwiderte: „Frau, du brauchst mir nicht sagen, was ich zu tun habe. Meine Stunde ist noch nicht gekommen.“ Die Mutter wandte sich an die Diener: „Was er euch sagt, das tut!“ Dort waren sechs steinerne Wasserkrüge aufgestellt, für die bei den Juden übliche Reinigung. Jeder von denen konnte zwei bis drei Maß fassen.*
>
> *Schließlich sagte Isa zu ihnen: „Füllt die Krüge mit Wasser!“ Sie füllten sie bis an den Rand. „Schöpft“, gebot er ihnen, „und bringt davon dem Speisemeister!“ Sie brachten ihm. Der Speisemeister probierte das Wasser. Es war zu Wein geworden. Er wusste nicht, woher der Wein kam. Nur die Diener, die das Wasser geschöpft hatten, wussten es. Der Speisemeister rief den Bräutigam zu sich und belehrte ihn: „Jeder setzt zuerst den guten Wein vor, und wenn die Gäste reichlich getrunken haben, den geringeren; aber du hast den besten Wein zum Schluss aufgehoben.“*
>
> *Isa wirkte dieses erste Wunder in Kana in Galiläa. So zeigte er seine Herrlichkeit, und seine Jünger fassten Vertrauen zu ihm. Danach zogen er, seine Mutter, seine Brüder und Jünger nach Kafarnaum und blieben einige Tage dort.* [263]

Hans-Jürgen Martensen entschlüsselte die Geschichte der Hochzeit zu Kana folgendermaßen:

---

[263] Jh 2,1-12

Da es sich um eine historische Information handelt, muss eine Legende den Rahmen abgeben, nämlich die des Wasser in Wein verwandelnden Dionysos.
Der „dritte Tag“ hat eine symbolische Bedeutung und meint „endlich.“ Die Hochzeitsgesellschaft ist eine herausgehobene Gesellschaft. Die Mutter des Heilands ist die Gemeinde, aus welcher Isa hervorgegangen ist. Sie macht ihn darauf aufmerksam, dass der gesamten Hochzeit der Wein ausgegangen ist, das heißt, die Gemeinde ist ausgetrocknet, es fehlt ihr der vitale Schwung.
Das Ansinnen, sie wiederzubeleben, weist Isa zurück, wenn er fragt: „Was willst du, Frau?“ Die Gemeinde ist jedoch überzeugt, dass Isa in absehbarer Zeit etwas unternehmen wird. Wenn es heißt, dieses sei das erste Zeichen, das Isa tat, soll dies ausdrücken, mit dieser Aktion habe Isa zum ersten Mal seine Absicht zu erkennen gegeben, eine auf Veränderung angelegte Mission zu betreiben. Es ist eben nicht der alte, sondern der neue Wein.
Von hier aus nimmt die neue Bewegung ihren Ausgang. Ein entscheidendes Kriterium für die Richtigkeit der Deutung ist für Hans-Jürgen Martensen der Hinweis „dieses sei des Heilands erstes Zeichen gewesen.“ [264]
Bei der Hochzeit von Kana deutet die Aussage *am dritten Tag* auf die Drei. Sie steht zahlensymbolisch für Gedeihen, für Entstehung und Entfaltung, in der Gesellschaft beginnend bei der kleinsten Gemeinschaft, bei der Ehe. [265] Die Drei symbolisiert auch den Zyklus des Seins, mit Anfang, Fortwähren und Ende, wie bei Brahma, Shiva und Vishnu. Sie steht auch für das klassische Element des Wassers.

---

[264] Hans-Jürgen Martensen: *Hier irrte der große Hirte Die Schriften von Qumran widersprechen Papst Benedikt und seinem Jesus – Dem historischen Christus auf der Spur –* , Essen, 2009,

[265] Herbert Reichstein: *Praktisches Lehrbuch der Kabbala*, S. 72-80, Berlin, 1961[6]

Werner Johannes Neuner: *Die Matrix - Der Schlüssel zum ersten Bewusstsein*, S. 150-154, ISBN 978-3-902280-88-6

Bei sechs Krügen wird das Wasser zu Wein. Der organischen Chemie liegt die Sechseckstruktur zugrunde. Aus dem anorganischen Wasser wird organischer Wein. Sechs steht zahlensybolisch für die erfüllende Sexualität. [266] Die Sexualität wird auf eine hohe schöpferische Ebene angehoben, zum Beispiel durch Tantra.

Tantra geht davon aus, wenn die aufsteigende Kundalini, die Lebenskraft, nicht gleich unten im zweiten Chakra, [267] sondern oben im siebten Chakra durchbricht, dann tritt die Erleuchtung ein. Wasser ist Leben. Das Wasser steht für die Lebenskraft. Die Krüge für die übliche essenische Reinigung fassen zwei und drei Maß. Die Krüge für die Umwandlung fassen die zahlensybolische Zwei und die Drei. In der jüdischen Zahlensymbolik steht die Zwei auch für das Teilen von Wissen und die Drei für die Gemeinschaft. [268]

Die Hochzeit zu Kana am dritten Tag steht nicht für eine Einzelschulung, sondern eine gemeinschaftliche. Bei sechs Wasserkrügen geht es um Tantra. Bei Krügen, die zwei Maß fassen, gibt es einen Teil, bei dem Wissen angehoben wird, und bei Krügen mit drei Maß Fassungsvermögen geht es um Gemeinschaft. Das legt nahe, dass die theoretische Unterweisung paarweise praktisch erprobt wird. Es kann sich dabei durchaus auch um eine Hochzeit mit mehreren Paaren gehandelt haben. Das Ergebnis übertraf das Erwartete, deshalb wurde es als Wunder bezeichnet. Die Erleuchtung zu erreichen ist wertvoller, als eine Verwandlung von Wasser in Wein zu erleben.

---

[266] Herbert Reichstein: *Praktisches Lehrbuch der Kabbala,* S.91-95, Berlin, 1961[6]

Werner Johannes Neuner: Die Matrix - Der Schlüssel zum ersten Bewusstsein, S. 166, ISBN 978-3-902280-88-6

267 Chakra: Tor für die feinstoffliche Energie; das zweite Chakra sitzt am Geschlechtsteil, das siebte auf dem höchsten Punkt des Kopfes über der Zirbeldrüse.

[268] Herbert Reichstein: *Praktisches Lehrbuch der Kabbala*, S. 64-71, Berlin, 1961[6]

Isa ist der Erlöser

3. Johanneskapitel

Der folgende Text bezeugt den vom Himmel herabgekommenen Erlöser.

Wer von oben kommt, steht über allen anderen. Wer von der Erde ist, gehört zur Erde und redet so, wie Menschen reden. Wer aber vom Himmel kommt, der spricht über das, was er dort gesehen und gehört hat. Doch keiner nimmt seine Aussagen ernst. Wer sie ernst nimmt, bekräftigt damit, dass der Vater aufrichtig ist. Der Gottgesandte spricht die Worte des Vaters, denn der Vater erfüllt ihn ganz mit seinem Geist. [269]

Mit diesen Worten wurde der Gottessohn vorgestellt. Doch diese Worte wurden dem Täufer in den Mund gelegt. Damit wurden sie Isa entzogen und fälschlicherweise Jesus ein Platz zugesprochen, der Isa gebührt. Ich wurde in der Meditation durch meinen Geistführer in dieser Auffassung bestätigt.

Ja, das ist mein Auftrag und der Ausgangspunkt für dieses Buch mitzuteilen, dass nicht die Inkarnation Jesus, sondern die des Isa der erwartete Messias war. Das bedeutet, dass der Messias schon ein knappes halbes Jahrtausend früher kam, als es das Christentum lehrt.

Fernheilung des Sohnes eines königlichen Beamten

4. Johanneskapitel

Die verschlüsselte Geschichte lautet:

Isa kam wieder nach Kana in Galiläa, wo er das Wasser in Wein verwandelt hatte. In der Nachbarstadt Kafarnaum lebte ein königlicher Beamter, dessen Sohn lag krank.

Als der Beamte hörte, dass Isa aus Judäa nach Galiläa gekommen ist, suchte er ihn auf und bat ihn: „Komm nach Kafarnaum und heile meinen Sohn; sonst muss er sterben."

---

[269] Jh 3,31-34

„Ihr vertraut mir alle nur, wenn ihr Wunder seht."
„Herr, komm mit mir, bevor mein Kind stirbt!"
„Gehe nur heim, dein Sohn lebt!"
Der Mann verließ sich auf das, was Isa sagte, und ging.
Auf dem Heimweg kamen ihm seine Diener entgegen und berichteten: „Deinem Sohn geht es besser."
Er fragte sie: „Seit wann?"
„Gestern um die siebente Stunde verließ ihn das Fieber."
Der Vater merkte, dass es um die Stunde war, als Isa sagte: „Dein Sohn lebt."
Von da an hielt er mit seiner ganzen Familie zu Isa.
Dieses zweite Wunder wirkte Isa, als er aus Judäa nach Galiläa kam. [270]

Die verschlüsselte Biografie zeigt, in der Hochzeit zu Kana wird Isas erster Schritt aus seiner geistigen Heimat, den Essenern, in der Form einer Erneuerung geschildert, mit dem zweiten Zeichen, der Hinwendung zu einem persischen Besatzer. Denn Isa sagte zu dem persischen Beamten, dass die Perser - von ihren Magiern bezaubert - ihn erst anerkennen, wenn er Wunder wirkt.

Dies war bereits der zweite, aus seiner geistigen Heimat herausführende Schritt. Es ist deswegen Isas zweites bezeichnendes Signal.

Die Sieben steht in der Zahlensybolik für den Sieg, auch für den Sieg über die Krankheit, die Heilung. [271] Isa versuchte bei seiner Mission, nicht nur Hebräer, auch Nichthebräer zu reformieren, und darüber trug er den Sieg davon.

---

[270] Jh 4,43-54

[271] Herbert Reichstein: *Praktisches Lehrbuch der Kabbala*, S.96-100, Berlin, 1961[6]
Werner Johannes Neuner: *Die Matrix - Der Schlüssel zum ersten Bewusstsein*, S. 173, ISBN 978-3-902280-88-6

Samaria

4. Johanneskapitel

Samaria wird auch Samarien genannt. Es liegt zwischen Galiläa und Judäa. Die Erzählung von der Begegnung mit der Samarianerin [272] am Brunnen zeigt Isas Öffnung von den Essenern zu den mosaischen Samarianern. [273] Pastor Hans-Jürgen Martensen zählt die Begegnung mit der Samarianerin am Brunnen nicht zu den verschlüsselten Geschichten, die Verfasser des *Ur-Jesus* stellen sie als eine Nacherzählung aus dem Buddhismus vor. [274] Es steckt mehr dahinter, als eine bloße Nacherzählung.

Hier erscheint Isa als der, wie die Samarianer ihn bezeichnen, „Wiederhersteller", der erwartete Prophet der Samarianer. Isa war Samarianer, Jesus Galiläer.

Die Erzählung handelt in Samaria, dem Gebiet, in dem der Stammesvater Joseph aufwuchs. Die Samarianer erwarten einen Propheten als Wiederhersteller aus dem Stamme Joseph. Als dieser gab sich Isa der Frau am Brunnen aus. Er gab sich nicht als der von den Israeliten erwartete Messias vom Stamme Juda aus.

Isa und Jesus sind zwei verschiedene Inkarnationen. Jesus wollte sich nur um die Israeliten kümmern, so wies er, als er in der Gegend von Tyrus und Sidon war, eine kanaanäische Frau ab, mit den Worten „ich bin nur zu den verlorenen Schafen des Volkes Israel gesandt", [275] oder erklärte: „Geht nicht auf der Heiden Straßen und zieht nicht in Städte der Samarianer." [276] Isa dagegen zog durch Samaria:

---

272 Samarianerin wird auch Samariterin oder Samaritanerin genannt

273 Samarianer wird auch Samariter oder Samaritaner genannt

[274] Divyavadana 217
zitiert in: Elmar R. Gruber, Holger Kersten: *Der Ur-Jesus - Die buddhistischen Quellen des Christentums,* S. 145f, Frankfurt/M, Berlin,1996

[275] Mt15,24

[276] Mt 10,5

Er verließ Judäa und zog wieder nach Galiläa. Sein Weg führte ihn durch Samaria. Da kam er in die Nähe der Stadt Sichar, zu dem Grundstück, das der Erz-Vater Jakob seinem Sohn Joseph vererbte, wo sich der Jakobs-Brunnen befindet. Isa war von dem langen Weg müde, er setzte sich auf den Brunnen; es war um die sechste Stunde. Seine Jünger waren in die Stadt gegangen, damit sie etwas zu essen kaufen. Da kam eine Samarianerin, Wasser zu schöpfen. Er sprach sie an: „Gib mir zu trinken."

„Wie erbittest du als Jude von mir, einer samarianischen Frau, einen Trunk? Die Juden vermeiden jedes Berühren mit den Samarianern."

„Wenn du das Gottesgeschenk kennen würdest und wüsstest wer der ist, der zu dir sagt, gib mir zu trinken, du hättest ihn gebeten, dir lebendiges Wasser zu geben."

„Herr, du hast nicht einmal ein Schöpfgefäß und der Brunnen ist tief; woher hast du lebendiges Wasser? Bist du vielleicht größer als unser Erz-Vater Jakob, der uns diesen Brunnen gegeben hat? Er selbst, seine Kinder und seine Herden haben daraus getrunken."

„Wer von diesem Wasser trinkt, der wird wieder dürsten; wer aber von dem Wasser trinkt, das ich ihm geben werde, der wird nie mehr dürsten. Das Wasser, das ich ihm geben werde, wird ihm zur Wasserquelle, die aufsprudelt zum ewigen Leben."

„Herr, gib mir dieses Wasser, damit mich nie mehr dürstet und ich nicht hierher kommen muss, um zu schöpfen!"

„Geh und bring deinen Mann her!"

„Ich habe keinen Mann."

„Du hast richtig gesagt: ‚Ich habe keinen Mann.' Fünf Männer hast du gehabt, und den du nun hast, der ist nicht dein Mann; damit hast du die Wahrheit gesagt."

„Herr, ich sehe, du bist ein Prophet.

Unsere Väter haben auf diesem Berge angebetet, und ihr Juden sagt, zu Jerusalem sei die Stätte, wo man anbeten solle."
„Frau, glaube mir, es kommt die Zeit, wo ihr weder auf diesem Berge noch in Jerusalem[277] *den Vater anbeten werdet. Ihr betet an, was ihr nicht kennt."*
Wir beten an, was wir kennen.
Denn das Heil kommt von den Juden. Aber es kommt die Zeit und ist schon da, wo die wahrhaftigen Anbeter den Vater anbeten im Geiste und in der Wahrheit; denn der Vater will die haben, die ihn so anbeten. Der Vater ist Geist, und die ihn anbeten, die müssen ihn im Geist und in der Wahrheit anbeten."
„Ich weiß, dass der Wiederhersteller[278] *kommt. Wenn er kommt, wird er uns alles sagen."*
„Ich bin es, ich, der mit dir redet."
Schließlich kamen seine Jünger, und es wunderte sie, dass er mit der Frau redete. Niemand sagte: „Was fragst du?" oder: „Was redest du mit ihr?" …
Die Frau ließ ihren Krug stehen, ging in die Stadt und sagte zu den Leuten: „Kommt, seht einen Mann an, der mir alles gesagt hat, was ich getan habe, vielleicht ist er der versprochene Wiederhersteller!"
Da kamen sie aus der Stadt zu ihm.
Viele Samarianer aus der Stadt glaubten, dass er der Wiederhersteller ist, weil die Frau berichtet hatte: „Er hat mir gesagt, was ich alles getan habe."
Als die Samarianer zu ihm kamen, baten sie ihn, dass er bei ihnen bliebe; und er blieb zwei Tage da. Noch viele andere glaubten aufgrund seiner Worte. Sie erklärten der Frau:

---

277 Jerusalem meint nicht der Tempel, sondern das essenische Zentrum am Südwesthügel Jerusalems. [Hans-Jürgen Martensen: Hier irrte der große Hirte, S. 26

278 Der samarianische Wiederhersteller wird üblicher Weise mit Messias übersetzt.

„Jetzt vertrauen wir ihm nicht nur wegen deiner Erzählung, sondern weil wir ihn selbst gehört haben. Wir wissen jetzt, dass er wirklich der Heiland der Welt ist.“
Nach zwei Tagen zog er von dort nach Galiläa. Er selbst hatte gesagt „kein Prophet gilt etwas in seinem Vaterland.“
Als er nach Galiläa kam, nahmen ihn die Galiläer gerne auf. [279]

Von dieser Erzählung blieb im Volksgedächtnis: „Kein Prophet gilt etwas in seinem Vaterland“, vielleicht auch noch: „Ich bin der erwartete Messias.“ Die Erzählung gleicht einer geschlossenen Schatztruhe. Geöffnet zeigt sie Unerwartetes.

Die sechste Stunde, bei der Isa sich mit der Frau am Brunnen traf, bedeutet nicht, dass es Mittag war, was die Deutsche Bibelgesellschaft in ihrer Übersetzung durchgehen ließ. Wie der dritte Tag, an dem die Hochzeit stattfand, eine symbolische Aussage trifft, so drückt auch die sechste Stunde etwas Symbolisches aus. In der jüdischen Zahlensymbolik steht die Sechs für Sex. Isa hatte seine Anhänger in die Stadt geschickt, das Paar war alleine. Isa unterhielt sich mit der Frau über ihr Sexualleben.
„Gib mir zu trinken“ fordert zu einer tantrischen Vereinigung auf. Die tantrische Vereinigung zielt darauf, den menschlichen Geist zu befreien, sie ist nicht nur eine Art von Sex-Übungen. Die Frau weist ihn darauf hin, dass die Essener keinen Sex mit Samarianern haben. Er erklärt ihr, die vollkommene tantrische Vereinigung stillt ihren Durst nach Sex, sie bleibt mit dem Göttlichen verbunden. Nachdem sie sich von der Idee des Tantras überzeugen ließ, fordert Isa sie auf, ihren Lebenspartner zu holen, er will sie miteinander in Tantra einweihen. Die göttliche Verbindung durch Tantra läutet das Gespräch über Gott und die Sinnlosigkeit des Tempels ein.

---

[279] Jh 4,3-45

Zwei bedeutet in der jüdischen Zahlensymbolik Wissen. Wenn Isa zwei Tage blieb, dann bedeutet dies, die Leute konnten durch ihn ihr Wissen vergrößern.

Das Heil kommt von den Juden bedeutet, der Messias kommt aus den Essenern hervor. Die Einen nahmen ihn als den von ihnen erwarteten Wiederhersteller an, die anderen anerkannten ihn nicht – kein Prophet gilt etwas in seinem Vaterland. Damit bezeugte Isa indirekt, dass sein Vaterland Samaria ist, also weder das südlich davon gelegene Judäa mit Bethlehem, noch das nördlich davon gelegene Galiläa mit Nazareth.

Das Rätsel des Woher und Wohin

Das Rätsel des Woher und Wohin trifft man im Johannesevangelium an verschiedenen Stellen an. Doch selbst mit unendlich vielen Blicken lässt es sich mit keinem Wörterbuch oder Globus klären. Eher sind nächtliche Blicke in den unendlichen Sternenhimmel hilfreich. Dass Isa nicht von der Erde ist, war öfters ein Thema. So sagte Isa:

> *„Ich weiß, woher ich gekommen bin und wohin ich gehe. Aber ihr wisst nicht, woher ich gekommen bin und wohin ich gehe."* [280]
>
> *Er sprach zu ihnen: „Ihr seid von hier unten, aber ich komme von oben, ihr seid von dieser Welt, ich bin nicht von dieser Welt."* [281]

Bei seinem Abschied von den Essenern sagte er: „Da, wo ich hingehe, könnt ihr nicht mitkommen", [282] da fragten die Essener:

> *„Wo will er denn hin, wo sollen wir ihn nicht finden können? Will er ins Ausland gehen und den fremden Völkern seine Lehre bringen?*

---

[280] Jh 8,14

[281] Jh 8,21- 23

[282] Jh 7,34

Im engeren Kreis seiner Jünger wiederholte er seine Aussage, „da, wo ich hingehe, könnt ihr nicht mitkommen." [283] Dieses Nicht-Mitkommen-Können lässt auf eine räumliche Distanz schließen, die z. B. mit einem Raumschiff überwunden werden muss. Dass diese Entfernung nicht in die Weite, sondern in die Höhe geht, zeigt Isas Aussage: „Ich werde, wenn ich von der Erde erhöht bin, alle an mich ziehen." Die Menge hielt ihm entgegen:

> *„Die Thora sagt uns, dass der Messias ewig leben wird. Wie kannst du behaupten, der Menschensohn müsse erhöht werden?"* [284]

Wo die Jünger nicht hinkommen können, wäre zum Beispiel der Planet Hoova. Diese Höhe können sie ohne Raumfahrzeug nicht überwinden.

Das Evangelium lässt offen, ob Isa, wie Enoch, von einem Raumschiff abgeholt wurde:

> *Und weil er (Henoch) ein göttliches Leben führte, nahm ihn Gott hinweg, und er war nicht mehr gesehen.* [285]

Es lässt auch offen, ob er vielleicht wie Elija in den Himmel aufgenommen wurde:

> *Und da sie miteinander gingen und redeten, da kam ein feuriger Wagen mit feurigen Rossen, die schieden die beiden voneinander; und Elija fuhr im Gewitter in den Himmel.* [286]

---

[283] Jh 13,33

[284] Jh 12,34

[285] 1. Mos 5,24

[286] 2. Kö (4. Kö) 2,11

Die eher wirklichen Begebenheiten aus dem Johannesevangelium

In den Evangelien werden von vorn bis hinten Mythen erzählt, doch würde man behaupten, dass Jesus eine Fiktion sei, wäre dies, das Kind mit dem Bade auszuschütten.
Die eher wirklichen Begebenheiten unterscheiden sich von den rein mythischen dadurch, dass die eher wirklichen Persönlichkeiten nicht nur Bezeichnungen, wie die Frau am Brunnen oder Sohn eines königlichen Beamten, sondern Namen besitzen, wie Salome oder Simon.

Persönlichkeiten und ihre Namen

Jesus berief keine Apostel. Sie sind vom ägyptischen Kult übernommen. Dort stehen sie allegorisch für die zwölf Tierkreisabschnitte.
Das Johannesevangelium spricht von 7 Jüngern, die Synoptiker erzählen von 12 Aposteln. Die 12 Apostel der Synoptiker heißen: 1. Simon, genannt Petrus, 2. Andreas, 3. Jakobus Sohn des Zebedäus, 4. Johannes Sohn des Zebedäus, 5. Philippus, 6. Bartholomäus, 7. Thomas, 8. Matthäus, 9. Jakobus, Sohn des Alphäus, 10. Thaddäus, 11. Simon von Kana und 12. Judas Ischariot.

In Wahrheit ist *Simon von Kana,* nach Mt 10,4; Mk 6,3; Lk 6,15 identisch mit *Simon, dem Eiferer*, nach Apg 1,13. beziehungsweise mit *Simon Petrus.*
Jakobus, Sohn des Zebedäus, ist in Wahrheit *Jakobus, Sohn des Alphäus.*
Johannes, Sohn des Zebedäus, ist eigentlich *Johannes, der Lieblingsjünger.*
Thaddäus, Judas der Ischariot und *Thomas* sind identisch.

Damit verbleiben als tatsächliche, engste Jünger: 1. Petrus, 2. Andreas, 3. Jakobus, 4. Philippus, 5. Bartholomäus, 6. Judas, 7. Levi, genannt Matthäus, und 8. Johannes.

Verwandtschaftsverhältnisse und kultische Bezeichnungen

Die Gläubigen bezeichnen sich kultisch gegenseitig als Bruder bzw. Schwester. Im *Evangelium der Maria* sagt Maria-Magdalena: „Mein Bruder Petrus..."
Entgegen der kultischen Bezeichnung zeigt das Johannesevangelium die familiäre Verwandtschaft so an, dass aus dem Bruder der Vater oder aus der Tochter die Schwester wird. So ist der Sohn des Simon in Wirklichkeit der Bruder des Simon oder die wirkliche Tochter Maria wird als Schwester der Mutter bezeichnet.[287]

Die Kinder des Alphäus aus erster Ehe

Joseph, der Mann von Jesu Mutter, *Maria*, hieß *Alphäus*. Dies ergibt sich aus den von Maria angeheirateten Söhnen *Jakobus* und *Levi*.
Die Synoptiker schreiben: „Jakobus war der Sohn des Alphäus." [288] Er war ein Sohn aus der ersten Ehe. Er wird auch der Herrenbruder genannt.
Über den Namen des zweiten Sohnes streiten sich die Gelehrten. Nach dem Markusevangelium heißt er *Levi*. [289] Bei der Apostelaufzählung heißt er *Matthäus*, [290] nach dem Matthäusevangelium wird er *Matthäus, der Zöllner,* genannt, [291] Verschiedentlich wird Matthäus als mythischer Name angesehen

287 Die verwandtschaftlichen Verschiebungen werden bei den jeweiligen Persönlichkeiten aufgezeigt.

[288] Mt 10,3; Mk 3,18; Lk 6,15

[289] Mk 2,14 ; Lk 5,27

[290] Mt 10,3; Mk 3,18; Lk 6,15

[291] Mk 2,14

[292] und nach dem Lukasevangelium heißt er *der Zöllner Levi*. [293]
Der zweite Sohn des Alphäus aus erster Ehe ist Levi, der Zöllner, der meist mit dem mystischen Namen Matthäus [294] genannt wird.

Eine Tochter des Alphäus aus erster Ehe war *Salome*. [295]

Judas aus dem Johannesevangelium

In den Evangelien gibt es drei Jünger, die *Judas* heißen. Bei gutem Willen kann man zwei als identisch betrachten. Damit verbleiben erstens *Judas Ischariot*, der berühmte Verräter, und zweitens *Judas-Thaddäus*. Der im Johannesevangelium genannte *Judas, nicht der Ischariot* [296] wird im Matthäus- und Markusevangelium *Thaddäus* [297] und im Lukasevangelium *Judas, Sohn des Jakobus,* [298] genannt. Deshalb wird der zweite Judas auch *Judas-Thaddäus* genannt.
In der Übersetzung von Prof. Dr. Josef Kürzinger, Eichstätt, heißt er nicht *Sohn des Jakobus*, sondern *Bruder des Jakobus,* [299] letzteres zeigt die tatsächliche Generation an.
Dagegen meint das Johannesevangelium, dass er der Sohn des Simon sei, [300] was sich als Falschaussage noch herausstellen wird.

[292] Tom Harpur: *Der Heidnische Heiland - das Jesus-Plagiat enthüllt,* S. 96, Ansata Verlag, München, 2005

[293] Lk 5,27

[294] Lk 6,16

[295] Protevangelium des Jakobus 19,3

[296] Jh 14,22

[297] Mt 10,3; Mk 3,18

[298] Lk 6,16

[299] Lk 6,16

[300] Jh 6,71

Bei allen vier Evangelisten wird der zweite Judas *der Ischariot* genannt, das bedeutet *Dolchträger im Sinne von Meuchelmörder*.
Zunächst wird er als einer der zwölf Apostel berufen. Im Johannesevangelium wird er bei der Nennung der Auserwählten gleich als *Teufel* gebrandmarkt. [301]
Das nächste Mal tritt er in den Evangelien bei der Salbung in Erscheinung. Dabei kommt die Idee auf, dass das Geld, das für das teure Salböl ausgegeben wurde, besser für die Armen verwendet worden wäre. Im Matthäusevangelium meinen es die Jünger, im Markusevangelium einige, das Lukasevangelium übergeht die Verschwendung und im Johannesevangelium meint es ausschließlich Judas. Anschließend wird nur im Johannesevangelium Judas zum Opfer einer gegen ihn gesponnenen Intrige, indem behauptet wird, dass er die Verschwendung nur genannt habe, weil er ein Dieb sei, der das in die Kasse eingelegte Geld entwendet habe, das er zu verwalten hat. [302] Es wird nicht gesagt, wie viel entwendet wurde, und wann das geschah, Judas wurde die ruchlose Tat einfach unterstellt.
Bei den Synoptikern geht Judas hierauf zu den Pharisäern, um einen Preis für den Verrat auszuhandeln. [303]
Als nach dem Johannesevangelium Judas, der Verräter, den Kreis des letzten Abendmahls verlassen haben soll, um den Verrat vorzubereiten, wird ein neuer Judas in der Runde kreiert: *Judas, nicht der Ischariot*, [304] der dritte Judas, dem die noch zu sagenden Worte des weggegangenen Judas in den Mund gelegt werden können. Dieser *Nicht der Ischariot* erscheint weder zuvor noch danach noch einmal.
Damit sind alle beide Judas, der „Ischariot", und der „nicht der Ischariot" ein und dieselbe Person.

---

[301] Jh 6,70-71

[302] Jh 12,6

[303] Mt 26,14-16; Mk 14,10-11; Lk 22,3-5

[304] Jh 14,22

Bleibt noch der Verrat mit dem Judaskuss. Bei allen drei Synoptikern wird der Judaskuss berichtet, jedoch nicht bei Johannes. Im Johannesevangelium warf es die Wachen glatt um, als Jesus sich als der Gesuchte ausgab. [305]
Jesu Augenzeugen sollten diffamiert werden. Judas wurde die Doppelzüngigkeit durch den sprichwörtlich gewordenen Judaskuss unterstellt.

Der eingeborene Sohn

Ein Problem um Jesus ist die Aussage, dass er der *eingeborene* Sohn Gottes sei. Mein bodenständiger Lieblingsübersetzer geht dem Wort *eingeboren* aus dem Weg, in dem er eingeboren mit *einzigartig* übersetzt. Ein anderer Lösungsversuch besteht in der Aussage, dass eingeboren *eingezeugt* bedeutet, das heißt, dass Jesus ohne das Zutun eines Geschlechtspartners gezeugt wurde. Damit befinden wir uns wieder auf der Mythosebene. Dass die Alten zwischen Zeugung und Geburt nicht unterschieden, ist so intelligent, wie eine Jungfrauengeburt. E129-130ingeboren kann nicht eingezeugt meinen, denn im Glaubensbekenntnis heißt es: „Jesus hat Fleisch angenommen durch den Heiligen Geist", nach anderer Sprechweise: „Empfangen durch den Heiligen Geist." Der Koran erklärt, dass der Heilige Geist die Gestalt eines vollkommenen Mannes hatte. [306] Im Lateinischen steht das Wort *unigenitus*. Wie unifarben einfarbig bedeutet, so kann eingeboren weder hineingeboren noch erstgeboren, einzigartig geboren oder eingezeugt bedeuten. Die richtige Übersetzung bedeutet tatsächlich eingeboren. Lange versuchte ich herauszufinden, was Jesus von anderen unterscheidet, wenn er nicht erst-, sondern *eingeboren* ist, [307] und dies das christliche Glaubensbekenntnis extra betont. Der Gegensatz von Mehrfachgeburt gibt einen Sinn. Wenn betont

[305] Jh 18,4-8
[306] Krn 19,17
[307] Jh 1,18

wird, dass Jesus eine Einzelgeburt war, muss es nicht nur massive gegensätzliche Behauptungen gegeben haben, wenn eine Normalität so ungewöhnlich betont wird, dann wird eine Anomalität kaschiert. Hatte Jesus einen Zwillingsbruder, wie der Erzvater Jakob den Zwillingsbruder Esau hatte?

Das Johannesevangelium umschreibt den Umstand der Zwillingsbruderschaft des Thomas mit „der da Zwilling genannt wird“ [308] oder manchmal in Griechisch „der da Didymos genannt wird.“ In den Evangelien wird kein weiterer Thomas genannt, also müssen nicht zwei verschiedene Thomas mit dem Zusatz *der Zwilling* unterschieden werden. Wenn Thomas Zwillingsbruder sich nicht in seiner Umgebung aufgehalten hätte, würde Thomas nicht der Zwilling genannt worden sein. Das von den Amtskirchen abgelehnte Thomasevangelium zeigt in seiner Einleitung den ganzen Namen von Jesu Zwillingsbruder:

> *Dies sind die geheimen Worte, die der Zwilling Judas-Thomas aufgeschrieben hat.*

Der in den Evangelien genannte Zwilling meint Judas-Thomas. Die anerkannten Evangelien unterschlagen nicht nur, dass Jesu Zwillingsbruder einer seiner Jünger ist, sie treiben es ganz toll, aus dem einen Jünger mit dem Doppelnamen werden zwei, einer mit dem Namen Thomas und einer mit dem Namen Judas, nämlich der ungläubige Thomas und Judas der Verräter. Das Matthäusevangelium zeigt Judas als Jesu Bruder, wenn er schreibt: „Ist Jesus nicht der Zimmermann, Marias Sohn, und heißen seine Brüder nicht Jakobus und Joses und Simon und Judas?“ [309]

Deshalb ist Judas nicht einmal der Sohn des Jakobus [310] und das andere Mal der Sohn des Simon. [311] Judas ist sowohl der Bruder des Jakobus als auch der Bruder des Simon und Jesu Zwillingsbruder. Von Thomas findet sich, wie für Jesus, weder

[308] Jh 11,16; 20,24; 21,2

[309] Mt 13,55

[310] Lk 6,16

[311] Jh 6,71

Geburtszeit noch Geburtsort. Nazareth gilt ja nicht als Jesu Geburtsort und Jesus angeblicher Geburtsort *Bethlehem* erfüllt lediglich die Prophezeiung des Messias. [312]

Vor seinem endgültigen Abschied erscheint Jesus elf seiner Jünger. Wenn das Matthäusevangelium davon berichtet, fehlt Judas Ischariot, weil er sich erhängte, [313] und im Johannesevangelium ist, in dem entsprechenden Abschnitt, Thomas von den Zwölfen abwesend. [314] Judas ist Thomas, Judas ist Judas-Thomas.

Bei einer Studienreise in die Osttürkei erwähnte der türkische Reiseführer in Urfa, dass diese Stadt früher Edessa hieß, und dass Jesu Bruder Thomas hier gewirkt habe. Ich erinnerte mich, dass nach den apokryphen Thomasakten der Apostel Thomas sich in Edessa aufhielt. Dort heißt es:

> *Der König Gundafor von Edessa verlangte von den Brautführern, das Brautgemach zu verlassen. Als alle hinausgegangen und die Türen geschlossen waren, hob der Bräutigam den Vorhang des Brautgemachs empor, um die Braut zu sich zu führen. Und er sah den Herrn Jesus im Aussehen des Apostels Judas-Thomas, der vor kurzem sie gesegnet hatte und darauf von ihnen gegangen war, mit der Braut reden: Bist du nicht vor allen hinausgegangen? Wie geschah es, dass du jetzt hier bist? Der Herr sagte: Ich bin nicht Judas mit dem Zunamen Thomas, ich bin sein Bruder.* [315]

In den synoptischen Evangelien wird die Größe des Judas-Thomas nicht nur herabgespielt, sie wird zum Gegenteil verdreht, und aus *Judas-Thomas* wird *Judas der Verräter* gemacht. Jesu Zwillingsbruder Judas-Thomas verriet Jesus nicht mit einem Kuss. Warum sollte er? Jesus war bekannt wie ein bunter Hund, das Volk bejubelte seinen Einzug nach Jerusalem. Der ihm unterstellte Verrat sollte sein Ansehen herabsetzen,

---

[312] Mi 5,1

[313] Mt 27,5

[314] Jh 20,24

[315] Apokryphe Thomasakten 11

wie später noch einmal versucht wird, mit der Erzählung des ungläubigen Thomas. Die recht eigenwillige Deutung, dass der, welcher den Bissen erhält, der Verräter sei, entpuppt sich schließlich als nichts anderes als eine erfüllte Prophezeiung:

> *Ich rede nicht von euch allen. Ich kenne alle, die ich gewählt habe, aber was die Schrift sagt, muss sich erfüllen: „Der, der mein Brot isst, der tritt nach mir.“ Ich sage euch das schon jetzt, bevor es eintrifft, damit ihr dann, wenn es geschieht, nicht daran irre werdet, dass ich wirklich der bin, der ich bin.* [316]

Und der Redaktor des Matthäusevangeliums fügt eine Inspiration mit dreißig Silberlingen aus dem Alten Testament [317] hinzu: „Als Judas klar wurde, dass sein Verrat zur Verurteilung von Jesus geführt hatte, bereute er seine Tat und brachte den Hohepriestern und Ältesten die dreißig Silberstücke zurück.“ [318]

Jesu Zwillingsbruder wurde unter dem Namen Judas zum Dieb und doppelzüngigen und geldgierigen Verräter verleumdet.

Der *Verräter Judas* ist ausschließlich ein Mythos, der keiner Realität entsprang.

Thaddäus bedeutet der Kluge. Der Brief des Apostels Judas Thaddäus stammt von Judas Thomas, denn der Apostel Thaddäus ist identisch mit dem Apostel Thomas. Beide Namen deuten auf den ersten Patriarchen der Thomas-Christen. Damit ist ein weiteres Schriftzeugnis von Jesu Zwillingsbruder identifiziert.

Das apokryphe Judasevangelium stammt nicht vom historischen Judas, es wird ihm einfach unterstellt.

---

[316] Jh 13,18

[317] Sach 11,12

[318] Mt 27,3

Thomas

Die Synoptiker scheinen sich gegen Judas-Thomas verschworen zu haben. Unter dem Namen Thomas wird er bei ihnen nur bei den formalen Jüngeraufzählungen genannt. [319] Sonst wird er bei ihnen unter dem Namen Judas mit dem Makel des Verräters geführt. Im Johannesevangelium wird er drei Mal mit dem Namen *Thomas* genannt, bei der Lazaruserzählung, der Erklärung der mystischen Vereinigung und der Erzählung vom ungläubigen Thomas.

Bei der Lazaruserzählung wird er unter dem Namen *Thomas* als geistig unterbelichteter Gefühlsmensch hingestellt:

> *Thomas, den man auch den Zwilling nannte, sagte zu den anderen Jüngern: „Ja, lasst uns mitgehen und mit ihm sterben!"* [320]

Im Johannesevangelium gibt Thomas den Anstoß zur Klärung der mystischen Vereinigung, damit sie den Jüngern erklärt wird.

> *Den Weg dorthin kennt ihr ja.*

„Der Weg dorthin" meint den Weg zur mystischen Vereinigung.

> *„Herr", sagte Thomas, „wir wissen nicht einmal, wo du hin gehst. Wie sollen wir da den Weg dorthin kennen."* [321]

Auch hier wird er wieder als Naiver hingestellt. Wer den Weg dorthin verstanden hat, war, wie sich zeigen wird, Jesu Zwillingsbruder.

Das nächste Ereignis, in dem Thomas zugegen ist, erzählt das Johannesevangelium mit der Erscheinung des Auferstandenen: Die Szene mit dem ungläubigen Thomas verdreht die Tatsachen. Die Begründung erfolgt in dem Kapitel *Jesu Doppelkörpererscheinungen.*

Judas-Thomas verfasste nicht das wiederentdeckte, apokryphe Thomasevangelium, welches viel Ursprüngliches enthält, das von den Synoptikern teilweise mit vielen Worten ausgemalt

---

[319] Mt 10,3 Mk 3,18; Lk 6,15

[320] Jh 11,16

[321] Jh 14,4-5

wurde. Doch es stammt aus der Schule des Thaddäus-Judas-Thomas.

Petrus aus dem Johannesevangelium

Sohn des Alphäus aus der zweiten Ehe mit Jesu Mutter *Maria* ist *Simon.* [322] Dieser Simon bekam verschiedene Persönlichkeiten angeheftet, wie schon erwähnt:

1. Simon, genannt Petrus, oder Simon, Sohn des Jona, oder Sohn des Johannes, aber auch
2. Simon Ischariot, Vater des Judas Ischariot, und
3. Simon von Kana oder der Eiferer oder der Zelote.

Nicht identisch mit ihm sind Simon, der Aussätzige, [323] Simon der Pharisäer, [324] Simon von Cyrene, [325] und Simon der Zauberer. [326]

Simon von Kana

Über Simon von Kana, oder Simon den Eiferer oder Simon den Zeloten [327] gibt es keine Aussage außer, dass er zu den Zwölfen gehört. Er wurde, schlicht dazugeschlagen, um die Zwölf vollzubekommen. Simon von Kana ist Simon der Eiferer, Simon der Zelote, Simon Petrus.

Der Wohnort von Jesu Familie

Aus Jesus, dem Nazaräer bzw. Nazarener, was Jesus der Fromme bedeutet, wurde Jesus von Nazareth. [328]

Aufgrund des Fehlens jeglicher Erwähnung der Ortschaft Nazareth im Alten Testament, im Talmud oder in außerbiblischen

---

[322] Mt 13,55; Mk 6,3

[323] Mk 14,3

[324] Lk 7,36-50

[325] Mk 15,21f

[326] Apg 8,9-24

[327] Mt 10,4; Mk 3,18; Lk 6,15

[328] Mt 26,71; Jh 18,5; Jh 18,7

Quellen aus dem ersten und zweiten Jahrhundert (wie etwa Flavius Josephus *37, †100) wurde seit dem 19. Jahrhundert seine Existenz zur Zeit der Geburt Jesu in Zweifel gezogen. Bei archäologischen Grabungen wurden keine Überreste einer Synagoge, von der Lukas 4,16 berichtet, gefunden.

Helena, die kaiserliche Pilgerin, die Mutter Konstantin des Großen, (*um 250, †330) ließ einen Ort in den Namen Nazareth umbenennen und über einem bestehenden Heiligtum, wie über anderen heidnischen Stätten, eine prachtvolle, christliche Kirche bauen. [329]

Die Benennung *Simon von Kana* offenbart, dass Kana der Wohnort von Jesu Familie war. [330] Auch der Bruder von Jesu Ehefrau *Nathanaël* [331] kam von Kana. Jesu Hochzeit fand in Kana statt. [332]

[333] Die Lage des historischen Ortes Kana in Galiläa ist unsicher. Acht km nordöstlich von Nazareth liegt der Ort Kafr Kanna. Dort steht heute die griechisch-orthodoxe Hochzeitskirche, die Jesu Gegenwart bei der Hochzeit markieren soll. Diese Hochzeitskirche wurde auf einer Moscheeruine errichtet. Der Islam kennt keine Verwandlung von Wasser in Wein ihres Propheten Isa, im Koran wird Jesus Isa genannt. Vielleicht war die Moschee zur Verehrung des Wohnortes des Propheten Isa oder des Ortes seiner Hochzeit. Unter dem Boden der Mosche befand sich ein Mosaik einer Synagoge aus dem fünften oder sechsten Jahrhundert. Darunter könnte die bei Lukas erwähnte Synagoge errichtet worden sein, wo Jesus sich als der vorausgesagte Messias zu erkennen gab.

---

[329] http://gott-und-gottesmutter.npage.de/haus-in-loreto.htm

[330] Mt 10,4; Mk 6,3; Lk 6,15

[331] siehe Nathanaël

[332] Eva-Maria Ammon: *Tataort Jesus - Mein neues Testament,* Diedorf, 2009

[333] Wikipedia; Suchwort Nazareth

Simon Ischariot

Simon Ischariot, der Vater des Judas Ischariot, erscheint im Johannesevangelium. [334] Der Text heißt: „Er meinte Judas, den Sohn des Simon Ischariot." Im Johannesevangelium werden die Generationen vertauscht, damit ist Simon nicht der Vater, sondern der Bruder des Judas. Judas Ischariot existierte nur als mythische Figur, die Jesu Bruder *Judas* angehängt wurde. Judas war der Zwillingsbruder Jesu, er war *Judas-Thomas*. [335]

Simon Petrus

Jesus besaß nicht nur den Zwillingsbruder Judas-Thomas, er hatte weitere Brüder. Das Markus- und Matthäusevangelium zählen sie auf:

> *Ist das nicht der Zimmermann, der Sohn von Maria und ein Bruder von Jakobus, Joseph, Judas und Simon?* [336]

Jesu Bruder Judas wurde als der Zwillingsbruder Judas-Thomas erkannt.
Von Jakobus, dem Herrenbruder, wird nicht nur im Thomasevangelium gesprochen, auch in der Apostelgeschichte wird von ihm erzählt.
Jesu Bruder Simon scheint in diesem religiösen Drama keine Rolle gespielt zu haben. Doch in Jesu Jüngerkreis war die schwierigste Person Simon Petrus. Da Jesus sich dem Simon Petrus - der sagte: „Geh von mir, ich bin ein sündiger Mensch" [337] - so ungewöhnlich nachsichtig annahm, stellte ich mir die Frage, ob er ein Sohn Josephs und Marias war, ob er das schwarze Schaf der Familie, der Halbbruder der Zwillinge war, überhaupt nicht der Bruder des Andreas. Die Aussage, dass

---

[334] Jh 6,71
[335] Mt 13,55; Mk 6,3
[336] Mt 13,55 vergl. Mk 6,3
[337] LK 5,8

Andreas und Petrus Brüder sind, wird gesondert betrachtet werden.
Die widersprüchlichen Jüngerberufungen der Evangelien deuten die Verfälschungen an. Simon Petrus muss also nicht berufen worden sein.

Die Voraussage der Verleugnung des Petrus

Die Vorhersage der Verleugnung des Petrus kommt in allen vier Evangelien vor. Sie existiert in zwei Varianten. In der des Matthäus- beziehungsweise Markusevangeliums wird sie mit einer älteren Prophezeiung [338] begründet und zum Ärgernis abgeschwächt, dass es gewissermaßen unvermeidbar ist, dass Petrus sich als Opferlamm zur Verfügung stellte. In dieser Variante findet die Ankündigung der Verleumdung nach dem Abendessen im Garten Getsemani statt. Das Markusevangelium unterscheidet sich vom Matthäusevangelium nur dadurch, dass es im Markusevangelium heißt: „Ehe der Hahn zweimal kräht“, und im Matthäusevangelium der Hahn einfach nur kräht.

> *Als sie das Loblied gesungen hatten, gingen sie zum Ölberg hinaus. „In dieser Nacht werdet ihr mich alle verlassen“, sagte Jesus unterwegs zu ihnen, „denn es steht geschrieben, ich werde den Hirten schlagen, und die Schafe werden sich zerstreuen.“ Aber nach meiner Auferstehung werde ich euch nach Galiläa vorausgehen. Da sagte Petrus zu ihm: „Und wenn alle an dir irre werden – ich werde dich nie verlassen!“ „Ich versichere dir „erwiderte Jesus, noch bevor der Hahn kräht, wirst du mich dreimal verleugnen.“ „Nein!“ erklärte Petrus. „Und wenn ich mit dir sterben müsste! Niemals werde ich dich verleugnen!“ Das Gleiche beteuerten alle anderen.* [339]

[338] Sacharja 13,7
[339] Mt 26,30-35; Mk 14,26-31

In der zweiten Variante des Johannes- beziehungsweise Lukasevangeliums findet die Voraussage der Verleugnung noch im Saale statt, erst danach gehen sie in den Garten Getsemani. Das Lukas- und Johannesevangelium unterscheiden sich im Anlass voneinander. Im Lukasevangelium fehlt er. Einleitend sagt Jesus zu Petrus: „Simon, Simon, der Satan hat euch haben wollen, um euch durchsieben zu können wie den Weizen. Doch ich habe für dich gebetet, dass du deinen Glauben nicht verlierst. Wenn du also später umgekehrt und zurechtgekommen bist, stärke den Glauben deiner Brüder!“ [340]
Im Johannesevangelium ist der Anlass, dass Jesus seinen Weggang ankündigt: „Ich bin nicht mehr lange bei euch, meine Kinder. Ihr werdet mich suchen, aber was ich schon zu den Juden – das Evangelium meint hier die Essener – sagte, muss ich auch euch sagen: Da, wo ich hingehe, könnt ihr nicht mitkommen.“ [341] Im Johannesevangelium folgt darauf das Liebesgebot. [342] Danach fragte Petrus: „Herr, wo gehst du hin?“ Jesus antwortete: „Wo ich hingehe, dahin kannst du jetzt nicht mitkommen. Aber später wirst du mir dahin folgen.“ [343]
Petrus fragt: „Herr, warum kann ich dir jetzt nicht folgen?“
Etwa gleichlautend heißt es nun im Johannes- oder Lukasevangelium: „Ich bin auch bereit, für dich zu sterben.“ [344] Und etwa gleichlautend sagt Jesus die Petrus Leugnung voraus: „Ich sage dir Petrus, bevor der Hahn kräht, wirst du dreimal leugnen mich zu kennen.“ [345]
Die Ankündigung der Verleugnung fand nicht statt, denn Petrus verleugnete Jesus nicht, er leugnete den Angeklagten zu kennen, welcher ein anderer als Jesus war. [346] Die Verleugnung

---

[340] Mt 26,30-35; Mk 14,26-31
[341] Jh 13,33
[342] Jh 13,34-35
[343] Jh 13,36
[344] Jh 13,37; Lk 22,34
[345] Jh 13,38; Lk 22;34
[346] Jane Roberts: *Gespräche mit Seth*, Seite 416, Ariston Verlag, Genf, 1984[4]

ist eine Unterstellung in den Wirren, um Jesu Verschwinden vor seiner geplanten Kreuzigung. Damit wurde Petrus zu Unrecht mit dem Makel des Verleugners behaftet. Dass Petrus Jesus nicht kenne, dürfte zuerst von einem Johannessympathisanten ihm unterstellt und später von Synoptikern angepasst worden sein.

Petrus zieht ein Schwert

Die Szene mit dem Schwert bei Jesu Verhaftung findet sich in allen vier Evangelien. Dies zeigt die Veränderung des ursprünglichen Ereignisses bereits an. Nach den Evangelien hatte Jesus mit seinen Jüngern das Haus mit dem Abendessen verlassen und war über den Kidronbach in den Olivenhain Getsemani gegangen, in dem er sich auch früher gerne aufgehalten hatte. Die Tempelwache und Jesus treffen zusammen. Darauf soll nach dem Matthäus- oder Markusevangelium Folgendes geschehen sein:

Doch einer von den Männern, die bei Jesus waren, zog ein Schwert. Er schlug auf den Sklaven des Hohenpriesters ein und hieb ihm ein Ohr ab. [347]

Das Johannesevangelium berichtet genauer. Es nennt die Namen der Kontrahenten:

Dabei schlug er ihm das rechte Ohr ab. Der Mann hieß Malchus. [348]

Das Lukasevangelium geht, wie die beiden anderen Synoptiker, auf die Namen nicht ein, dafür lässt er Jesus das Ohr wieder heilen:

Er berührte das rechte Ohr und heilte den Mann. [349]

Lange Zeit bereitete mir diese Episode ein Problem, denn diese Gewalttat passt zur Situation und zur Emotionalität des Petrus, aber nicht zu den Leuten um Jesus. Selbst wenn Jesus das Ohr

---

[347] Mt 26,51; MK 14,47

[348] Jh 18,10

[349] Lk 22, 36-38

nahtlos angesetzt hat und es den Knecht nicht schmerzte, müsste diese gewalttätige Handlung ein Nachspiel gehabt haben, das über das hinausgeht, dass eine Magd feststellt, dass er auch dazugehört. Dieses Geschehnis fand nicht wirklich statt.
Diese eigenartige Erzählung kopiert eine ägyptische Quelle. Aus dem ägyptischen Auge wurde im Evangelium ein Ohr. Horus wurde in einer Schlacht ein Auge herausgerissen und zerfetzt aber Thot heilte es und stellte es völlig wieder her. [350]
Petrus wurde nicht nur bei der Fußwaschung als naiv und emotional hingestellt, er wurde auch bei Jesu Gefangennahme als unbeherrscht und gewalttätig bezichtigt.
Simon Petrus hieb keinem Knecht ein Ohr ab, und Jesus brauchte kein Ohr anzusetzen.

Darauf folgt bei allen vier Evangelisten der Mythos von der Verleugnung, bevor der Hahn kräht.

Der wunderbare Fischzug

> *Später zeigte sich Jesus den Jüngern noch einmal am See Tiberias. Das geschah so: Simon Petrus und Thomas, der auch „Zwilling" genannt wurde, Nathanaël aus Kana in Galiläa, die Söhne des Zebedäus und noch zwei andere Jünger waren zusammen. Petrus sagte: „Ich gehe fischen."*
> *„Wir kommen mit."*
> *So fuhren sie mit dem Boot hinaus, fingen in dieser Nacht aber nichts.* [351]

Am Morgen taucht Jesus auf und sagt, sie sollen nochmals rausfahren, und das Netz auf der anderen Seite auswerfen, dann werden sie finden. [352]. Sie finden Fische.

---

[350] Tom Harpur: *Der Heidnische Heiland - das Jesus-Plagiat enthüllt*, S. 95, Ansata Verlag, München, 2005

[351] Jh 21,2f

[352] Jh 21,6

Da ging Petrus zum Boot und zog das Netz an Land. Obwohl es mit 153 großen Fischen gefüllt war, zerriss es nicht. [353]

Der bei allen vier Evangelien erwähnte große Fischzug [354] ist ein Mythos. Angedeutet wird er schon damit, dass das Netz auf der anderen Seite hinausgeworfen werden soll. Dies bestätigt auch die Anzahl von 153 gefangenen Fischen im Johannesevangelium. Die Fünf steht symbolisch für den Menschen. So auch das Pentagramm, der fünfzackige Stern. Schreibt man an den ersten Zacken das Ergebnis von 1 mal 1, an den zweiten Zacken das Ergebnis von 1 mal 2, an den dritten Zacken das Ergebnis von 1 mal 2 mal 3, an den vierten Zacken das Ergebnis von 1 mal 2 mal 3 mal 4 und an den fünften Zacken das Ergebnis von 1 mal 2 mal 3 mal 4 mal 5, dann ist die Summe aller Zacken 153. Hätte man die Summe von 1+2+3+4+5 = 15, oder die Summe von 1 mal 2 mal 3 mal 4 mal 5 = 120 gewählt, wäre die Symbolik nicht so deutlich zu Tage getreten wie bei 153. Diese Zahl steht überdeutlich für den Menschen. Damit erfüllt der große Fischzug die Prophezeiung *du wirst Menschen fangen.* [355] Der große Fischzug war also eine Missionsrede mit anschließender Bekehrung. Bei den Synoptikern wird der Große Fischzug nicht als Mission, sondern als Fischfang gesehen, der sich zukünftig in Menschenfang verändern wird. [356] Der Ursprung mit seiner Zahlensymbolik liegt beim ägyptischen Kult, wurde in das Johannesevangelium importiert und von den Synoptikern falsch kopiert.

Der wahre Kephas, Jakobus, der Bruder des Herrn

Das Johannesevangelium ignoriert den Herrenbruder *Jakobus.*

---

[353] Jh 21,11

[354] Mt 4,18; Mk 1,16-20; Lk 5,1-11; Jh 21,1-11

[355] Lk 5,10

[356] Mt 4,18; Mk 1,16-20; Lk 5,1-11

Jakobus, der Kleine, der Gerechte, der Herrenbruder war natürlich nicht der Sohn des Zebedäus, er war der Sohn des Joseph, nach außen der Stiefbruder des Herrn. Jakobus blieb bei den Essenern.
Als Joseph, Marias Mann, starb, übernahm zunächst ein Ältester aus Qumran die Leitung der Gruppe. Zum nächsten Kephas, zum Fels der Essener, wurde Jakobus gewählt. Nach dem Thomasevangelium gilt er auch als der Erste unter Gleichen der Jesusgemeinde. [357] Die kanonischen Evangelien unterdrücken Judas-Thomas und den Herrenbruder und verfälschen die Evangelien, so als ob der naive, konservative, emotionale Simon zum Petrus, zum Kephas, ernannt worden sei. Deshalb erscheint Jakobus in den Evangelien nur unter der Aufzählung von Jesu Geschwistern und unter dem Hinrichtungskreuz, beziehungsweise nach der Kreuzabnahme. Dreimal wird er in der Apostelgeschichte bei Unterhaltungen mit Paulus erwähnt.
Jakobus Brief an die judenchristlichen Gemeinden unter den Heiden, gehört zum christlichen Kanon. Für Bibelleser ist er das am besten erhaltene Dokument der Lehre Jesu. In Kapitel 3, Vers 5 spricht er direkt vom Rad der Geburten, was aber von den Theologen einfühlungslos mit allem möglichen anderen als mit Wiedergeburt übersetzt wird. Er war das Vorbild für die, die keine Reichtümer auf Erden sammelten, die Ebionäer. [358]
Das verlorene Evangelium der Ebionäer entspricht dem Nazaräerevangelium, und dieses entspricht dem Matthäusevangelium.
Da Jakobus bei den Essenern der Fels, der Kephas war, da war nach Jesu Abgang für Simon klar, dass der Fels der neuen Bewegung kein anderer als er sein muss.

---

[357] ThEv 12

358 Ebionäer: die Armen (sie lebten nach dem Armutsideal, siehe den Brief des Jakobus 1,9; 2,5; 5,1-5)

Die Zebedäussöhne

Zebedäus mit seiner Frau und seinen Söhnen gab es nicht wirklich. Die Berufung der Zebedäussöhne als Jünger gleicht Buddhas Berufung seiner ersten Jünger und Jesu Verklärung, bei der ebenfalls die Söhne des Zebedäus zugegen sind, gleicht der Erleuchtung des Buddha.

Die Zebedäussöhne Jakobus und Johannes sind Übertragungen vom Lieblingsjünger und vom Herrenbruder Jakobus. Jakobus der Jüngere wurde erfunden, wie Judas nicht der Ischariot. Jakobus ist immer der Herrenbruder.

Nach dem Evangelium bat die Mutter der Zebedäussöhne Jesus, dass ihre Söhne im Himmel links und rechts von ihm sitzen dürfen. [359] Im Himmel zur Rechten zu sitzen entstammt wiederum dem ägyptischen Kult, [360] aber entspricht auch dem Gedankengut, das dem Henochbuch zugrunde liegt. Dort heißt es zum Beispiel:

> *Der Auserwählte wird in jenen Tagen auf seinem Thron sitzen und alle Geheimnisse des Wissens werden aus seinem Mund hervorströmen, denn der Herr der Geister hat es ihm gegeben und ihn verherrlicht.* [361]

Die Frauen unter dem Kreuz

Um Jesu Verschwinden zu kaschieren, führten, für diesen Zweck, eingewiesene Frauen Trauerszenen durch. Auf dem Weg ach Golgatha jammerten sie, als ob Jesus gekreuzigt werden würde bzw. später, als ob er gekreuzigt worden sei. Nach dem Matthäusevangelium steht die Mutter der Zebedäussöhne in der Nähe des Kreuzes. [362] Nach dem Matthäusevangelium heißt es:

---

[359] Mt 20,20-21; Mk 10,37

[360] Tom Harpur: *Der Heidnische Heiland - das Jesus-Plagiat enthüllt*, S. 94, Ansata Verlag, München, 2005

[361] vergl. Hen 50,3

[362] Mt 27,56

Unter ihnen waren
1. Maria-Magdalena,
2. die Mutter des Jakobus und Joseph,
3. die Mutter der Söhne des Zebedäus.

Die Mutter der Zebedäussöhne müsste die Mutter von Jakobus und Johannes sein.

Wer steht da noch?

Die ersterwähnte Frau, *Maria-Magdalena,* ist die Ehefrau Jesu, welche auch die Mutter des Lieblingsjüngers und Evangelisten Johannes ist.

Maria-Magdalena, die in einer früheren Inkarnation die Tochter des obersten ägyptischen Priesters *Potiphar* war, war eine hoch spirituelle Frau. Sie wurde nicht nur beschuldigt eine Hure zu sein, auch dass sie von sieben bösen Geistern besetzt gewesen sei. [363]

Die zweiterwähnte Frau, die Mutter des Jakobus ist Maria, die Mutter Jesu und seiner Geschwister Jakobus, Joseph, Judas und Simon. [364]

Die dritterwähnte Frau ist die Mutter des Johannes. Die Mutter des Lieblingsjüngers und Evangelisten Johannes ist Maria-Magdalena, Jesu Ehefrau.

Real stehen hier also lediglich zwei Frauen, Jesus Ehefrau und Jesu Mutter. Anscheinend müssen nach dem Mythos, wie zwei andere Evangelien zeigen, aber drei Frauen dastehen. Und deshalb wurde noch die Mutter der Zebedäussöhne dazugestellt.

Nach dem Evangelisten Markus [365] sind die drei Frauen

1. Maria-Magdalena,
2. die Mutter des Jakobus des Jüngeren und des Joseph,
3. und Salome.

Die zweiterwähnte Frau ist die Mutter des Jakobus des Jüngeren und des Joses. Die Mutter des Jakobus des Jüngeren und

---

[]363 Mk 16,9; Lk 8,2
[364] Mt 13,55
[365] Mk 15,40

des Joses ist Maria, die Mutter Jesu, Jakobus, Joses, Judas und Simon. [366]
Jakobus ist immer der Herrenbruder, und zwar der Stiefbruder und kein leiblicher Sohn der Maria. Damit sich Maria keine fremden Kinder anmaßt, wird der Adoptivsohn der Maria im Markusevangelium zu Jakobus, dem Jüngeren, unbenannt.
Die dritterwähnte Frau ist Salome, Jesu Schwester.

Das Lukasevangelium ist nicht eindeutig. Nach ihm stehen alle seine Vertrauten in der Nähe auch Frauen, die Ihm aus Galiläa gefolgt waren, und schauten von Ferne zu. [367]
Nach dem Johannesevangelium [368] stehen unter dem Kreuz
1. Jesu Mutter,
2. die Schwester seiner Mutter, *Maria,* die Frau des Kleophas,
3. Maria-Magdalena.

Wenn man im Johannesevangelium die Generationen vertauscht, ist die Schwester seiner Mutter entschlüsselt, die Tochter seiner Mutter, also Jesu Schwester *Maria*.
Die drei Frauen, die unter dem Kreuz standen, waren Jesu Ehefrau, seine Mutter und seine Schwester.

Jesu Schwestern

Nach dem Matthäus- und Markusevangelium besaß Jesus Schwestern:

Sind nicht auch seine Schwestern bei uns? [369]

Die Namen von Jesu Schwestern werden nie als solche angeführt. Ein Name kann erschlossen werden, der Name der Stiefschwester, *Salome*.

---

[366] Mk 6,3
[367] Lk 23,49
[368] Jh 19,25
[369] Mt 13,56; Mk 6,3

Salome

Nach dem Protevangelium des Jakobus begegnet Salome einer Hebamme, die bei Jesu Geburt zugegen war. [370] Zwar ist diese Erzählung reiner Mythos aber zeigt, dass Joseph seine Söhne und seine Tochter Salome in die Ehe mit Maria einbrachte.

Auch das Thomasevangelium führt Salome an. [371] Salome ist also nicht blutsverwandt mit Jesus. Für das Thomasevangelium ist das wichtig zu wissen.

Für Salome, als eine angeheiratete Schwester, spricht: *„Es waren auch Frauen dort, die von weitem zusahen, unter ihnen auch Maria Magdalena und die Mutter des Joseph und des Jakobus und Salome.“* [372]

Die angeheirateten Geschwister werden zusammen am Ende der Aufzählung genannt. Zusätzlich weist auf Salome:

> *Und da der Sabbat vergangen war, kauften Maria Magdalena und Maria, des Jakobus Mutter, und Salome Spezerei, auf dass sie kämen und ihn salbten.* [373]

Zwar erfolgte dieser Kauf historisch nicht, aber zeigt die Historizität der Salome.

Maria

Der Name von Jesu zweiter Schwester, einer Halbschwester, ist Maria. Sie wurde schon bei den Frauen unter dem Kreuz als Maria, die Frau des Kleophas, zerpflückt.

Joseph, Sohn der Maria

Luther übersetzt diesen Sohn der Maria nicht mit Joseph, sondern mit Joses. In der Aufzählung von Jesu Familie heißt es:

---

[370] Protevangelium des Jakobus 19,2 - 20,4

[371] ThEv 61

[372] Mk 15,40

[373] Mk 16,1

Ist er nicht der Zimmermann, der Sohn der Maria und der Bruder des Jakobus und des Joseph und des Judas und des Simon? [374]

Diese Brüder haben wir als den Herrenbruder Jakobus, Simon Petrus und Judas-Thomas erkannt. Als unscheinbarster Sohn Marias verbleibt Joseph. Er tritt, außer in der Aufzählung von Jesu Familie, zwei weitere Male im Zusammenhang mit Frauen auf, die Jesus besonders nahe stehen:

„Maria Magdalena und Maria, die Mutter des Joseph sahen zu, wo er hingelegt wurde". [375]

Und bei der Kreuzigung sind die Jesu nahestehenden Frauen auch wieder seine Ehefrau, seine Mutter und zusätzlich seine Schwester Salome:

„Es waren auch Frauen dort, die von weitem zusahen, unter ihnen auch Maria Magdalena und die Mutter des Joseph und des Jakobus, der Kleine, und der Salome". [376]

Die Mutter des Joseph und des Jakobus ist natürlich auch die Mutter des Simon und Judas und Jesu und die Stiefmutter der Salome.

Jesus bzw. Isa oder Josua sind Titel, die Heiland bedeuten, und damit keine Namen.

Joseph, der blasser als Salome erscheint, und nur als Statist erwähnt wird, ist zwar Marias Sohn, aber keinesfalls so farblos, wie er unter diesem Namen verschlüsselt auftritt. Joseph ist der Namen des gefährlichsten Gegners des Establishments. Er fuchtelt mit keiner verletzenden Waffe herum. Seine unschlagbare und für jeden erkenntliche Waffe besteht in dem Vorbild, das er vorlebt, und seinen Worten, die ins Herz treffen. Joseph ist der Name für Jesus, der Nazaräer. Damit deutet sein Name auch die Nähe zu seinem Adoptivvater an, der Joseph heißt. Joseph war auch sein Name in der Inkarnation als Stammesvater und als der Wiederhersteller der Samarianer.

---

[374] Mk 6,3 Übersetzung Prof. Dr. Josef Kürzinger

[375] Mk 15,47

[376] Mk 15,40

Nikodemus

Der Ausgangspunkt des gegenseitigen Bekanntwerdens von Jesus und Nikodemus liegt bei Jesu Rede an das jüdische Volk, wie es das 8. Johanneskapitel beschreibt, wobei es um die körperliche Wiedergeburt geht:

> *„Euer Vater Abraham sah meinem Tag des Kommens mit Jubel entgegen."*
>
> *„Du bist noch keine fünfzig Jahre alt und willst Abraham gesehen haben?"*
>
> *„Ja, ich versichere euch, ich war schon da, bevor Abraham geboren wurde."*
>
> *Da hoben sie Steine auf, um ihn zu töten. Jesus aber verbarg sich und verließ den Tempel.* [377]

Wie Nikodemus mit dieser Aussage umging, findet sich nun im 3. Johanneskapitel:

> *Nikodemus, ein Mitglied des Hohen Rats der Juden, kam eines Nachts zu Jesus, denn er wusste, dass Jesus als Lehrer zu uns gesandt wurde und sagte: „Niemand vermag die Wunder zu wirken, wie du, wenn nicht Gott mit ihm ist."* [378]

Oben und unten

Nicht nur die zeitliche Reihenfolge von Waschung, Einbalsamierung und Auferstehung wurde vertauscht. Auch die Folge der weltlichen mit den himmlischen Abschnitten wurde in der zeitlichen Reihenfolge vertauscht. Der weltliche Abschnitt dreht sich um Raumfahrt mit dem Körper, der geistige Abschnitt beschäftigt sich mit der Wiederkunft der Seele auf der irdischen Ebene. Dadurch passt die Antwort nicht auf die vorausgegangene Aussage. Aber Jh 3,3-12 mit Jh 3,13-21 getauscht gibt Sinn.

> *„Es ist niemand in den Himmel hinaufgestiegen*
> *als der aus dem Himmel Herabgestiegene,*
> *und so wie Moses die Schlange in der Wüste erhöht hat,*

---

[377] Jh 8,57-59

[378] Jh 3,1-2

so muss auch der Retter erhöht werden. [379]

„Und wie Moses die Schlange in der Wüste erhöht hat, so muss auch der Retter erhöht werden“ gibt einfach keinen Sinn. Aber Folgendes würde einen Sinn ergeben:

„Und doch ist niemand in den Himmel hinaufgestiegen
als der vom Himmel Herabgestiegene,
und so wie Moses in den Himmel auffuhr,
so wird auch der Retter in den Himmel auffahren.

Im apokryphen Nikodemusevangelium wird der Lehrer Jaïrus zitiert, [380] als er sagte: „Auch vom Tod des heiligen Moses haben wir gehört und wissen nicht wo er starb.“ Hier wird als bekannt vorausgesetzt, dass es kein Mosegrab gibt. Angenommen wird, dass Moses, wie Henoch und Elija, in den Himmel aufgefahren ist, wie es in der apokryphen Himmelfahrt des Moses anklingt. So war hier von Auffahrt Jesu mit einem Raumfahrzeug die Rede.

Nach der angekündeten Auffahrt fährt das Evangelium fort:

Denn so sehr liebt Abba Hoova die Welt,
dass er einen Retter herabsandte,
damit jeder, der seinen Worten glaubt,
nicht verloren gehe.
Abba Hoova sandte den Retter nicht in die Welt, damit er sie richte,
sondern damit die Welt durch ihn gerettet werde.
Wer ihm glaubt, wird nicht verurteilt,
wer nicht glaubt, hat selbst geurteilt,
weil er dem Retter nicht geglaubt hat.
Das ist das Gericht,
dass das Licht
in die Welt gekommen ist.
Aber die Menschen liebten die Finsternis
mehr, als das Licht,

---

[379] Jh 3,13-14

[380] Nikodemusevangelium XVI, 6

denn ihre Werke waren böse.
Jeder, der Schlechtes tut, hasst das Licht
und kommt nicht zum Lichte,
damit seine Werke nicht aufgedeckt werden.
Wer aber die Wahrheit tut, kommt ans Licht heran,
dass seine Werke sichtbar werden,
denn sie sind in Gott getan." [381]

Dann wechselt das Auf und Ab vom Himmel zur Erde vom körperlichen zum geistigen Aspekt:

> *Wenn ich von Irdischem zu euch sprach, glaubtet ihr nicht, wie werdet ihr glauben, wenn ich vom Himmlischen zu euch spreche?* [382]
>
> *Geistiges Leben wird von Oben gegeben, menschliches Leben wird von Menschen gegeben. Wundere dich nicht, dass ich dir sage, ihr müsst wiedergeboren werden.* [383]

Die Diskussion um die körperliche Wiedergeburt kann in den autorisierten, aber wenig authentischen Übersetzungen des Johannesevangeliums noch erahnt werden, deshalb zitierte ich aus dem vom Griechischen ins Aramäische zurückübersetzte und dann ins Deutsche übertragene Jesusevangelium. [384]

Jesus verwarf hier die Karmalehre, dass dem Menschen, wenn er in einem früheren Leben schlechte Taten beging, in einem späteren Leben die daraus folgenden Bürden von Gott oder dem Schicksal aufgelastet werden würden. Jesus zeigt zwischen den Zeilen und zwar ganz bewusst, ohne es aber auszusprechen, dass der Mensch sich selbst richtet.

Jesus thematisierte die Wiedergeburt, im Zusammenhang mit Elija, welcher als Johannes der Täufer inkarnierte. Auch Jako-

---

[381] Jh 3,16-21

[382] Jh 3,12

[383] Jh 3,6-3,7

[384] Jesus-Evangelium zitiert in:
Elmar R. Gruber, Holger Kersten: *Der Ur-Jesus - Die buddhistischen Quellen des Christentums*, S. 128f, Frankfurt/M, Berlin, 1996

bus der Herrenbruder schreibt in seinem Brief vom Rad der Wiedergeburt.

„Ich versichere dir, wenn jemand nicht wiedergeboren wird, kann er das Reich Gottes nicht einmal sehen."

„Was muss ich tun, damit ich in das Königtum Gottes wiedereingelassen werde?" [385]

„Du als Lehrer Israels weißt das nicht.
Ja, ich versichere dir:
Wir reden nur von dem, was wir kennen.
Und was wir bezeugen, haben wir gesehen.
Doch ihr nehmt unsere Worte nicht ernst." [386]

„Ja, ich versichere dir und bestätige es noch einmal, wenn jemand nicht wiederholt geboren wird, so kann er in das Königtum Gottes nicht wieder eingelassen werden."

„Wie kann ein alter Mann wiedergeboren werden? Er kann doch nicht in den Leib seiner Mutter zurückkehren und wieder geboren werden?" [387]

„Der Wind weht, wo er will. Du hörst ihn zwar, aber du kannst nicht sagen, woher er kommt und wohin er geht. So ist es bei jedem, der wiedergeboren wird."

Der zweite Auftritt von Nikodemus im Johannesevangelium lautet:

„Verurteilt denn unsere Thora einen Menschen, ohne dass man ihn verhört und seine Schuld festgestellt hat?"

Sie antworteten ihm: „Bist du auch ein Galiläer? Untersuche doch die Schriften, dann wirst du sehen, dass kein Prophet aus Galiläa kommen kann!" [388]

---

[385] Jh 3,3

[386] Jh 3,10-11

[387] Jesus-Evangelium zitiert in:
Elmar R. Gruber, Holger Kersten: *Der Ur-Jesus - Die buddhistischen Quellen des Christentums,* S. 128f, Frankfurt/M, Berlin,1996

[388] Jh 7,50-52

Der dritte Auftritt des Nikodemus im Johannesevangelium ist ein Mythos im Zusammenhang mit der Kreuzabnahme:

> *Auch Nikodemus, der Jesus einmal in der Nacht aufgesucht hatte, kam dazu. Er brachte eine Mischung von Myrrhe und Aloe von hundert Pfunden.* [389]

Jesus starb nicht am Kreuz, also gibt es auch keinen Leichnam. Der einbalsamiert werden kann.

Im Nikodemusevangelium dagegen bringt Nikodemus keine Spezereien, sondern versucht Jesus sowohl beim Hohen Rat der Juden als auch beim römischen Statthalter Pilatus zu verteidigen.

Nathanaël

Wie schon erwähnt, ist die Jüngerberufung, schlicht gesagt, ein Mythos. Am Anfang des Evangeliums kommt Nathanaël aus Betsaida, [390] am Ende kommt er aus Kana. [391]

Aus einer Rückführung mit Benezra ging hervor, dass Nathanaël von Kana der Bruder von Maria-Magdalena war. [392] Jesus wird also Nathanaël nicht durch Philippus holen lassen, er kannte seinen Schwager durch seine Frau. Benezra fand in einer seiner Rückführungen heraus, dass Nathanaël mit dem Onkel von Jesus *Joseph von Arimathia* nach Britannien mitgenommen wurde. Nathanaël war in Jesu Familie bekannt.

Nathanaël gehörte zum weiteren Kreis von Jesus, was von ihm im Evangelium erzählt wird, ist jedoch Mythos.

Andreas

Bei der Jüngerberufung wird Andreas als Bruder des Simon bezeichnet. Nach der Praktik der Vertauschung der Generati-

---

[389] Jh 19,39

[390] Jh 1,43-51

[391] Jh 21,1-2

[392] Stuart Wilson, Joanna Prentis: *Die Essener – Kinder des Licht*s, S. 200, Darmstadt, 2010[3]

ons muss Andreas der Vater des Petrus sein. Genau gesagt ist Andreas der Schwiegervater des Petrus. Nach dem Markusevangelium wohnen Petrus und Andreas im gleichen Haus. [393] Petrus wohnt mit seiner Frau, seinen Kindern und seiner Schwiegermutter, die mit Fieber lag, [394] in dem Haus, das er mit Andreas teilt.
Außer bei der mythischen Jüngerberufung tritt Andreas noch zweimal im Johannesevangelium auf, einmal bei der mythischen Brotvermehrung [395] und das andere Mal bei der Ankündigung des jetzt beginnenden Weltgerichts. [396]

Philippus

Philippus war mit Andreas befreundet. Philippus tritt im Johannesevangelium viermal auf, bei der mythischen Jüngerberufung, dabei gibt es noch eine Diskussion über die Stadt Nazareth, *was kann aus Nazareth Gutes kommen...* welche zu jener Zeit noch gar nicht existierte, [397] bei der mythischen Brotvermehrung, [398] wo die Griechen Jesus kennenlernen wollten, [399] und wo Jesus nach der mythischen Fußwaschung über den Vater spricht. [400] Die Apostelgeschichte erzählt, dass er nach Jesu Abgang in Samaria wirkte. [401]
Das Evangelium nach Philippus ist eine spätere Schrift und wurde ihm einfach unterstellt.

---

[393] Mk 1,29
[394] Mk 1,30
[395] Jh 6,8
[396] Jh 12,22
[397] Jh 1,43-48
[398] Jh 6,5
[399] Jh 12,21-22
[400] Jh 14,9
[401] Apg 8,5-8

Die Synoptiker

Die Synoptiker sind die Evangelisten, deren Evangelien sich gleichsehen. Traditionell sind das Matthäus, Markus und Lukas. Das einst hochangesehene Thomasevangelium wurde irgendwann als apokryph, als nicht anerkannt, eingestuft. Ihm ist der ägyptische Erlösungsmythos des Johannesevangeliums noch nicht aufoktroyiert, doch es sieht den synoptischen Evangelien gleich, deshalb betrachte ich das Thomasevangelium auch als synoptisch.

Die synoptischen Evangelien sind genauso wie das Johannesevangelium durch die Essener beeinflusst, zum Teil durch das Friedensevangelium, zum Teil durch das Henochbuch, zum Teil durch den ägyptischen Kult, und was nahe liegt, durch das Alte Testament, aber auch durch die Religionen Indiens, dem Buddhismus oder Hinduismus. Sogar aus dem Dschainismus ist der Ritus erwähnt, bei dem ein Mundschutz getragen wird, damit man keine Fliege tötet, die versehentlich in den geöffneten Mund fliegt. Bei Matthäus heißt es, „ihr blinden Führer, die ihr Mücken siebt und Kamele verschlingt." [402]

Das Buch Henoch in den synoptischen Evangelien

Aus dem Buch Henoch übernahmen die synoptischen Evangelien die Weltuntergangs-Texte, die sie Jesus unterstellten, die er aber nie von sich gab. Im Henochbuch geht es darum wie Gut und Bös nach dem Ende der Welt behandelt werden wird.

Das Land erben

Den Auserwählten wird Licht, Freude und Friede zuteilwerden und sie werden das Land erben. [403]

---

[402] Mt 23,24

[403] Hen 6,9

Im Matthäusevangelium lautet diese Stelle:

Selig, die keine Gewalt anwenden, denn sie werden das Land erben. [404]

Trennung der Toten

Das eigenwillige Gleichnis mit Abrahams Schoß entstammt dem Henochbuch. Dort heißt es:

Drei Trennungen wurden unter den Geistern der Toten gemacht.

Durch einen Abgrund, durch Wasser und durch das Licht darüber wurden sie getrennt. [405]

Hier werden ihre Seelen abgetrennt. [406]

Im Lukasevangelium wurde daraus:

Als nun der Arme starb, wurde er von den Engeln in Abrahams Schoß getragen. Auch der Reiche starb und wurde begraben. In der Unterwelt, wo er qualvolle Schmerzen litt, blickte er auf und sah von weitem Abraham, und Lazarus in seinem Schoß. Da rief er Vater Abraham, hab Erbarmen mit mir; und schick Lazarus zu mir; er soll wenigstens die Spitze seines Fingers ins Wasser tauchen und mir die Zunge kühlen, denn ich leide große Qual in diesem Feuer. Abraham erwiderte: Mein Kind, denk daran, dass du schon zu Lebzeiten deinen Anteil am Guten erhalten hast, Lazarus aber nur Schlechtes. Jetzt wird er dafür getröstet. Du aber musst leiden. Außerdem ist zwischen uns und euch ein tiefer unüberwindlicher Graben, sodass niemand von hier zu euch kommen kann, selbst wenn er wollte. [407]

---

[404] Mt 5,5

[405] Hen 22,9-10

[406] Hen 22,12

[407] Lk 16,22-26

Besser nie geboren

Weiter heißt es im Henochbuch:

> *Wo werden jene, die den Herrn der Geister geleugnet haben, dann Ruhe finden? Es wäre besser für sie gewesen, sie wären nie geboren worden.* [408]

Im Matthäusevangelium lautet diese Passage:

> *Doch weh dem Menschen, durch den der Menschensohn verraten wird. Für ihn wäre es besser, wenn er nie geboren wäre.* [409]

Das ewige Leben gewinnen

Aus dem ägyptischen Kult übernahm das Henochbuch das Konzept vom „ewige Leben gewinnen". Im Henochbuch heißt es:

> *Und der vierte, der über Reue und die Hoffnung derjenigen gesetzt ist, die das ewige Leben erben werden ...* [410]

Dieses Konzept findet sich nicht nur im Johannes- auch im Matthäusevangelium:

> *Und jeder, der um meines Namens willen Häuser oder Brüder, Schwestern, Vater, Mutter Kinder oder Äcker verlassen hat, wird dafür das Hundertfache erhalten und das ewige Leben gewinnen.* [411]

Der Thron der Herrlichkeit

Eine andere Passage im Henochbuch heißt:

> *An jenem Tag wird der Auserwählte auf dem Thron der Herrlichkeit sitzen und über ihre Umstände und zahlreichen Wohnungen bestimmen. Der Geist in ihnen wird gestärkt werden, wenn sie den Auserwählten sehen. Er wird jene*

---

[408] Hen 38,2

[409] Mt 26,24

[410] Hen 40,9

[411] Mt 19,29

auswählen, die ihre Zuflucht zu meinem heiligen, herrlichen Namen genommen haben. [412]

Im Matthäusevangelium lautet diese Idee:

Wenn der Menschensohn in seiner Herrlichkeit kommt und alle Engel mit ihm, dann wird er sich auf den Thron seiner Herrlichkeit setzen. Und alle Völker werden vor ihm zusammengerufen werden und er wird sie voneinander scheiden, wie der Hirte die Schafe von den Böcken scheidet. [413]

Der Auserwählte

Eine weitere Passage im Henochbuch heißt:

An jenem Tag werde ich dafür sorgen, dass mein Auserwählter in ihrer Mitte wandelt. [414]

Daraus wird bei den Synoptikern die Stimme aus den Wolken bei der angeblichen Verklärung:

Da rief die Stimme aus der Wolke: Das ist mein auserwählter Sohn, auf ihn sollt ihr hören. [415]

Die Mächtigen vom Thron stürzen

Im Henochbuch heißt es weiter:

Er wird Könige von ihren Thronen jagen und sie aus ihren Königreichen verstoßen, weil sie ihn nicht rühmen noch preisen oder ihm Demut zeigen, vor ihm, der ihnen ihre Königreiche gegeben hat. Er wird die Starken niederwerfen und Verwirrung wird sie erfüllen. [416]

Lukas lässt sich davon in Marias Lobgesang bei ihrer Base Elisabeth inspirieren:

---

[412] Hen 45,3

[413] Mt 25,31-32

[414] Hen 45,4

[415] Lk 9,35 vergl. Mt 17,5; Mk 9,7

[416] Hen 46,4

Er stürzt die Mächtigen vom Thron und erhöht die Niedrigen. [417]

Das Gericht vollstrecken

Auch heißt es im Henochbuch:

An diesem Tag wird das Gebet der Gerechten und Heiligen und das Blut des Gerechten von der Erde vor das Angesicht des Herrn der Geister aufsteigen. An diesem Tag werden sich die Heiligen, die über den Himmeln wohnen, versammeln und mit einer Stimme bitten, beten, loben, danken und den Namen des Herrn der Geister preisen ob des Blutes der Gerechten, das vergossen wurde. Sie werden beten, das Gebet der Gerechten vor dem Herrn der Geister nicht vergebens sein möge, dass er um ihretwillen das Gericht vollziehen möge und dass seine Geduld nicht ewig dauern möge. [418]

Davon kommt bei Lukas noch an:

Sollte Gott seinen Auserwählten, die Tag und Nacht zu ihm schreien, nicht zu ihrem Recht verhelfen, sondern zögern? [419]

Die Erlösung ist nahe

So heißt es im Henochbuch auch:

Denn der Tag ihrer Erlösung ist nahe. [420]

Im Lukasevangelium findet sich diesbezüglich:

Wenn (all) das beginnt, dann richtet euch auf, und erhebt eure Häupter; denn eure Erlösung ist nahe. [421]

---

[417] Lk 1,52

[418] Hen 471-2

[419] Lk 18,7

[420] Hen 50,2

[421] Lk 21,28

Die Gerechten werden Engel werden

Im Buch über die gefallenen Engel, dem Henochbuch heißt es:

Die Gerechten werden Engel im Himmel werden. [422]

Im Matthäusevangelium lautet es:

Denn nach der Auferstehung werden die Menschen nicht mehr heiraten, sondern sein wie Engel im Himmel. [423]

Die Macht des Menschensohnes

Das Henochbuch lässt sich über Macht des Menschensohnes aus:

Dann werden sie, die Könige, die Prinzen und alle, die die Erde beherrschen, ihn, der über alle Dinge herrscht und bisher verborgen war, verherrlichen. Von Anfang an hat der Menschensohn, den der Höchste der Hohen in seiner Macht bewahrt hat ... [424]

Im Matthäusevangelium lautet es:

Da trat Jesus auf sie zu und sagte zu ihnen: Mir ist alle Macht gegeben im Himmel und auf der Erde. [425]

Das Feuer am Ende der Zeit

Von Zarathustras Lehre inspiriert heißt es im Henochbuch:

Und als dies alles geschah, stieg aus der herrschenden Unruhe und dem Flammenmeer ein strenger Schwefelgeruch auf, der sich mit den Wassern verband. Das Tal der Engel, die der Verführung des Menschen schuldig waren, brannte unter ihren Füßen. Durch das Tal flossen Feuerströme, in die die Engel geworfen werden, die die Bewohner der Erde verführt hatten. [426]

Im Matthäusevangelium lautet es:

---

[422] Hen 50,4

[423] Mt 22,30

[424] Hen 61,10

[425] Mt 28,18

[426] Hen 66, 6-7

... und werden sie in den Ofen werfen, in dem das Feuer brennt. Dort werden sie heulen und mit den Zähnen knirschen. [427]
Dann wird er sich auch an die auf der linken Seite wenden und zu ihnen sagen: Weg von mir, ihr Verfluchten, in das ewige Feuer, das für den Teufel und seine Engel bestimmt ist. [428]

Weltuntergangsszenario

Das Henochbuch inspirierte zum Weltuntergangsszenario:

In jenen Tagen antwortete mir Uriel und sprach: Siehe, ich habe dir alle Dinge gezeigt, o Henoch. Und alle Dinge offenbarte ich dir. Du sahst die Sonne, den Mond und jene, die über die Sterne des Himmels gesetzt sind und die ihre Bewegungen, Jahreszeiten und Auf- und Untergänge regeln. In den Tagen der Sünder werden die Jahre kürzer werden. Ihr Same soll rückwärts wachsen im fruchtbaren Boden und alles, was auf Erden getan wird, soll zunichte gemacht werden und zu seiner Zeit verschwinden. Der Regen wird zurückgehalten werden und der Himmel wird stillstehen. In jenen Tagen werden die Ernten später ausfallen und die Früchte der Erde nicht zu ihrer Zeit reifen, zur Erntezeit werden die Früchte der Bäume fehlen. Der Mond wird seinen Lauf ändern und nicht zu seiner Zeit sichtbar sein. Aber in jenen Tagen wird der Himmel sichtbar sein und Unfruchtbarkeit wird sich an den Grenzen der großen Wagen im Westen ausbreiten. Der Himmel wird heller strahlen, als wenn er von den Gestirnen des Lichts erhellt wird, und viele Häupter der Sterne der Macht werden freveln und ihre Wege und Werke werden verwirrt sein. Die, die über sie herrschen, werden

[427] Mt 13,42
[428] Mt 25,41

nicht zur festgelegten Zeit erscheinen, und alle Ordnungen der Sterne werden vor den Sündern verschlossen sein. [429]

Im Matthäusevangelium lautet es:

Denn ein Volk wird sich gegen das andere erheben und ein Reich gegen das andere und an vielen Orten wird es Hungersnöte und Erdbeben geben. [430]

Denn es wird eine so große Not kommen, wie es noch nie eine gegeben hat, seit die Welt besteht, und wie es auch keine mehr geben wird. Und wenn jene Zeit nicht verkürzt würde, dann würde kein Mensch gerettet; doch um der Auserwählten willen wird jene Zeit verkürzt werden. [431]

Sofort nach den Tagen der großen Not wird sich die Sonne verfinstern und der Mond wird nicht mehr scheinen; die Sterne werden vom Himmel fallen und die Kräfte des Himmels werden erschüttert werden. [432]

Armut im Diesseits, Reichtum im Jenseits

Das typisch christliche Ideal, der Armut im Diesseits und dafür den Reichtum im Jenseits, stammt aus der Ecke, in der das Buch des Henoch zuhause ist. So werden im Henochbuch die Reichen angeklagt:

Wehe euch, die ihr reich seid, denn ihr habt auf euren Reichtum vertraut, euer Reichtum aber soll euch genommen werden, weil ihr in den Tagen eures Wohlstands des Höchsten der Hohen nicht gedacht habt. [433]

Das Lukasevangelium stellt fest:

Aber weh euch, die ihr reich seid; denn ihr habt keinen Trost mehr zu erwarten. [434]

---

[429] Hen 79,1-7

[430] Mt 24,7

[431] Mt 24,21-22

[432] Mt 24,29

[433] Hen 93,7

[434] Lk6,24

Habsucht

Das Henochbuch klagt die Reichen weiter an:

Wehe euch, die ihr Silber und Gold verschwendet und sprecht: Wir sind reich, wir besitzen Reichtümer und wir haben uns alles angeeignet, was wir wollen. Nun, dann werden wir tun, was wir wollen, denn wir haben Silber zusammengerafft, unsere Scheunen sind voll und die Herden unserer Familien sind zahlreich wie überfließendes Wasser. [435]

Sie sollen keinen Frieden finden, sondern mit Gewissheit unversehens sterben. [436]

Daraus entstand das Gleichnis, das vor Habsucht warnt:

Es war ein reicher Mensch, der ein großes Vermögen besaß. Er sagte: Ich werde mein Vermögen dazu benutzen zu säen, zu ernten, zu pflanzen und meinen Speicher mit Getreide füllen, damit es mir an nichts fehle. So dachte er in seinem Herzen und in derselben Nacht starb er. Wer Ohren hat der höre! [437]

Kinder des Lichts

Im Henochbuch sind auch die Kinder des Lichts ein Thema:

Nun werde ich die Geister der Guten aus der Generation des Lichtes rufen und jene verwandeln, die in Finsternis geboren wurden ...[438]

Im Lukasevangelium lautet es:

Die Kinder dieser Welt sind im Umgang mit ihresgleichen klüger als die Kinder des Lichtes. [439]

---

[435] Hen 96,6-7

[436] Hen 96,25

[437] ThEv 63 vergl. Lk 12,16-20

[438] Hen 105,25

[439] Lk 16,8

Thron der Herrlichkeit

Das Henochbuch ist das Vorbild für die himmlischen Throne:

> *Ich werde sie in das wunderbare Licht derer bringen, die meinen heiligen Namen lieben, und ich will jeden Einzelnen auf einen Thron der Herrlichkeit setzen, auf einen besonderen Thron seiner ihm bestimmten Herrlichkeit ...* [440]

Im Matthäusevangelium lautet es:

> *Amen, ich sage euch: Wenn die Welt neu geschaffen wird und der Menschensohn sich auf den Thron der Herrlichkeit setzt, werdet ihr, die ihr mir nachgefolgt seid, auf zwölf Thronen sitzen und die zwölf Stämme Israels richten.* [441]

Das Friedensevangelium der Essener in den synoptischen Evangelien

Aus dem Friedensevangelium der Essener übernahmen die Synoptiker verschiedene Stellen.

Klopfet an, so wird euch aufgetan

So heißt es im Friedensevangelium:

> *Klopfet an, so wird euch aufgetan."*
> *Glücklich seid ihr, dass ihr anklopft,*
> *denn ich will euch die Tür des Lebens öffnen.* [442]

Im Thomasevangelium lautet es:

> *Wer sucht, wird finden.*
> *Und wer anklopft, dem wird geöffnet werden.* [443]

Daraus wurde bei den Synoptikern:

> *Bittet, und ihr werdet bekommen, was ihr braucht;*
> *Sucht und ihr werdet finden;*
> *klopft an und es wird euch geöffnet!* [444]

---

[440] Hen 105,26

[441] Mt 19,28

[442] FEv S.7

[443] ThEv 94

[444] Mt 7,7; Lk 11,9

Außerhalb des Friedensevangeliums ist keine Rede mehr von der *Tür des Lebens*. Diese Tür steht am Ende des Weges zum Leben. Dieses Leben ist aber das ewige Leben, bei dem vor der Wiedergeburt die Erinnerungen an die Vorleben nicht mehr ausgelöscht werden. Nicht das Sitzen auf einem himmlischen Thron ist das Ziel der Lehre Jesu, sondern die Tür am Ende dieses Weges zu erreichen. Die Entscheidung, die Tür zu öffnen und hineinzugehen, bleibt dem überlassen, der den Weg zurückgelegt hat. Die Entscheidung, die Tür zu öffnen und einzutreten, erfordert genauso wieder Mut, wie es den Weg zu gehen Mut brauchte. Im Thomasevangelium heißt es:

„An den Tagen, da ihr euer Ebenbild seht,
freut ihr euch.
Aber wenn ihr eure Urbilder sehen werdet,
die ursprünglich in euch waren,
die weder sterben noch sich offenbaren,
oh, wie viel werdet ihr dann ertragen?“ [445]

Deswegen empfehlen die östlichen Lehren die Meditation.

Die übermenschliche Mutter

Das Friedensevangelium kennt eine übermenschliche Mutter. Wenn das Friedensevangelium sagt: Sie gebar euch, sie gibt euch das Leben, [446] dann heißt es im Thomasevangelium: Denn meine Mutter gebar mich für den Tod, aber meine wahre Mutter hat mir das Leben geschenkt. [447]

Heulen und Zähneklappern

Bereits das Friedensevangelium kennt das Heulen und Zähneklappern:

Und es wird Heulen und Zähneklappern geben.“ [448]

---

[445] ThEv 84
[446] FEv S. 7
[447] ThEv 101
[448] FEv S. 8

Das Matthäusevangelium heizt damit häufig ein, [449] auch das Lukasevangelium gebraucht es. [450]

Niemand kann zwei Herren dienen

Niemand kann zwei Herren dienen lautet im Friedensevangelium:

> *Denn kein Mensch kann zwei Herren dienen.*
> *Entweder er dient dem Belzebub und seinen Teufeln,*
> *oder er dient der Erdenmutter und ihren Engeln.*
> *Entweder er dient dem Tode oder dem Leben.* [451]

Im Thomasevangelium lautet es:

> *Es ist unmöglich, dass ein Mensch auf zwei Pferden reitet,*
> *dass er zwei Bögen spannt.*
> *Und es ist unmöglich, dass ein Diener zwei Herren dient,*
> *oder aber er wird den einen ehren und den anderen verhöhnen.* [452]

Daraus wurde bei den Synoptikern:

> *Niemand kann gleichzeitig zwei Herren dienen.*
> *Entweder wird er den einen bevorzugen und den anderen vernachlässigen, oder dem einen treu sein und den anderen hintergehen.*
> *Ihr könnt nicht Gott und dem Mammon gleichzeitig dienen.* [453]

Aus der Erdenmutter und ihren Engeln wurde Gott und aus dem Belzebub und seinen Teufeln wurde der Mammon.

Die gewaltige Sprache des Heilands

Die gewaltige Sprache des Heilands kommt bereits im Friedensevangelium zum Ausdruck:

---

[449] Mt 13,42; 13,50; 22,13; 24,51; 25,30

[450] Lk 13,28

[451] FEv S.10

[452] ThEv 47

[453] Mt 6,24; Lk 16,13

Und alle um ihn lauschten seinen Worten mit Staunen, denn in seinen Worten war Kraft, und er lehrte ganz anders als die Priester und Schriftgelehrten. [454]

Die kanonischen Evangelien wiederholen die ausdrucksstarke Rede des Heilands:

„Noch nie haben wir einen Menschen so reden hören", erwiderten die Männer. „Hat er euch denn auch verführt?" herrschten die Pharisäer sie an. [455]

Denn er sprach mit Vollmacht, ganz anders als ihre Gesetzeslehrer. [456]

Über das Frömmeln

Über das Frömmeln sagt das Friedensevangelium:

„Bleibt allein und fastet und zeigt euer Fasten keinem Menschen. Der lebendige Gott wird es sehen und groß wird die Belohnung sein. [457]

Im Thomasevangelium lautet es:

Seine Jünger fragten ihn: Willst du dass wir fasten?
Wie sollen wir beten? Wie sollen wir Almosen geben?
Und welche Speisevorschriften sollen wir beachten?
Jesus sagte:
Lügt nicht, und was ihr hasst, das tut nicht, denn im Himmel ist alles offenbar. Es gibt nichts Verborgenes, das nicht offenbar werden wird, und es gibt nichts Verdecktes, das nicht aufgedeckt werden wird. [458]

Daraus wird im Matthäusevangelium:

Wenn ihr fastet, dann setzt keine Büßermiene auf wie die Heuchler. Sie vernachlässigen ihr Äußeres, damit die Leute ihnen ansehen, dass sie fasten. Ich versichere euch: Diese Ehrung ist dann ihr ganzer Lohn. Wenn du fastest, dann

---

[454] FEv S. 10f
[455] Jh7,46
[456] Mt 7,29
[457] FEv S. 13
[458] ThEv 6

pflege dein Haar und wasche dein Gesicht, damit die Leute nicht merken, dass du fastest, sondern nur dein Vater, der auch das Verborgene sieht, wird dich belohnen. [459]

Die Metapher von der Grabstätte

Die Metapher von der Grabstätte lautet im Friedensevangelium:

Und derjenige, der sich äußerlich reinigt,
aber innen unrein bleibt, ist wie die Grabstätten,
die außen ansehnlich gestrichen sind,
aber innen voller grauenerregender Unsauberkeiten und Abscheulichkeiten stecken. [460]

Im Matthäusevangelium heißt es:

Weh euch, ihr Gesetzeslehrer und Pharisäer, ihr Heuchler!
Ihr seid wie weiß getünchte Gräber. Von außen ansehnlich, von innen aber voller Totenknochen und allem möglichen Unrat . [461]

Aus *jedermann* des Friedensevangeliums, der sich nur äußerlich reinigt, wurden im Matthäusevangelium die Gesetzeslehrer und Pharisäer.

Die wahre Familie

Die wahre Familie wird im Friedensevangelium beschrieben:

Und eure wahren Brüder sind all jene, die den Willen eures Himmelsvaters und eurer Erdenmutter tun, und nicht eure leiblichen Brüder.
Wahrlich ich sage euch, dass eure wahren Brüder im Willen des Himmelsvaters und der Erdenmutter euch tausendmal mehr lieben werden als eure leiblichen Brüder.
Denn seit den Tagen von Kain und Abel,
als die leiblichen Brüder den Willen Gottes verletzten,
gibt es keine wahre Blutsbrüderschaft mehr. [462]

---

[459] Mt 6,16-18
[460] FEv S. 14
[461] Mt 23,27

Im Thomasevangelium heißt es:

Die Jünger sagten zu ihm:
Deine Brüder und deine Mutter stehen draußen.
Er sprach zu ihnen:
Diejenigen, die an dieser Stelle den Willen meines Vaters erfüllen, sind meine Brüder und meine Mutter. [463]

Bei den Synoptikern lautet es:

Während Jesus noch zu der Menschenmenge sprach, waren seine Mutter und seine Brüder angekommen. Sie blieben vor dem Haus und verlangten, ihn zu sprechen. „Deine Mutter und deine Brüder sind draußen und fragen nach dir", sagte ihm einer. „Wer ist meine Mutter und wer sind meine Brüder?", antwortete ihm Jesus. Dann wies er mit der Hand auf seine Jünger und sagte: „Das hier ist meine Mutter und das sind meine Brüder! Jeder, der nach dem Willen meines Vaters im Himmel lebt, ist mein Bruder, Schwester und Mutter." [464]

Was im Friedensevangelium eine Feststellung ist, daraus machten die Synoptiker ein Geschehnis.

Werdet vollkommen

Die Aufforderung, *werdet vollkommen wie euer Vater im Himmel* findet sich zuerst im Friedensevangelium:

Werdet darum vollkommen wie der Geist eures Himmelvaters und der Körper eurer Erdenmutter vollkommen ist. [465]

Das Matthäusevangelium lässt den weiblichen Teil weg:

Ihr nun sollt vollkommen sein, wie euer Vater im Himmel vollkommen ist. [466]

---

[462] FEv S. 17
[463] ThEv 99
[464] Mt 12,46-50; Mk 3,31-35; Lk 8,19-21
[465] FEv S.18
[466] Mt 5,48

Blinde Blindenführer

Der ursprüngliche Text vom blinden Blindenführer findet sich im Friedensevangelium:

> *Keiner sieht das Licht. Blinde Menschen führen blind auf die dunklen Pfade der Sünden, Krankheiten und Leiden; und zuletzt fallen alle in die Todesgrube.* [467]

Im Thomasevangelium lautet es:

> *Wenn ein Blinder einen Blinden führt, fallen beide in eine tiefe Grube.* [468]

Bei Matthäus und Lukas heißt es:

> *Lasst sie! Sie sind blind, Führer von Blinden. Wenn aber ein Blinder einen Blinden führt, fallen beide in die Grube.* [469]

Im Friedensevangelium gibt es noch eine Ursache, danach ist es nur noch eine unbegründete Lebensweisheit.

Den Tod nicht schmecken

> *Habt auch Hoffnung in die Liebe eures Himmlischen Vaters, denn wer ihm vertraut, wird nie betrogen werden, noch wird er je den Tod sehen.* [470]

Die Formulierung des Friedensevangeliums *noch wird er je den Tod sehen* [471] findet sich im Thomasevangelium als die Formulierung *wird den Tod nicht schmecken.* [472]

Bei den Synoptikern findet sich die Aussage in der Formulierung *wird den Tod nicht kosten.* [473]

Der Ursprung liegt natürlich beim ägyptischen Totenkult.

---

[467] FEv S. 19

[468] ThEv 34

[469] Mt 15,14; Lk 6,39

[470] FEv S. 20 vergl. ThEv 1; 18; 19; Mt 16,28; Lk 9,27

[471] FEv S. 20

[472] ThEv 1; 18; 19

[473] Mt 16,28; Mk 8,39; Lk 9,27

Der Friedensgruß

Im Friedensevangelium findet sich natürlich der Friedensgruß, der *Friede sei mit euch*. [474] Tatsächlich heißt es nicht *sei* mit euch, sondern *ist* mit euch, wie es im Markusevangelium heißt, dass es schon vollendet ist. [475]
Der Friedensgruß findet sich auch in den anerkannten Evangelien. [476]

Gleichnis vom verlorenen Sohn

Das Gleichnis vom verlorenen Sohn, das nur Lukas erzählt [477] entstammt dem Friedensevangelium, das wiederum aus dem Buddhismus: [478]

> *Und Jesus sprach in Gleichnissen zu ihnen: „Ihr seid wie der verlorene Sohn, der viele Jahre lang aß und trank und seine Tage in Liederlichkeit und Wollust mit seinen Freunden verbrachte. Und jede Woche machte er neue Schulden ohne das Wissen seines Vaters und verschwendete alles in ein paar Tagen. Und die Geldleiher liehen ihm immer wieder etwas, weil sein Vater große Reichtümer besaß und immer geduldig die Schulden seines Sohnes beglich. Und vergebens ermahnte er mit guten Worten seinen Sohn; doch der hörte nie auf die Ermahnungen seines Vaters, der ihn vergeblich anflehte, seine endlosen Ausschweifungen aufzugeben und in seine Felder zu gehen, um über die Arbeit seiner Diener zu wachen. Und der Sohn versprach ihm alles, wenn er seine Schulden bezahlen würde, aber am nächsten Tag begann er von vorn. Und mehr als sieben Jahre führte der Sohn sein liederliches Leben fort. Doch zuletzt verlor sein Vater die Geduld und bezahlte den Geldleihern die Schulden*

---

[474] FEv S. 21
[475] MK 11,24
[476] FEv S. 21 vergl. Mt 10,12; Lk 10,5; 24,36; Jh 20,19; 20,21; 20,26
[477] Lk 15,11-32
[478] Rudolf Seidl, zitiert in *Ur-Jesus* S. 149

seines Sohnes nicht mehr. „Wenn ich immer weiter bezahle“, sagte er, „wird es kein Ende der Sünden meines Sohnes geben.“ Die betrogenen Geldleiher nahmen in ihrem Zorn den Sohn in die Sklaverei, damit er durch seine tägliche Plackerei das Geld zurückzahlen könnte, das sie ihm geliehen hatten. Und da hörten das Essen und Trinken und die täglichen Ausschweifungen auf. Vom Morgen bis in die Nacht bewässerte er im Schweiße seines Angesichts die Felder, und alle seine Glieder schmerzten durch die ungewohnte Arbeit. Und er lebte von trockenem Brot und hatte nichts außer seinen Tränen, mit denen er es befeuchten konnte. Und nach drei Tagen litt er so stark unter der Hitze und Ermüdung, dass er seinem Herrn sagte: „Ich kann nicht mehr arbeiten, denn alle meine Glieder schmerzen. Wie lange wollt ihr mich foltern?“ „Bis zu dem Tag, an dem durch deiner Hände Arbeit deine Schulden abgetragen sind, und wenn sieben Jahre vorüber sind, wirst du frei sein!“ Und der verzweifelte Sohn antwortete weinend: „Aber ich kann nicht einmal sieben Tage ertragen. Hab Mitleid mit mir, denn alle meine Glieder brennen und schmerzen.“ Und der boshafte Kreditgeber schrie ihn an: „Treibe deine Arbeit voran; wenn du sieben Jahre lang deine Tage und Nächte in Liederlichkeit verbringen konntest, musst du sieben Jahre arbeiten. Ich werde dir nicht vergeben, bis du all deine Schulden bis zur letzten Drachme zurückgezahlt hast.“ Und der Sohn lief verzweifelt mit quälenden Schmerzen in die Felder zurück, um weiterzuarbeiten. Schon konnte er kaum noch vor Müdigkeit und Schmerzen auf seinen Füßen stehen, als der siebte Tag gekommen war, der Sabbat-Tag, an dem niemand auf den Feldern arbeitet. Da sammelte der Sohn seine letzten Kräfte und taumelte zum Haus seines Vaters. Und er warf sich zu seines Vaters Füßen und sagte: „Vater, glaube mir ein letztes Mal und vergib mir alle meine Beleidigungen gegen dich. Ich schwöre dir, dass ich nie wieder so liederlich leben will und dass ich dein gehorsamer Sohn in allen Din-

gen sein werde. Befreie mich aus den Händen meiner Unterdrücker. Vater, schau mich an und meine kranken Glieder und verhärte nicht dein Herz." Da kamen Tränen in die Augen des Vaters, und er nahm seinen Sohn in die Arme und sagte: „Lasst uns feiern, denn heute wurde mir eine große Freude gegeben, weil ich meinen geliebten Sohn, der verloren war, wiedergefunden habe." Und er kleidete ihn in seine ausgewähltesten Gewänder, und den ganzen Tag lang feierten sie. Und am Morgen des nächsten Tages gab er seinem Sohn eine Tasche mit Silber, um die Schulden an seinen Kreditgeber zu zahlen. Und als sein Sohn zurückkam, sagte er: „Mein Sohn, du siehst, es ist leicht, durch liederliches Leben für sieben Jahre Schulden zu machen, aber ihre Bezahlung mit sieben Jahre langer, harter Arbeit ist schwierig." „Vater, es ist tatsächlich hart sie zu bezahlen, auch nur sieben Tage lang." Und sein Vater ermahnte ihn und sagte: „Dieses eine Mal wurde dir erlaubt, deine Schulden in sieben Tagen anstatt in sieben Jahren zurückzuzahlen, der Rest ist dir vergeben. Aber sieh dich vor, dass du zukünftig keine neuen Schulden mehr machst. Denn niemand außer deinem Vater vergibt dir deine Schulden, weil du sein Sohn bist. Denn bei jedem anderen hättest du sieben Jahre lang schwer arbeiten müssen, wie es unsere Gesetze erfordern." „Mein Vater, ich will in Zukunft dein liebender und gehorsamer Sohn sein und will keine Schulden mehr anhäufen, denn ich weiß, dass ihre Bezahlung hart ist." Und er ging auf die Felder seines Vaters und überwachte jeden Tag die Arbeiter seines Vaters bei ihrer Arbeit. Und er zwang seine Arbeiter nie zu harter Arbeit, denn er erinnerte sich an seine eigene schwere Arbeit. Und die Jahre gingen vorüber, und der Besitz seines Vaters nahm immer mehr unter seinen Händen zu, denn der Segen seines Vaters war auf seiner Arbeit. Und langsam gab er zehnmal so viel zurück, wie er in sieben Jahren verschwendet hatte. Und als sein Vater sah, dass sein Sohn seine Diener und seinen Besitz wohlge-

> *brauchte, sagte er: „Mein Sohn, ich sehe, dass mein Besitz in guten Händen ist. Ich gebe dir all mein Vieh, mein Haus, meine Ländereien und meine Schätze. Lass dies alles deine Erbschaft sein, setze ihr Wachstum fort, damit ich mich an dir erfreuen kann.“ Und als der Sohn seine Erbschaft von seinem Vater erhalten hatte, erließ er allen Schuldnern, die nicht zahlen konnten, ihre Schulden, denn er hatte nicht vergessen, dass seine Schulden ihm auch erlassen worden waren, als er nicht zahlen konnte. Und Gott segnete ihn mit einem langen Leben, mit vielen Kindern und vielen Reichtümern, weil er freundlich zu allen seinen Dienern und seinem Vieh war.“* [479]

Reden in Gleichnissen

Im Friedensevangelium heißt es:

> *Ich spreche in Gleichnissen zu euch, damit ihr Gottes Wort besser verstehen könnt.* [480]

Das Matthäus- und Markusevangelium halten diese Aussage auch fest. [481]

Keine gute Tat bleibt ungeschrieben

Weiter heißt es im Friedensevangelium:

> *Keine gute Tat bleibt ungeschrieben vor Gott.* [482]

Im Matthäusevangelium wurde daraus:

> *Denn der Menschensohn wird in der Herrlichkeit seines Vaters mit seinen Engeln kommen und jedem nach seinem Tun vergelten.* [483]

---

[479] FEv, S. 25

[480] FEv S. 26

[481] vergl. Mt 13,34; Mk 4,33

[482] FEv S. 27 und 28

[483] Mt 16,27

Ausharren

Im Friedensevangelium wird die Durchhalteparole ausgegeben:

Glücklich sind jene, die bis zum Ende aushalten, denn sie werden die Erde erben. [484]

Die Synoptiker verheißen Rettung beim Durchhalten:

Wer aber ausharrt bis ans Ende wird gerettet werden. [485]

Das Gleichnis vom Dieb

Das Gleichnis vom Dieb lautet im Friedensevangelium:

Denn Satan ist wie ein heuchlerischer Nachbar, der seines Nachbarn Haus betrat, als dieser abwesend war, mit der Absicht, dessen Güter in sein eigenes Haus zu nehmen. Aber Leute erzählten diesem, dass sein Feind in seinem Haus wütete und er kam in sein Haus zurückgerannt. Und als der schlechte Nachbar alles zusammengerafft hatte, was ihm gefiel, sah er von weitem den Herrn des Hauses zurückkommen. [486]

Austreiben eines bösen Geistes

Im Friedensevangelium wird der Satan in Form eines Bandwurms ausgetrieben:

Da kamen alle zu Jesus, und mit lauten Schreien flehten sie ihn an: Meister, habe Mitleid mit ihm, denn er leidet mehr als wir alle, und wenn du Satan nicht sofort aus ihm heraustreibst, fürchten wir, dass er nicht bis morgen am Leben bleibt." Und Jesus antwortete ihnen: Groß ist euer Glauben. [487]

Im Matthäusevangelium wird daraus die Tochter einer kanaanäischen Frau:

---

[484] FEv S. 28

[485] Mt 10,22; 24,13 Mk 13,13

[486] FEv S. 16 und 29; ThEv 21 und 103; Mt 24,43; Lk 12,39

[487] FEv S. 30-31 vergl. Mt 15,22-28

Da kam eine kanaanäische Frau aus dem Gebiet und rief: „Herr, du Sohn Davids, hab Erbarmen mit mir! Meine Tochter wird von einem bösen Geist furchtbar gequält." Aber Jesus gab ihr keine Antwort. Schließlich drängten ihn seine Jünger: „Fertige sie doch ab, denn sie schreit dauernd hinter uns her!" Er entgegnete: „Ich bin nur zu den verlorenen Schafen des Hauses Israel gesandt." Da kam die Frau näher und warf sich vor Jesus nieder. „Herr", sagte sie, „hilf mir!" Er entgegnete: „Es ist nicht recht, den Kindern das Brot wegzunehmen und den Haushunden vorzuwerfen." „Das ist wahr, Herr", erwiderte sie, „aber die Hündchen unter dem Tisch dürfen doch die Brotkrumen fressen, die ihre Herren fallen lassen." Da sagte Jesus zu ihr: „Frau, dein Vertrauen ist groß! Was du willst, soll geschehen!" Von diesem Augenblick an war ihre Tochter gesund. [488]

Das Liebesgebot

Das Friedensevangelium enthält auch das Liebesgebot:

Liebe den Herrn deinen Gott mit ganzem Herzen und mit deiner Seele und mit all Deiner Stärke. Dies ist das erste und größte Gebot. Und das zweite ist ihm ähnlich: Liebe deinen Nachbarn wie dich selbst. Es gibt keine Gebote die größer sind als diese.

Dieses Gebot findet sich schon im Gesetz des Moses. [489]

Das Vaterunser

Das Vaterunser entstammt dem Friedensevangelium. Dort heißt es:

Betet darum auf diese Weise zu eurem Himmelsvater:

Unser Vater, der du bist im Himmel, geheiligt sei dein Name. Dein Reich komme. Dein Wille geschehe auf Erden wie im Himmel. Gib uns heute unser tägliches Brot. Und vergib uns

---

[488] Mt 15,22-28

[489] FEv S. 35 vergl. 3.Mos 19,18 und 5.Mos 6,5

unsere Schuld, wie wir unsern Schuldnern vergeben. Und führe uns nicht in Versuchung, sondern erlöse uns von dem Bösen. Denn dein ist das Reich, die Macht und die Herrlichkeit immerdar. Amen.
Und betet auf diese Weise zu eurer Erdenmutter:
Unsere Mutter, die du bist auf Erden, geheiligt sei dein Name. Dein Reich komme. Dein Wille geschehe in uns, wie in Dir. Da du jeden Tag deine Engel sendest, so sende sie auch zu uns. Vergib uns unsere Sünden, wie wir alle unsere Sünden gegen dich sühnen. Führe uns nicht in die Krankheit, sondern erlöse uns von allem Übel, denn dein ist die Erde, der Körper und die Gesundheit. Amen. [490]

Das Vaterunser, das bekannteste Gebet der Christen, geht nicht auf Jesus, sondern auf die Essener zurück.

Kommt alle, die ihr mühselig und beladen seid

Auch die folgenden Zitate aus den anerkannten Evangelien entstammen dem Friedensevangelium:

Kommt alle zu mir, die ihr müde seid und unter Streit und Bedrängnis leidet. [491]

Das Reich Gottes ist in euch

Von allen anerkannten Evangelisten verwässert nur Lukas die folgende, wichtige Stelle nicht:

Das Reich Gottes ist in euch. [492]

Der ägyptische Kult in den synoptischen Evangelien

Der Wandel auf dem Wasser [493] oder der ägyptische Leidensmythos, mit dem Einzug nach Jerusalem auf dem Esel bis

---

[490] FEv S. 45 vergl. Mt 6,9-13; Lk 11,2-4
[491] FEv S. 46 vergl. Mt 11,28
[492] FEv S. 46 vergl. ThEv 3; Lk 17,21
[493] Mt 14,25-30; Mk 6,45-56; Jh 6,15-21

zur Auferstehung, wurden auf die synoptischen Evangelien übertragen.
Das Thomasevangelium entging dieser Redaktion. Das zeigt, dass die Leidensgeschichte erst später vom Johannes-evangelium auf die anerkannten, synoptischen Evangelien übertragen wurde.

Auch Sprüche aus dem Totenbuch der Ägypter sind in die synoptischen Evangelien eingeflochten. Sprüche aus dem ägyptischen Totenbuch sind:

> *Mir gehört die Gesamtheit (der Wesen), die mir vollständig zugewiesen ist.* [494]

Daraus erscheint im Matthäusevangelium:

> *Mir ist alle Gewalt gegeben im Himmel und auf Erden.* [495]

Aus dem Totenbuch wurde auch der folgende Spruch, *„du bist der Herr des Himmels und der Erde, der die Oberen und Unteren geschaffen hat“,* [496] auf die synoptischen Evangelien übertragen. Bei den Synoptikern wurde daraus:

> *Damals rief Jesus aus: „Vater, du Herr über Himmel und Erde, ich preise dich, dass du das alles den Klugen und Gelehrten verborgen, aber den Unmündigen offenbar gemacht hast.* [497]

In dem sogenannten negativen Schuldbekenntnis heißt es im ägyptischen Totenbuch:

> *Ich habe den Gott zufriedengestellt mit dem, was er möchte: Brot gab ich den Hungrigen, Wasser den Dürstenden, Kleider den Nackten, ein Fährboot den Schifflosen.* [498]

Davon erscheint im Matthäusevangelium:

---

[494] Ägyptisches Totenbuch, Spruch 13,1-2
[495] Mt 28,18
[496] Ägyptisch Totenbuch, Spruch 15,6-7
[497] Mt 11,25 vergl. Lk 10,21
[498] Ägyptisches Totenbuch, Spruch 125,125-129

Alsdann wird der König zu denen zu seiner Rechten sagen: Kommt, ihr gesegneten meines Vaters! Besitzt das Reich, das euch seit Grundlegung der Welt bereitet ist. Denn ich war hungrig und ihr habt mich gespeist; ich war durstig und ihr habt mich getränkt; ich war ein Fremdling und ihr habt mich beherbergt; ich war nackt und ihr habt mich bekleidet; ich war krank und ihr habt mich besucht, ich war im Gefängnis und ihr seid zu mir gekommen. [499]

Buddhistisches in den synoptischen Evangelien

Die synoptischen Evangelien besitzen mehr Parallelen zum Buddhismus, als das Matthäusevangelium Zitate aus dem Alten Testament.

Die folgenden Gleichnisse stammen ursprünglich aus dem Buddhismus:

1. Das Gleichnis vom Unkraut und Weizen, [500]
2. das Gleichnis vom Schatz im Acker, [501]
3. das Gleichnis vom Sämann, [502]
4. das Gleichnis vom verlorenen Sohn, [503]
5. das Gleichnis vom reichen Mann, [504]
6. das Gleichnis von den anvertrauten Pfunden. [505] Der dem Gleichnis vorausgehende Lukastext gleicht ebenfalls dem vorausgehenden buddhistischen Text.

Wenn Jesus in Indien studierte, verwundert es nicht, dass er dort Studiertes in seiner Heimat zum Besten gibt, deswegen zog er ja in die Fremde, um Neues in seine Heimat mitzubringen.

---

[499] Mt 25,34-36

[500] ThEv 57; Mt 13,24-30

[501] ThEv 109; Mt 13,44-46

[502] ThEv 9; Lk 8,4-15; Mt 13,3-23; Mk 4,1-20

[503] FEv S. 23-27; Lk 15,11-32

[504] ThEv 63; Lk 12,13-21

[505] Lk 19,12-27; Mt 25,14-30

Kritischer zu betrachten sind Erzählungen, die in Palästina geschehen sein sollen, die aber schon früher in Indien erzählt wurden, wie die Auferweckung vom Tod des Jünglings von Naïm. [506] Diese Erzählung ist buddhistisch inspiriert. Der buddhistische Text beginnt ebenfalls damit, dass aus einem Stadttor ein Leichenzug kommt. Der Verstorbene ist der einzige Sohn einer Witwe. Buddha trifft auf die schluchzende Frau. Sie weint und jammert. Buddha lächelt und sagt: „Geh in die Stadt und finde einfach ein paar Senfsamen aus einem Haus, in dem noch nie jemand gestorben ist.“ Die Frau eilt in die Stadt und geht von Haus zu Haus. Und wo immer sie hinkommt, sagte man ihr: „Wir können dir so viele Senfsamen geben, wie du möchtest, aber die Bedingung können wir nicht erfüllen, denn so viele Menschen sind in diesem Haus gestorben. Gute Frau, sei nicht verrückt. Buddha hat sich einen Trick mit Dir erlaubt. Du wirst auf der ganzen Erde nicht ein einziges solches Haus finden.“ Aber sie hofft noch: „Vielleicht...wer weiß? Vielleicht gibt es ein Haus, das den Tod noch nicht gekannt hat.“ Und sie geht den ganzen Tag herum, von Haus zu Haus. Am Abend war ein großes Verstehen in ihr aufgestiegen: Tod ist Teil des Lebens, er passiert. Es ist nichts Persönliches wie ein persönliches Unglück, das mir widerfahren ist.

Mit diesem Verstehen kommt sie zu Buddha zurück. Er fragt: „Wo sind die Senfsamen?" Und sie lächelt und sagt: „Du hast es geschafft!“

Sie fällt zu seinen Füssen uns sagt: „Initiiere mich. Ich möchte das erkennen, was niemals stirbt. Ich bitte nicht um mein Kind, denn selbst wenn es mir wiedergegeben würde, würde es wieder sterben. Was soll´s also? Lehre mich etwas, so dass ich das in mir erkennen kann, was niemals stirbt.“

Der buddhistische Text endet nicht mit Hokuspokus wie im Lukasevangelium, sondern zeigt, was zu erkennen es gilt.

---

[506] Lk 7,11-17

Die Erzählung vom Scherflein der Witwe [507] ist vom Buddhismus wörtlich übernommen. [508]
Die Berufung der ersten Jünger folgt der Berufung der ersten Jünger des Buddha. Buddha berief vier Mönche als seine ersten Jünger und Jesus berief vier Fischer als seine ersten Jünger. [509] Jesus machte sie zu Menschenfischern, wie Horus ein Menschenfischer war. [510]
Jesu Verklärung auf dem Berg Tabor [511] gleicht der Erleuchtung Buddhas auf dem Berg Pandava. Bei Buddha taten sich die Himmel auf, und ein gewaltiges Licht ergoss sich um ihn herum, und der Glanz seiner Person erstrahlte mit doppelter Kraft. Er leuchtete so hell wie Sonne und Mond. [512]

Blinde sehen, Taube hören

Johannes schickte zwei seiner Jünger zu Jesus mit der Frage:

> „Bist du wirklich der, der kommen soll, oder müssen wir auf einen anderen warten?" [513]

Jesus gab ihnen zur Antwort:

> *„Geht zu Johannes und berichtet ihm, was ihr gesehen und gehört habt: Blinde sehen, Lahme gehen, Aussätzige werden rein, Taube hören, Tote werden auferweckt."* [514]

Des Täufers Frage findet sich schon bei Buddha. Der buddhistische Text lautet:

> *Blinde wurden sehend, Taube konnten hören ... Kranke wurden geheilt. Den Hungernden und Dürstenden wurden Hunger und Durst gestillt. Betrunkene war ihre Trunkenheit*

---

[507] Lk 21,1-4; Mk 12,41-44

[508] Kalapanamandinika 4,22

[509] Mt 4,18-22; Mk 1,16-20; Lk 5,2-10

[510] Tom Harpur: Der Heidnische Heiland - das Jesus-Plagiat enthüllt, S. 18; 108, 113, Ansata Verlag, München, 2005

[511] Lk 9,28-36; Mt 17,1-8; Mk 9,2-13

[512] Tom Harpur: Der Heidnische Heiland - das Jesus-Plagiat enthüllt, S. 49, Ansata Verlag, München, 2005

[513] vergl. Lk 7,18-21; Mt 11,1-6

[514] Lk 7,22

genommen. Wahnsinnige erhielten ihren Verstand wieder. [515]

Die indische Religion in den synoptischen Evangelien

Jesu Kindheitsgeschichte ist teilweise von Krischna übernommen. Wie Maria niederkam, als sie mit Joseph auf dem Weg in eine andere Stadt war, um sich einschreiben zu lassen, so kam Yashoda mit Krischna in einer fremden Stadt nieder, als sie mit ihrem Mann dorthin fuhr, um Steuern zu bezahlen. Jesus wurde wie Krischna in einer Futterkrippe bei Schäfern geboren. Jesus entging wie Krischna einem großen Kindermord, der von einem Tyrannen angeordnet wurde. Auch Jesus wurde wie der kleine Krischna ins Exil gebracht. [516]

Das Gleichnis vom Senfkorn

Das Gleichnis vom Senfkorn findet sich bei den Synoptikern. Bei ihnen lautet es:

> *Jesus erzählte ihnen noch ein anderes Gleichnis: Mit dem Reich, das den Himmel regiert, verhält es sich wie mit einem Senfkorn, das ein Mann auf seinen Acker sät. Es ist zwar das kleinste aller Samenkörner, aber was daraus wächst, wird größer als alle anderen Gartenpflanzen. Es wird ein richtiger Baum daraus, sodass die Vögel kommen und in seinen Zweigen nisten.* [517]

Sein Ursprung findet sich in den indischen Weisheitsbüchern. Dort geht das Gleichnis so:

> *Dieses Selbst in meinem Herzen ist kleiner als ein Reiskorn, oder ein Gerstenkorn, oder ein Senfkorn, oder ein Hirsekorn, oder der Kern eines Hirsekorns,*
> *dieses Selbst in meinem Herzen ist größer als die Erde,*

---

[515] Lalitavistara VII

[516] Ur-Jesus Seite 119

[517] Mt 13,31-32; Mk 4,30-32; Lk 13,18-19

größer als das Zwischenreich, zwischen Himmel und Erde, größer als der Himmel, größer als diese Welten. [518]

Die Seele, wofür in den Evangelien das Himmelreich steht, ist in ihrer räumlichen Ausdehnung kleiner als ein Hirsekorn, in seiner Bewusstseinsausdehnung ist sie größer als diese Welten.

Die ewige Seele

Bei Matthäus beziehungsweise Lukas heißt es:

Fürchtet euch nicht vor denen, die den Leib töten, die Seele aber nicht töten können; [519]

Fürchtet euch nicht vor denen, die den Leib töten, aber darüber hinaus nichts weiter tun können. [520]

Die *Bibel der Hindu,* die Bhagavad Gita, der Gesang des Erhabenen weiß, dass der Körper stirbt, die Seele aber unvergänglich ist:

Nur der materielle Körper des unzerstörbaren, unmessbaren und ewigen Lebewesens kann vernichtet werden;
Darum kämpfe, o Nachkomme Bharatas.[521]
Wer glaubt, das Lebewesen töte oder werde getötet, befindet sich in Unwissenheit. Wer in Wissen gründet, weiß, dass das Lebewesen weder tötet noch getötet wird.
Für die Seele gibt es weder Geburt noch Tod.
Auch hört sie - da sie einmal war - niemals auf zu sein.
Sie ist ungeboren, ewig, immerwährend, unsterblich und urerst.
Sie wird nicht getötet, wenn der Körper erschlagen wird. [522]

---

[518] Chandogya-Upanischad 3,14,3
[519] Mt 10,28
[520] Lk 12,4-5
521 Nachkomme Bharatas: Indoarier
[522] Bhagavad Gita, 2. Gesang, 18-20

Das Sehen des Fehlers bei anderen

Jesus sagte:

> *Was siehst du den Splitter im Auge deines Bruders, den siehst du, und den Balken in deinem Auge, bemerkst du nicht. Oder wie kannst du deinem Bruder sagen: Lass mich den Splitter aus deinem Auge ziehen und siehe, in deinem Auge ist ein Balken. Du Heuchler! Zieh zuerst den Balken aus deinem Auge, und danach sieh, wie du den Splitter aus dem Auge deines Bruders ziehst.* [523]

Im indischen Epos *Mahabaratha* [524] findet sich der Vorläufer des Sehen des Fehlers bei anderen:

> *Du siehst die Fehler der anderen, selbst wenn sie so klein sind wie ein Senfkorn, aber, obwohl du sie siehst, möchtest du deine eigenen Fehler nicht sehen, selbst wenn sie so groß sind wie eine Bilva-Frucht.*[525]

Der Zimmermannssohn Jesus macht daraus einen Vergleich aus dem Holzgewerbe.

---

[523] Lk 6,41-42; vergleiche Mt 7,3-5; ThEv 26

[524] Mahabaratha 1,96,1

525 Bilva-Frucht: Bengalische Quitte, Größe etwa einer Mangofrucht

Die eher wirklichen Begebenheiten aus den synoptischen Evangelien

Jesus predigte das Evangelium vom Reich

Ein wichtiger Satz für die Lebensbeschreibung von Jesus steht im vierten Matthäuskapitel:

> *Jesus aber durchwanderte ganz Galiläa, lehrte in den Synagogen, predigte das Evangelium vom Reiche und heilte jegliche Krankheit und jegliches Gebrechen im Volke.* [526]

Dieser Satz wird fast gleichlautend in Mt 9,35 wiederholt.

Entgegen Isa, der das Evangelium vom Vater, der in ihm ist und indem er ist, erzählte, predigte Jesus das Evangelium vom Reich, das einmal als Königreich und das andere Mal als Himmelreich genannt wird. Das Matthäusevangelium widmet viele Abschnitte Gleichnissen vom Himmelreich. [527] Dabei deckt es sich in vielen Sprüchen mit dem authentischeren Thomasevangelium. [528]

Der Prüfstein, ob ein Evangeliumsabschnitt zu Isa oder Jesus gehört, besteht darin, ob das Evangelium vom Reich oder vom Ineinandersein erzählt!

Daniel Benezra, ein Anhänger Jesu, ein damaliger Professor, um nicht zu sagen ein Weiser, der in der Bibel nicht genannt wird, der Jesus zeitweise begleitete, erklärte in einer Rückführung: „Wenn Jesus in den Städten und Dörfern zu den gewöhnlichen Menschen sprach, nannte er den Aufstieg „das Königreich des Himmels." Jesus umschrieb diesen Zustand auch mit „ewigem Leben", denn der Lichtkörper, in dem wir dort leben, ist unsterblich und zerfällt nie." [529] Weiter erzählte Daniel Be-

---

[526] Mt 4,23

[527] Mt 5,10; das ganze 13. Kapitel; Mt 19,16–24; 22,1-14; 25,1-13

[528] ThEv 3, 20, 22, 27, 46, 49, 54, 57, 76, 82, 96, 97, 98, 99, 107, 109 113, 114

[529] Stuart Wilson, Joanna Prentis: *Die Essener – Kinder des Lichts*, S. 249, Darmstadt, 2010[3]

nezra in seiner Rückführung: „Jesus erklärte uns, dass jeder Mensch im Laufe seiner Entwicklung an einem Punkt anlangt, an dem seine Seele von unendlicher Sehnsucht nach dem Licht erfüllt ist. An diesem Punkt erkennen wir, dass alles, was die Welt zu bieten hat, letztlich hohl und wertlos ist. Das Einzige, was die Seele noch befriedigen kann, ist ihre Rückkehr zu dem Licht, aus dem sie einst gekommen ist. Dieser Zustand des Einsseins mit dem Licht ist das, was allgemein als Aufstieg bezeichnet wird. Die Tür zu diesem Reich kann nur das Herz allein öffnen. Erst bedingungslose Liebe aus der Tiefe unseres Herzens macht den Aufstieg möglich." [530]
Ich weiß aus einem Gespräch mit meiner damals schon verstorbenen Mutter, dass Jahwe versucht, nach dem Tod eines Menschen, diesen Aufstieg zu verhindern, dass die verstorbenen Seelen mit einem hellen Licht angelockt werden, und dann schmerzhaft mit falschen Informationen indoktriniert werden, ganz wie der Völkerapostel Paulus sagte:

„Der Satan gibt sich als Engel des Lichts." [531]

Die chinesische Philosophie kennt die Jenseitslehre nicht, die Benezra mit den Worten vertritt: „An diesem Punkt erkennen wir, dass alles, was die Welt zu bieten hat, letztlich hohl und wertlos ist."
Wenn Jesus sagt: „Erst bedingungslose Liebe aus der Tiefe unseres Herzens macht den Aufstieg möglich", dann kann die von ihm propagierte Feindesliebe, wie sie in Mt 5,38-44 beschrieben ist, nicht als weltfremde Moral gesehen werden. Damit bewegt sich Jesus mitten im positiven Bewusstseinsstrom des Zeitalters der Fische, zu dem die All-liebe gehört.
Die chinesische Philosophie dagegen ist tendenziell welt- und weniger jenseitsbezogen.

---

[530] Stuart Wilson, Joanna Prentis: *Die Essener – Kinder des Lichts*, S. 250, Darmstadt, 2010[3]

[531] 2. Kor 11,14

Jesus als Heiler

Ist Jesus der Heiler, wie er kurzgefasst im Koran dargestellt wird:

> *Mit Allahs Erlaubnis will ich die Mutterblinden und Aussätzigen heilen und will die Toten lebendig machen,* [532]

Oder, wie es im Koran später heißt:

> *O Jesus, Sohn der Maria, gedenke meiner Gnade gegen dich, ... als du mit meiner Erlaubnis die Blinden und Aussätzigen heiltest und mit meiner Erlaubnis die Toten herauskommen ließest?* [533]

Zwar werden Jesus diese Heilungen zugeschrieben, aber heilen wird - abgesehen von Erbkrankheiten, Mangelerscheinungen, Vergiftungen oder Parasiten und anderen Krankheitserregern - niemals jemand anderes, als der Kranke selbst, wie der Placeboeffekt zeigt. Kein Arzt und kein Medikament heilt, sie können die Heilung nur anregen oder unterstützen! Es ist ganz wichtig, dass der zu Heilende wirklich geheilt werden will und an diese Möglichkeit glaubt. Einmal erklärte Jesus, dass er einige nicht heilen könne, weil sie nicht bereit seien, heil zu sein und eine solche Heilung ablehnten. [534] Vielleicht war ihnen das Mitleid wichtiger als die Gesundheit.

Krankheit ist das Festhalten eines seelischen Schmerzes. Und umgekehrt erzeugt ein körperlicher Schmerz auch immer einen seelischen. Wenn der Kranke seinen seelischen Schmerz loslässt, kann Heilung geschehen, deshalb gibt es nur Selbstheilung. Aber es gibt auch die Hilfestellung zur Selbstheilung. „Deine Sünden sind dir vergeben", kann möglicherweise dazu beitragen, den seelischen Schmerz loszulassen.

---

[532] Krn 3,43

[533] Krn 5,110

[534] Jakob Lorber (*1800, †1864): *Das große Evangelium Johannes*

Jesus unterstellte Heilungsberichte

Das Matthäusevangelium berichtet die Allegorie aus dem Johannesevangelium mit der Heilung des Sohnes eines königlichen Beamten als in der physischen Welt geschehene Heilung an einem Knecht, also ist es bei Jesus ein unwahrer, redaktioneller Einschub. [535]

An anderer Stelle übernahm ein Redaktor Isas Heilung, wo es heißt: „Steh auf, nimm dein Bett und gehe"[536], und unterstellte sie Jesus. [537]

Fragliche Heilungsberichte über Jesus

> *Als Jesus vom Berg heruntergestiegen war, zog er weiter und eine große Menschenmenge folgte ihm. Da kam ein Aussätziger zu ihm, warf sich vor ihm nieder und sagte: „Herr, wenn du willst, kannst du mich rein machen!"*
> *Da berührte Jesus ihn mit der Hand und sagte: „Ich will, sei rein!" Sofort verschwand der Aussatz, und er war rein. Jesus schärfte ihm ein: Pass auf, dass du niemand davon erzählst! Geh stattdessen zum Priester, zeig dich ihm und bring das Opfer für deine Reinigung, wie Moses es angeordnet hat! Das soll ein Beweis für sie sein."* [538]

Nur weil der Heiler will, passiert nichts, der Patient muss wollen! Aber der Patient kann sich in seiner Einstellung dem Heiler anschließen, er wird gesund werden.
Jesus sagte bestimmt nicht: „Zeige dich dem Priester und opfere die Gabe, die Moses befohlen hat, ihnen zum Beweis", denn Jesus hatte etwas gegen das Opfern.

---

[535] Mt 8,5-13
[536] Jh 5,1-15
[537] Mt 9,1-8
[538] Mt 8,1-4

Um in Jesus die Prophezeiung Jesaja „Unsere Krankheiten trägt er“ [539] als erfüllt zu sehen, wird die Heilung der Schwiegermutter des Petrus und weiterer nicht genau genannter Kranker berichtet:

Nachdem sie die Synagoge verlassen hatten, gingen sie zusammen mit den Söhnen des Zebedäus, Jakobus und Johannes, in das Haus von Simon und Andreas. Simons Schwiegermutter lag mit Fieber im Bett, und gleich erzählten sie es ihm. Da ging er zu ihr hin, fasste sie bei der Hand und richtete sie auf. Im selben Augenblick verschwand das Fieber, und sie konnte ihre Gäste bewirten.

Am Abend, es war nach Sonnenuntergang, brachte man alle Kranken und Besessenen zu Jesus. Die ganze Stadt war vor der Haustür versammelt. Und Jesus heilte viele Menschen, die an den verschiedensten Krankheiten litten. [540]

So erfüllte sich, was durch den Propheten Jesaja vorausgesagt worden war: „Er hat unsere Leiden auf sich genommen und unsere Krankheiten getragen.“ [541]

Nicht nur, weil hier eine Prophezeiung sich erfüllt, vor allem, weil die Zebedäussöhne, die eine Erfindung im Mythos von der Berufung der Jünger sind, als Zeugen angeführt werden, ist dieser Heilungsbericht eher unwahrscheinlich, obwohl oder gerade weil die Situation sehr detailliert erzählt wird.

Die Heilung am Sabbat

Anstelle des Matthäustextes [542] soll zunächst das weniger bekannte Bruchstück aus dem älteren Nazaräerevangelium treten, das Hieronymus mit den Worten überlieferte:

In den Evangelien... wird der Mann, der die verdorrte Hand hatte, als Maurer beschrieben, der mit folgenden Worten um

---

[539] Jes 53,4

[540] Mk 1,29-34

[541] Mt 8,14-17

[542] Mt 12,9-13

Hilfe bat: „Ich war Maurer und verdiente mit meinen Händen meinen Lebensunterhalt; Ich bitte dich Jesus, dass du mir die Gesundheit wieder herstellst, damit ich nicht schimpflich um Essen betteln muss. [543]

Der umgebende Matthäustext lautet:

Er kam in ihre Synagoge, da saß ein Mann, dessen Hand verkrüppelt war, und sie fragten ihn: „Darf man am Sabbat heilen?", denn sie wollten einen Grund finden, ihn anzuklagen.

„Wenn am Sabbat einem von euch ein Schaf in eine Grube stürzt, zieht er es denn nicht sofort wieder heraus? Nun, ein Mensch ist doch viel mehr wert als ein Schaf. Also ist es erlaubt, am Sabbat Gutes zu tun." Dann befahl er dem Mann: „Strecke die Hand aus!" Der gehorchte, und seine Hand war heil und gesund wie die andere. Da verließen die Pharisäer die Synagoge und berieten miteinander, wie sie ihn umbringen könnten. [544]

Die Heilung der zwei Blinden

Als Jesus von dort weiterging, folgten ihm zwei Blinde, die schrien: „Sohn Davids, hab Erbarmen mit uns!" Sie folgten ihm bis in das Haus, wo er wohnte. Er fragte sie: „Glaubt ihr, dass ich euch helfen kann?"

„Ja Herr!"

Da berührte er ihre Augen und sagte: „Es geschehe euch nach eurem Glauben!"

Sofort konnten sie sehen. Da schärfte ihnen Jesus ein: „Seht zu, dass es niemand erfährt!" Aber kaum waren sie aus dem Haus, machten sie Jesus in der ganzen Gegend bekannt. [545]

---

[543] Hieronymus: Matthäuskommentar zu 12,13, deutsch zitiert in:
Edgar Hennecke, Wilhelm Schneemelcher: **Neutestamentliche Apokryphen**, Tübingen, 1959[4]

[544] Mt 12,9-14

[545] Mt 9,27-31 ähnlich lautend wiederholt in Mt 20,29-34

Dieser Schluss passt zu Jesus. „Zeigt euch den Priestern und opfert", wie er zu den Aussätzigen gesagt haben soll, [546] passt zu den Pharisäern, aber nicht zu Jesus. „Es geschehe nach deinem Glauben" lässt die Selbstheilung einsetzen.

Jesu Blindenheilung erzählt von Daniel Benezra

In einer Rückführung erzählte Daniel Benezra:

> *„Ich war einmal dabei, als Jesus einen Blinden heilte. Er legte diesem Mann die Hände auf, und als er sie wieder von ihm nahm, bat er den Mann, die Augen zu öffnen.*
> *Der Mann erblickte zum ersten Mal das Gesicht seines Kindes! Was für ein wunderbarer Augenblick! Das ganze Dorf war wie verzaubert; es schien gerade so, als hätte die Heilung sich auf alle Anwesenden ausgedehnt. Nicht nur Körper waren geheilt – nein, auch alle Zweifel, Ängste und Irrtümer lösten sich auf. Es schien, als wären alle Kräfte des Universums gebündelt worden, um sich in diesem Augenblick zu entfalten. Es war ein ganz besonderes Erlebnis für alle Anwesenden. Ihre Herzen wurden neu geboren. Diese Heilung wirkte auf vielen verschiedenen Ebenen.* [547]

Die seelischen Schmerzen durch Zweifel, Ängste und Irrtümer konnte der Blinde durch Jesu Präsenz auflösen. So funktioniert Geistheilung!

Jesus als Exorzist

Jesus trieb böse Geister aus. [548] Exorzismus mit Gewalt geht so wenig, wie Heilung mit dem alleinigen Willen des Heilers. Der eingedrungene Geist muss einsehen, dass er in diesem Körper nichts zu suchen hat und irgendwo anderes besser auf-

---

[546] Mt 8,4

[547] Stuart Wilson, Joanna Prentis: *Die Essener – Kinder des Lichts*, S. 153f, Darmstadt, 2010³

[548] Mt 8,16; 9,32-34; 15,21-28

gehoben ist, deshalb funktionieren auch Weihwasser und Kreuz nicht. Der fremde Geist, der in einem Körper weilt, wurde in den Körper hereingelassen, unter Umständen auch nur unter psychischem Druck.
Zunächst muss der eigentliche Körperbesitzer wollen, dass der Untermieter geht, denn manchmal tut der Untermieter dem Vermieter einen guten Dienst. Vielleicht vertreibt er die viel bösere Schwiegermutter. Dann muss der Vermieter so aufgepäppelt werden, dass er diesen Dienst nicht mehr braucht.
Nun kann dem Untermieter verständlich gemacht werden, dass er irgendwo anderes besser aufgehoben ist.
Jesus hat bestimmt keine Dämonen in eine Schweineherde geschickt und diese dann in das Wasser gestürzt. Damit ist den kranken Geistern nicht geholfen, und die Schweineherde muss etwas erleiden, für das sie nichts kann.
Hat der Untermieter sich durch psychischen Druck Zutritt verschafft, muss der Untermieter, der böse Geist, psychisch geheilt werden, denn dann hängt dieser an einem vergangenen seelischen Schmerz fest. [549] Jesu Präsenz allein bewirkte oftmals, dass jemand seinen seelischen Schmerz losließ und der Kranke in die Gegenwart kam, in der kein realer Schmerz vorhanden war.
Ich erinnere mich, als ich in einem Schloss in Südhessen war und ich mich plötzlich eisig kalt fühlte. Ich fand den Grund in einem seit Jahrhunderten Verstorbenen, der am Ofen saß und fror, und der jetzt mich benützen wollte, damit er nicht mehr frieren muss. Rein gedanklich erklärte ich ihm, dass er nicht in dem Schloss am Ofen sitzen bräuchte und besser in einer Entbindungsstätte nach einer passenden Familie Ausschau halten sollte. Schließlich ging die Kälte von mir wieder weg.

---

[549] Karl Emmenegger: *Seelen in der Zerreißprobe*, Eigenverlag, 1979, CH-6014 Littau/Schweiz

Wirkte Jesus Wunder?

Die Brotvermehrung

Das in allen vier Evangelien erzählte Wunder von der Brotvermehrung ist völlig aus der Luft gegriffen. Und weil die Unwahrheit fast mit den Händen zu greifen ist, erzählt das Markusevangelium später das unglaubliche Wunder etwas variiert noch einmal, nach dem Motto „steter Tropfen höhlt den Stein." Wie Friedrich Schiller in Wallenstein sagt, ist es der Fluch der bösen Tat, dass sie fortzeugend Böses muss gebären.

Auferweckung vom Tod

Das Matthäusevangelium erzählt, dass Jesus die Tochter des Vorstehers zum Leben erweckte. [550] Das klingt wie die Auferweckung des Lazarus vom Tod im Johannesevangelium. Die Ähnlichkeit zur Erweckung des Lazarus ist durch die Aussage: „Das Mädchen ist nicht tot, sondern schläft", gegeben, wo Jesus dasselbe von Lazarus sagte.
Die Auferweckung des Lazarus ist eine mythische Erzählung und die Auferweckung der Tochter des Vorstehers ist eine Nacherzählung, die in die reale Welt verlegt wurde. Damit ist sie bei den Synoptikern ein redaktioneller Einschub, gleich wie der Einschub mit dem gelähmten Knecht des Hauptmanns von Kafarnaum, [551] wo der Mythos des königlichen Beamten des Johannesevangeliums als in der physischen Welt geschehen dargestellt wird.

Höhenpunkte christlichen Glaubens

Die Höhepunkte christlichen Glaubens, das Ereignis, wie Jesus zum Gesalbten, auf Griechisch, zum Christus wurde, das letzte Abendmahl, Jesu Leidensgeschichte und seine Auferstehung von den Toten, selbst der Einzug auf dem Esel nach Jerusalem,

---

[550] Mt 9,18-26
[551] Mt 8,5-13

entstammen dem ägyptischen Kult, und sind nicht im allergeringsten irgendwie authentisch. Sie wurden vom Johannesevangelium auf die synoptischen Evangelien übertragen.

Die angebliche Salbung

Dass die angebliche Salbung dem ägyptischen Totenritus nachempfunden ist, beweist die Nennung des Ortes *Bethanien*. [552]

Jesu angeblicher Einzug in Jerusalem

Nach Tom Harpur ist der erste Palmsonntag in den Evangelien, Jesu triumphaler, aber seltsam ergebnisloser Ritt durch Jerusalem, ein im Grunde beim Wort genommener, wenn auch verfälschter Bestandteil des alten Mythos, in dem Horus auf dem Rücken eines Esels reitet. [553]

Das letzte Abendmahl

Es ist nicht belegt, dass das letzte Abendmahl kein Passamahl mit Osterlamm war. Doch es ist sicher, dass es kein Lamm gab, Jesus war Vegetarier.

> *Jesus fragte seine Jünger: „Was will dieser mit dem Lamm?"*
> *„Es töten und essen."*
> *„Während es lebt, wird er es nicht essen, sondern nur, wenn er es tötet und wenn es ein Leichnam wird."*
> *„Anders kann er es nicht tun."*
> *„Auch ihr, sucht einen Ort zur Ruhe, damit ihr nicht ein Leichnam werdet und gegessen werdet."* [554]

Jesus saß dem mithräischen Missverständnis nicht auf, dass Wein mit Blut und Brot mit Leib austauschbar sei.

---

[552] Mt 26,6-13; Mk 14,3-6

[553] Tom Harpur: *Der Heidnische Heiland - das Jesus-Plagiat enthüllt*, S. 254, Ansata Verlag, München, 2005

[554] ThEv 60

Jesus wollte sagen, ich bin mit allem verbunden, wie es auch im Thomasevangelium [555] gemeint ist. Er wollte nicht die Worte wählen, *ich bin mit allem verbunden, das Brot und der Wein bin ich*. Das ist mein Leib, das ist mein Blut, war eine schlecht gewählte Metapher für seine Identität, deshalb wurde er missverstanden. Seth erklärte durch das Medium Jane Roberts:

> *Als Christus beim letzten Abendmahl sagte: ‚Das ist mein Leib, und das ist mein Blut', wollte er damit zeigen, dass der Geist in aller Materie ist – mit ihr verbunden und doch von ihr getrennt – und dass sein eigener Geist vom Körper nicht abhängig war. Er wollte auf seine Weise damit auch andeuten, dass man ihn fortan nicht mehr mit seinem Körper identifizieren sollte, denn er wusste, dass der Leichnam nicht sein eigener sein würde.*
>
> *Dies wurde alles missverstanden. Darauf änderte Christus seine Taktik und erschien von nun an seinen Anhängern ziemlich häufig in außerkörperlichem Zustand. Vorher hatte er das nicht in dem Maße getan.* [556]

Die Leidensgeschichte

Nach dem Abendmahl beginnt die Leidensgeschichte. Jesu Todestag ist der höchste Feiertag der reformierten Christen. Doch die Gnostiker sagen, Jesus starb nicht am Kreuz. Dies widerspricht sich eklatant.

Die Evangelien erzählen die Leidensgeschichte, die sie von Johannes übernahmen, und dieser vom ägyptischen Kult übernommen hatte. [557]

Eine einzige Leidensgeschichte gibt es nicht, der eine Evangelist behauptet so, der andere so. In den synoptischen Evangelien finden sich viele erfüllte Prophezeiungen.

---

[555] ThEv 77

[556] Jane Roberts: *Gespräche mit Seth*, Seite 416f, Ariston Verlag, Genf 1984[4]

[557] Tom Harpur: *Der Heidnische Heiland - das Jesus-Plagiat enthüllt,* S. 140, Ansata Verlag, München, 2005

Joseph von Arimathia, Petrus, Paulus wurden aus ihren Gefängnissen befreit, [558] und Jesus sollte nicht befreit worden sein? [559]

Der Koran, der durch einen Verwandten von Mohammeds Frau hier auf das heute vernichtete Nazaräerevangelium zurückgeht, schreibt:

> *Und weil sie sprachen: „Siehe wir haben den Messias Jesus, den Sohn der Maria, den Gesandten Allahs, ermordet" – doch ermordeten sie ihn nicht, sondern einen ihm Ähnlichen, darum verfluchen wir sie. Und siehe, diejenigen, die über ihn uneins sind betreffs seiner, sind wahrlich im Zweifel. Sie wissen nichts von ihm, sondern folgen nur Meinungen; und sie töteten ihn in Wirklichkeit nicht, sondern es erhöhte ihn Allah zu sich; und Allah ist mächtig und weise.* [560]

Einem unter Drogen stehenden Geistesgestörten, dem eingeredet worden war, dass er der erwartete Messias sei, glaubte dies in seinem Wahn. Er fühlte sich berufen, dass er die Prophezeiung erfüllen müsse. Und als selbsternannter Messias konnte die Obrigkeit ihn, anstatt Jesus, kreuzigen. Dem Pöbel war Genüge getan, Jesus war gerettet. [561]

Weiter erklärte Seth durch das Medium Jane Roberts:

> *„Maria kam, weil sie der Mann dauerte, der sich für ihren Sohn hielt. Sie war aus Mitleid anwesend. Die verantwortliche Gruppe wollte, dass es so aussah, als hätte eine bestimmte Partei der Juden Christus gekreuzigt."* [562]

---

[558] Joseph v. Arimathia: Nikodemusevangelium X,5;
Petrus: Apg 12,1-11;
Paulus: Apg 16,19-30

559 Mein Geistführer signalisierte mir: „Die Kreuzigung und Grablegung, wie sie von den Essenern beschrieben wird, stimmt nicht."

[560] Krn 4,156

[561] Jane Roberts: *Gespräche mit Seth,* Seite 415, Ariston Verlag, Genf 1984[4]

[562] Jane Roberts: *Gespräche mit Seth,* Seite 414, Ariston Verlag, Genf 1984[4]

Um Jesu Leben zu schützen, hatten die Essener mehrere Gerüchte in Umlauf gebracht. [563]

Die Benennung des Nachfolgers

Redaktoren, die mehr Petrus gesonnen waren, versuchten nachzuweisen, dass er als Nachfolger bestimmt worden sei und schoben deshalb die dreimalige Frage, ob der Fischer Simon Jesus liebt, ein, [564] obwohl Jesus als Nachfolger Jakobus bestimmt hatte.

Zur Zeit Isas war Johannes sein Nachfolger. Der Nachweis geht aus dem Folgenden hervor:

> *Als Jesus seine Mutter neben dem Jünger stehen sah, den er besonders liebte, sagt er zu seiner Mutter: „Frau, das ist jetzt dein Sohn!“* [565]

Die Aussage kann nicht wörtlich genommen werden. Bei der Hochzeit zu Kana sagte Isa zu seiner Mutter *Frau*. Diese Mutter, die mit Frau bezeichnet wurde, ist aber die *Geistige Mutter*, die Essener-Gemeinde. Der einzige Sinn, den diese Aussage haben kann, besteht darin, dass Johannes in der Essener-Gemeinde Jesu Stellung einnehmen soll. Der Redaktor übersah, dass unter dem Kreuz, als Jesus angeblich diese Worte sprach, nur Frauen standen. Und Jesus gar nicht auf Johannes deuten konnte.

Der Schluss des Johannesevangeliums, die Eifersucht des Petrus auf Johannes gehört zu Isa.

> *Petrus wandte sich um und sah, dass der Jünger, den Jesus besonders liebte, hinter ihnen herging. Es war derselbe Jünger, der beim Abendessen an Jesu Brust gelegen war und*

---

[563] Stuart Wilson, Joanna Prentis: *Die Essener – Kinder des Lichts*, Darmstadt, 2010^3

[564] Jh 21,15-17

[565] Jh 19,26

gefragt hatte: „Herr, wer von uns wird dich verraten?“ Als Petrus ihn sah, fragt er: „Herr, was soll aber dieser?“
„Wenn ich will, dass er am Leben bleibt, bis ich wiederkomme, was geht dich das an? Folge du mir nach!“
So entstand das Gerücht unter den Brüdern, „Jener Jünger würde nicht sterben.“ [566]

Die Auferstehung

Die Auferstehung nach drei Tagen kannten die Pharisäer von den Propheten. Die letztlich in der Wintersonnenwende gründende Auferstehung kannten die Essener vom Osirismythos, die Römer vom Mithraskult und die Orientalen vom Tammuz- oder Adoniskult.
Die Sadduzäer, die selbstverantwortlicher als die Pharisäer waren, lehnten die Auferstehung für den Menschen ab.

An diesem Tag kamen noch einige der Sadduzäer zu Jesus, die behaupteten, es gäbe keine Auferstehung nach dem Tod. [567]

Jesus redete von der Wiedergeburt, weil sie für ihn eine Realität war. [568] Wiedergeburt braucht keine Auferstehung.
Die Auferstehung am dritten Tag ist lediglich die von Paulus erfundene Erfüllung einer pharisäischen Prophetie:

Nach zwei Tagen belebt er uns, und am dritten richtet er uns auf. [569]

Mit Auferstehung ist wohl der Moment gemeint, wo es Jesus erstmals gelang, in seinem Doppelkörper zu erscheinen.

Jesu Doppelkörpererscheinungen

Maria-Magdalena erklärt Jesu Doppelkörpererscheinungen als natürliche, aber seltene Bilokationen. [570] Die Bilokation ist die

---

[566] Jh 21,20-23
[567] Mt 22,23, Mk 12,18, Lk 20,27
[568] Mt 11,14; Jh 3,1-10; Jh 8,57-58
[569] Hosea 6,2

Aussendung des Energiekörpers, des Doppelkörpers, so dass der Körper aus Fleisch und Blut hier und der Energiekörper irgendwo anderes erscheint. Diese Energieformation kann wahrgenommen werden. Von diesem Energiekörper aus kann auch kommuniziert werden.

Das ägyptische Totenbuch nennt diesen Energiekörper den Schatten. [571]

Bei Judas-Thomas wurde schon erzählt, dass Jesus in seinem Energiekörper erschien und zunächst mit seinem Zwillingsbruder verwechselt wurde.

Auch am Ende der Evangelien erscheint Jesus in seinem Doppelkörper, sogar in einem verschlossenen Raum. Dies lässt sich mit der Bilokation erklären und widerspricht auch nicht dem physikalischen Gesetz, „wo ein Körper ist, kann kein zweiter sein", denn ein Energiekörper ist nicht aus Materie.

Das Markusevangelium berichtet Jesu Doppelkörpererscheinungen knapp aber übersichtlich:

> *Nach der Auferstehung am frühen Sonntagmorgen erschien Jesus zuerst Maria-Magdalena. Sie ging zu den Jüngern, die um ihn trauerten und weinten und berichtete ihnen, dass Jesus lebe und sie ihn gesehen habe. Doch sie glaubten ihr nicht. Danach zeigte sich Jesus zweien von ihnen* ***in anderer Gestalt****, die zu einem Ort auf dem Land unterwegs waren. Sie kehrten gleich zurück und berichteten es den anderen. Doch auch ihnen glaubten sie nicht. Schließlich zeigte sich Jesus den elf Jüngern selbst, als sie beim Essen waren. Er rügte ihren Unglauben und Starrsinn, weil sie denen nicht hatten glauben wollen, die ihn als Auferstandenen gesehen hatten.* [572]

Das Johannesevangelium erzählt ausführlicher:

---

[570] Tom Kenyon und Judi Sion: *Das Manuskript der Magdalena*, KOHA Verlag, Burgrain, 2003

[571] Ägyptisches Totenbuch, Spruch 91 und 92

[572] Mk 16,9-17

Maria (Magdalena) stand inzwischen wieder draußen an der Grabhöhle und weinte. Weinend beugte sie sich vor, um in die Grabhöhle hineinzusehen. [573]

Als sie über die Schulter zurückblickte, sah sie auf einmal Jesus dastehen, erkannte ihn aber nicht. Er sagte: „Frau, warum weinst du? Wen suchst du?“ [574]

„Maria“, sagte Jesus. Da drehte sie sich um und rief: „Rabbuni!“ (Das ist Hebräisch und heißt: Mein Lehrer!) „Lass mich los!“, sagte Jesus zu ihr. „Ich bin noch nicht zum Vater im Himmel zurückgekehrt.“ [575]

Doch leider entspricht dies nicht den Tatsachen. Erstens fand die Kreuzigung zwar im Mythos, aber in der Wirklichkeit nicht statt. Zweitens berichtet Maria-Magdalena die erste Erscheinung nach der Auferstehung anders:

Nach seiner Auferstehung erschien er mir zum ersten Mal wieder am Brunnen, und mir fiel spontan ein, was er sagte: „Berühre mich nicht; denn ich bin noch nicht zum Vater aufgestiegen.“ [576]

Marias Erzählung ist glaubwürdiger, als die Szene an der Grabhöhle.

Von den beiden Jüngern, die über Land gingen, berichtet das Lukasevangelium etwas ausführlicher:

Am gleichen Tag gingen zwei von den Jüngern nach dem Dorf Emmaus, das 60 Stadien (11 Kilometer) von Jerusalem entfernt liegt. Unterwegs unterhielten sie sich über alles, was in den letzten Tagen geschehen war. Als sie so miteinander sprachen und sich Gedanken machten, kam Jesus selbst hinzu und schloss sich ihnen an. Aber sie waren wie mit Blindheit geschlagen und ***erkannten ihn nicht.*** *„Was beschäftigt euch denn so sehr?“, fragte Jesus. „Worüber redet*

---

[573] Jh 20,10-11

[574] Jh20,14-15

[575] Jh 20,16-17

[576] Tom Kenyon und Judi Sion: *Das Manuskript der Magdalena*, KOHA Verlag, Burgrain, 2003

ihr?" Da blieben sie traurig stehen und einer von ihnen – er hieß Kleophas – sagte: „Du bist wohl der einzige Mensch in Jerusalem, der nicht weiß, was sich in den letzten Tagen dort abgespielt hat?" [577]

Er schloss ihnen den Sinn der Schrift auf. [578]

So erreichten sie das Dorf, zu dem sie unterwegs waren. Jesus tat so, als wollte er weitergehen, doch die Jünger hielten ihn zurück und baten: „Bleib doch bei uns! Es ist schon Abend und gleich wird es dunkel." Da ging er mit ihnen ins Haus. Als sie sich dann am Tisch niedergelassen hatten, nahm Jesus das Fladenbrot, sprach das Segensgebet darüber, brach es in Stücke und reichte es ihnen. Da gingen ihnen die Augen auf, und sie erkannten ihn. [579]

Der namentlich genannte Jünger, der nach Emmaus ging, hieß Kleophas. Die einzige Stelle in den kanonischen Evangelien, welche eine Erklärung über die Familie Kleophas abgibt, heißt:

Es standen aber bei Jesu Kreuz seine Mutter und seiner Mutter Schwester, Maria, des Kleophas Frau und Maria-Magdalena. [580]

Auch diese Stelle ist verändert. Maria, Kleophas Frau, ist nicht die Frau des Kleophas, sondern die Tochter des Kleophas. Wie schon bei Judas, dem Sohn des Simon, die Generation vertauscht wurde, und der Sohn tatsächlich der Bruder und nicht der Vater ist, so wurde auch bei Maria die Generation verschoben. Nicht Marias Mann, sondern Marias Vater ist Kleophas. Des „Kleophas Frau" ist eine Schwester Jesu. Der Emmausjünger Kleophas ist also ein Bruder Jesu. Traditionell wird Thaddäus für den Emmausjünger gehalten, also letztlich für den Zwilling Judas Thaddäus.

Danach erschien er Simon Petrus. [581]

---

[577] Lk 24,13-18

[578] Lk 24,32

[579] Lk 24,28-30

[580] Jh 19,25

[581] Lk 24,34

Paulus berichtet, nach Simon Petrus ist er dem Jakobus erschienen. [582]
Demnach erschien Jesus zuerst seiner Frau Maria-Magdalena am Brunnen. Danach seinem Zwillingsbruder und seinen Halbbrüdern Simon, genannt Petrus, und dann Jakobus. Den Evangelien nach erschien er dem Lieblingsjünger Johannes nicht persönlich.
Nach den Emmausjüngern erschien er den anderen Jüngern. [583] In der Abwesenheit des Zwillings Judas Thaddäus erschien Jesus den elf Jüngern in Jerusalem durch die verschlossene Tür.

> *Der Zwilling, einer der Zwölf, war nicht dabei gewesen, als Jesus zu den Jüngern gekommen war. Die anderen erzählten ihm: „Wir haben den Herrn gesehen!“ Doch Thomas erwiderte: „Erst muss ich die Nagelwunden in seinen Händen sehen und mit meinen Fingern berühren und meine Hand in seine durchbohrte Seite legen. Vorher glaube ich das keinesfalls.“ Acht Tage später waren seine Jünger wieder beisammen. Diesmal war auch Thomas dabei. Die Türen waren verschlossen, doch plötzlich stand Jesus genau wie zuvor in ihrer Mitte und sagte: „Der Friede sei mit euch!“ Dann wandte er sich an Thomas und sagte: „Lege deinen Finger hier auf die Stelle und sieh dir meine Hände an! Gib deine Hand her und lege sie in meine Seite! Und sei nicht mehr ungläubig, sondern glaube!“* [584]

Der Zwilling hatte Jesus in Emmaus erkannt, bevor er bei den elf Jüngern hinter verschlossener Tür erschien. Damit ist die Erzählung vom ungläubigen Thomas nicht nur schwarze Propaganda, auch widersinnig. Wenn jemand der paulinischen Irrlehre skeptisch gegenübersteht, dann kann man den ungläubigen Thomas benutzen, um die berechtigte Hemmschwelle

---

[582] 1. Kor 15,5
[583] Lk 24,36-37
[584] Jh 20,24-27

hinterlistig abzubauen, und mit dem Johannesevangelium sagen: „Sei nicht ungläubig, sondern gläubig." [585]
Nach der angeblichen Rüge des ungläubigen Thomas flicht das Johannesevangelium den Mythos von Jesu Erscheinung am See Tiberias ein.

Rückblickend ergibt sich, alle Unwahrheiten ausfindig zu machen wäre einfach gewesen, ich hätte nur die Rechtfertigungen und Dramatisierungen anhand der christlichen Feste nachzugehen brauchen, wie Maria Verkündigung, Weihnachten, Dreikönig, Aschermittwoch, Palmsonntag, Gründonnerstag, Fronleichnam, Karfreitag, Ostern und Pfingsten.
Demnach ist das wahr, was nicht gefeiert wird, Jesus als Zwölfjähriger im Tempel und der Studienaufenthalt im Ausland.

[585] Jh 20,27

Teil 2: Die echte Lehre

Zeigt mir den Stein,
den die Bauleute abgelehnt haben,
er ist es, der Eckstein.
Thomasevangelium, Spruch 66

Das Thomasevangelium

Das Thomasevangelium als Literatur

Einleitung zum Grundsätzlichen des Thomasevangeliums

Das Thomas Evangelium gehört nicht zu den kanonischen, sondern zu den apokryphen, zu den geheimen Evangelien. Es wird manchmal das *fünfte Evangelium* genannt. Es scheint das fünfte Rad am Wagen, das keiner braucht?
Das lange Zeit verschollene Thomasevangelium ging nicht verloren. Alle Exemplare, deren man habhaft werden konnte, wurden eingesammelt und vernichtet. Doch bei dem ägyptischen Dorf Nag-Hammadi wurde eine über eineinhalbtausend Jahre alte Abschrift gefunden. Sie wurde vermutlich im 1. oder 2. Jahrhundert aus dem Griechischen ins Koptische, der jüngsten ägyptischen Zunge, übersetzt. Sie entging der Evangelienharmonisierung nach der ersten Weltkirchenversammlung im Jahre 325. Deshalb ist das wesentlich authentischere Thomasevangelium spiritueller als die von Kaiser und Kirchenversammlung *kastrierten* synoptischen Evangelien, in denen Jesu *Worte des Lebens* entfernt wurden.
Das Thomasevangelium stammt nicht vom Apostel Thomas direkt, es wird ihm unterstellt. Trotzdem gilt der 66. Spruch der abgelehnten Frohen Botschaft nach Thomas:

Zeigt mir den Stein,
den die Bauleute abgelehnt haben,
er ist es, der Eckstein. [586]

---

[586] ThEv 66; Ps 118,22; Mt 21,42; Mk 12,10; Lk20,17

Die Bedeutung dieser Metapher lässt sich leicht erfassen: Was die Fachleute ablehnen ist das Wichtigste. Ja, sie handeln umgekehrt. Für die Theologen trifft Spruch 39 des Thomasevangeliums zu:

Die Pharisäer und die Schriftgelehrten
haben die Schlüssel zur Erkenntnis erhalten
und haben sie versteckt. [587]

Ich wusste, dass die Geheimnisse des Thomasevangeliums sich einem nicht so leicht erschließen, keinesfalls dem Haarspalter mit der koptischen Grammatik in der Hand. Im Gegenteil, ich muss mich dem Thomasevangelium hingeben oder wie das *Tao te king* weiß:

„Dem erwartungsvollen Blick enthüllt sich stets die Begrenzung,
dem erwartungslosen Blick enthüllt sich die Quelle"

oder wie Antoine de Saint-Exupérys *Kleiner Prinz* sagte:

„Nur mit dem Herzen sieht man gut."

Was im Thomasevangelium üblicherweise mit dem griechischen Wort *logion* bezeichnet wird, dafür verwende ich die deutsche Bezeichnung *Spruch,* das Wort *Gnosis* übersetze ich mit *Erkenntnis* und *Pneuma* ersetze ich mit *Geist,* ich will schließlich nicht nur von Altsprachler verstanden werden.

Wie viele religiöse Schriften ist auch das Thomasevangelium ein poetisches Meisterwerk.

So sagt Jesus nicht kurz und bündig: „Ich habe keinen festen Wohnsitz", als Orientale holt er aus:

„Die Füchse haben ihre Höhlen
und die Vögel ihre Nester,
der Sohn des Menschen aber
hat keinen Ort,
an dem er sein Haupt hinlegen
und sich ausruhen kann."[588]

---

[587] ThEv 39; Lk 11,52
[588] ThEv 86

Manchmal ist das Thomasevangelium ein Spiel mit Parallelen oder gegensinnigen Parallelen:

Sie sahen einen Samarier,
der ein Lamm trug,
und nach Judäa ging.
Jesus fragte seine Jünger:
„Was will dieser mit dem Lamm machen?"
Sie antworteten:
„Es töten und essen."
Er sagte zu ihnen:
„Solange es lebt, wird er es nicht essen,
erst, wenn er es tötet und es ein Leichnam ist."
Sie sagten:
„Anders wird er es nicht machen können."
Er sagte zu ihnen:
„Ihr selbst, sucht euch einen Ort der inneren Ruhe,
damit ihr nicht zu Leichen werdet und man euch isst." [589]

Dieses poetische Spiel mit gegensinnigen Zielen *das Aufgegessen werden des Tierkörpers* und *das Nichtaufgegessen werden von der Menge der Unwissenden* meint damit: „Meditiert, damit ihr nicht geistig eingeht, sondern geistig wachst, und nicht in der unwissenden Menge untergeht und von ihr aufgesaugt werdet."

Manchmal reihen sich unter einem Spruch des Thomasevangeliums mehrere Weisheiten aneinander. Das Thomasevangeliums drückt die Weisheit, *Du kannst nicht zwei verschiedene Sachen gleichzeitig haben, du kannst nicht meine neue Lehre mit deiner alten verbinden*, gleich mit mehreren Bildern aus, in denen Beispiele genannt werden, in denen zwei Dinge nicht gleichzeitig gehen und alt und neu nicht zusammenpassen:

„Es ist unmöglich, dass ein Mensch zwei Pferde reitet,
dass er zwei Bogen spannt.

---

[589] ThEv 60

Und es ist unmöglich, dass ein Diener zwei Herren dient,
oder aber, er wird den einen ehren
und den anderen verhöhnen.
Niemand trinkt alten Wein
und wünscht sofort,
neuen Wein zu trinken.

Der Orientale hört gerne viele Worte. Deshalb wird das Beispiel auch noch begründet:

Neuen Wein gießt man nicht in alte Schläuche,
aus Angst, sie könnten platzen,
und alten Wein gießt man nicht in einen neuen Schlauch,
aus Angst, er könnte ihn verderben.
Man näht nicht einen alten Flicken auf ein neues Kleid,
denn dadurch würde ein Riss entstehen." [590]

Diese Maxime findet sich auch bei Matthäus und Lukas. [591]
Über Jesu Leben erzählt das Thomasevangelium nicht weitschweifig. Wenn es von Jesu Biografie redet, dann hochkonzentriert, fast wie eine wissenschaftliche Formel.
Wie Einsteins Gleichwertigkeit von Masse und Energie ohne Erklärung nicht verstanden wird, so bedürfen auch verschiedene Sprüche des Thomasevangeliums der Erläuterung.
Manche Spruch hat seinen Vorgänger im *Friedensevangelium der Essener,* wie der Spruch, den Matthäus und Lukas [592] auch festhielten:

Jesus sagte:
„Wenn ein Blinder einen Blinden führt,
fallen beide hinunter in eine tiefe Grube." [593]

Dazu finden sich im Friedensevangelium folgende Worte:

Keiner sieht das Licht des Lebens.
Blinde Menschen führen blind
auf die dunklen Pfade der Sünden, Krankheiten und Leiden;

---

[590] ThEv 47
[591] Mt 6,24; Lk 16,13
[592] Mt 15,14; Lk 6,39
[593] ThEv 34

und zuletzt fallen alle in die Todesgrube.
Wenn auf einem Weg ein Hindernis kommt, dann wird ein Blinder eher irgendwo stolpern, als irgendwo hinabstürzen. Damit erscheint der Spruch des Thomasevangeliums etwas an den Haaren herbeigeholt. Der Spruch aus dem Friedensevangelium stellt sich damit als das natürlichere und damit frühere Original heraus.

Das Thomasevangelium erzählt Spirituelles mit weltlichen Begriffen. So meint z. B. ein Brunnen keine Wasserquelle, sondern eine spirituelle Quelle. Manche Allegorie des Thomasevangeliums lässt sich erfassen. Manches ist ein aufgeschlagenes Buch, wie etwa:

„Kein Prophet gilt etwas in seinem Dorf,
kein Arzt heilt die, die ihn kennen." [594]

[595] Dieser unverschlüsselte Spruch bedeutet: Das Großartige wird immer irgendwo anders erwartet.

Das Thomasevangelium ist kein Katechismus, es ist eine Gedächtnisstütze für Wissende.
Da ich die Struktur des Thomasevangeliums nicht völlig durchschaue, habe ich meine eigene hineingelegt.

---

[594] ThEv 31
[595] Mt 13,57; Mk 6,4; Lk 4,24; Jh 4,44

Jesus und seine Mitmenschen nach dem Thomasevangelium

Jesus als Zwölfjähriger im Tempel

Spruch 101 erschließt sich mit Jesus als Zwölfjährigem im Tempel. Der Spruch heißt:

Wer seinen Vater und seine Mutter nicht hasst,
so wie ich, wird nicht mein Jünger werden können.
Und wer seinen Vater und seine Mutter nicht liebt
so wie ich, wird nicht mein Jünger werden können. [596]

Das Lukasevangelium hilft diesen paradoxen Spruch zu verstehen. Es erzählt, dass Jesus mit seinen Eltern nach Jerusalem kam. Nach dem Fest ging die Familie wieder nach Hause. Jesu Eltern glaubten, dass ihr Sohn mit Verwandten in die Heimat zurückkehre. Schließlich stellen sie mit Entsetzen fest, dass er sich nicht mit Verwandten auf dem Nachhauseweg befindet. Darauf kehren seine Eltern zurück nach Jerusalem. Dort finden sie ihn im Tempel lehrend. Seine besorgte Mutter wirft ihm vor: „Warum hast du uns das angetan, wir haben dich überall gesucht." Jesus kehrt den Vorwurf seiner Mutter um: „Wusstet ihr nicht, dass ich in dem sein muss, was meines Vaters ist?" [597]

Nach diesem Koan[598] fährt der Spruch 101 fort:

Denn meine Mutter gebar mich für den Tod,
aber meine wahre Mutter,
hat mir das Leben geschenkt. [599]

Der ursprüngliche Text steht im Friedensevangelium:

Eure Mutter ist in euch und ihr in ihr.
Sie gebar euch; sie gibt euch Leben.
Sie war es, die euch euren Körper gab,
und an sie werdet ihr ihn eines Tages zurückgeben. [600]

---

[596] ThEv 101

[597] Lk 2.49

598 Ein Koan ist ein Widerspruch, um vom Denken weg, hin zur Meditation zu kommen.

[599] ThEv 101

Das Friedensevangelium meint mit *Mutter* die *Mutter Erde*.
Das Thomasevangelium will sagen, Maria schenkte ihm den Körper, Mutter Erde die Lebensenergie.
Damit stellt sich die Erzählung mit dem Nachhauseweg als eine patriarchalische Umformung aus dem Friedensevangelium heraus.

Jesus sah sich nicht als den erwarteten Messias

Jesus sah sich selbst nicht als der vorausgesagte Messias, zu dem ihn Paulus stempelte und was die Christen später übernahmen. Jesus sah sich selbst so, wie er auch im Talmud gesehen wird, als Prophet. So heißt es im Thomasevangelium:

Seine Jünger sagten zu ihm:
„Vierundzwanzig Propheten haben in Israel gesprochen,
und sie haben alle durch dich gesprochen."
Er sagte ihnen:
„Ihr habt den Lebendigen,
der vor euch steht, verlassen
und über Tote gesprochen." [601]

Und im 59. Spruch des Thomasevangeliums sagt Jesus:

„Schaut auf den Lebendigen, solange ihr lebt,
damit ihr nicht sterbt und versucht, ihn zu sehen
und ihn dann nicht sehen könnt." [602]

Das Thomasevangelium will sagen, schaut auf den spirituell Lebendigen, solange ihr spirituell lebt, damit ihr nicht spirituell sterbt und dann versucht, ihn zu sehen - damit ihr wieder die richtige Richtung bekommen könnt - aber ihr keinen Draht zu ihm bekommt.

---

[600] FEv S.7
[601] ThEv 52
[602] ThEv 59

Jesus war ein Wanderprediger

Der 86. Spruch des Thomasevangeliums zeigt, dass Jesus ein Wanderprediger war:

Jesus sagte:
„Die Füchse haben ihre Höhlen
und die Vögel ihre Nester,
der Sohn des Menschen aber
hat keinen Ort,
an dem er sein Haupt hinlegen
und sich ausruhen kann."

Das Lukasevangelium erzählt es so:

Als er weiterging,
wurde Jesus von einem Mann angesprochen:
„Ich will dir folgen, wohin du auch gehst",
sagte er. Doch Jesus entgegnete:
„Die Füchse haben ihre Höhlen
und die Vögel ihre Nester,
aber Sohn des Menschen hat keinen Ort,
wo er sich ausruhen kann." [603]

Der Sohn des Menschen ist nicht ein beliebiges männliches Menschenkind. Ausschließlich Jesus nennt sich der Menschensohn. Damit will er sagen, dass er als ganz normaler Mensch auf der Erde lebt, ganz im Gegensatz zu späteren, sektiererischen Meinungen. Dem Spruch geht kein „wer Ohren hat der höre" nach, damit sagte er, dass er ein Wanderprediger ist, was ja auch das Lukasevangelium ausdrückt. Er kam nicht, um sich als Märtyrer oder Sündenbock zu opfern. Er war ein Lehrer. Im Thomasevangelium heißt es von ihm:

Jesus sagte:
„Ich trat inmitten der Welt auf
und erschien ihnen im Fleische
und fand alle trunken
und keinen fand ich durstig unter ihnen,

---

[603] Lk 9,57-58

und meine Seele litt für die Menschenkinder,
weil sie blind sind in ihrem Herzen
und nicht sehen, dass sie leer zur Welt gekommen sind,
und sogar versuchen, die Welt leer zu verlassen.
Doch seht, jetzt sind sie betrunken.
Erst wenn sie den Wein ausgeschieden haben,
wird sich ihr Wesen ändern." [604]

Die Trunkenen sind die, die glauben, dass reine Hände beim Essen wichtiger sind, als ein reines Herz. Denen, welche das Thomasevangelium zugeeignet war, verstanden unter trunken, Menschen, die noch nicht erkannt haben, wer sie wirklich sind.

Jesus wollte, dass seine Lehre verbreitet wird

Jesus wollte. dass seine Lehre verbreitet wird. Deshalb heißt es im Thomasevangelium:

Jesus sagte:
„Das, was ihr mit dem einen Ohr hören werdet,
das schreit in das andere Ohr,
verkünde es von den Dächern."
Denn niemand zündet eine Lampe an
und stellt sie unter den Scheffel
oder an einen verborgenen Ort,
sondern man stellt sie auf einen Leuchter,
damit alle, die kommen und gehen, ihr Licht sehen. [605]

Daraus wurde bei Matthäus:

Was ich euch im Dunkeln sage,
gebt an hellen Tagen weiter,
und was ihr ins Ohr geflüstert hört,
ruft von den Dachterrassen runter. [606]

Bei Lukas heißt es:

Es kommt die Zeit, da wird alles offenbar werden.

---

[604] ThEv 28
[605] ThEv 33
[606] Mt 10,27

Alles was jetzt noch geheim ist,
wird öffentlich bekannt gemacht werden.
Deshalb lasst euch warnen:
Alles was ihr im Dunkeln sagt,
wird am hellen Tag zu hören sein;
und was ihr hinter verschlossenen Türen flüstert,
wird man von den Dachterrassen rufen. [607]

Es ist interessant, was die Synoptiker zur Lampe sagen. Bei Matthäus steht:

Mann zündet auch nicht eine Lampe an
und stellt sie unter einen umgestülpten Topf,
im Gegenteil, man stellt sie auf den Lampenständer,
damit sie allen im Haus Licht gibt.
So soll euer Licht vor den Menschen leuchten. [608]

Markus hielt fest:

Bringt man denn eine Lampe herbei,
um sie unter den Eimer oder das Bett zu stellen?
Natürlich nicht!
Man stellt sie auf den Lampenständer.
So wird alles, was jetzt noch verborgen ist,
ans Licht kommen;
was jetzt noch geheim ist,
soll bekannt gemacht werden.
Wer Ohren hat zu hören, der höre. [609]

Lukas schrieb auf:

Niemand zündet eine Lampe an
und versteckt sie dann irgendwo
oder stellt sie unter einen Eimer,
sondern er stellt sie auf den Lampenständer,
damit die Hereinkommenden Licht haben.
Dein Auge vermittelt dir das Licht.
Wenn dein Auge klar ist,

---

[607] Lk 12,2-3
[608] Mt 5,15-16
[609] Mk 4,21-23

kannst du dich im Licht bewegen.
Ist es schlecht, dann steht dein Körper im Finstern.
Pass auf, dass das Licht, das du hast, nicht Dunkelheit ist!
Wenn du ganz vom Licht durchdrungen bist
und nichts mehr finster in dir ist,
dann ist es so, als ob dich eine Lampe mit ihrem hellen Schein anstrahlt: Alles steht im Licht. [610]

Im Orient geschieht das Gespräch mit der Nachbarin von Dachterrasse zu Dachterrasse. Jesu Geheimlehre sollte später veröffentlicht werden. Deshalb: Was man dir ins Ohr flüstert, das posaune von deinem Dach zu den nächsten Dächern, Licht verbirgt man auch nicht, sondern stellt es so, dass es alles erhellt.

Jesus verwendete Gleichnisse

Jesus verwendete Gleichnisse, um zum Beispiel die Soziopathen zu erkennen:

Jesus sagte:
„Man erntet keine Trauben von den Dornen,
und man pflückt keine Feigen von den Disteln,
denn sie geben keine Frucht.
Ein guter Mensch holt Gutes aus seinem Schatz hervor;
ein böser Mensch holt Böses aus seinem Schatz hervor,
der in seinem Herzen ist,
und er sagt böse Dinge,
denn aus dem Überfluss des Herzens holt er Böses hervor.“
[611]

Bei Matthäus und Lukas findet sich:

Hütet euch vor den falschen Propheten!
Sie sehen aus wie sanfte Schafe,
in Wirklichkeit aber sind sie reißende Wölfe.
An ihren Früchten werdet ihr sie erkennen.
Von Dornen erntet man keine Weintrauben,

---

[610] Lk 11,33-36
[611] ThEv 45

und von Disteln kann man keine Feigen lesen. [612]
Aus dem Mund kommt das, was das Herz erfüllt.
Ein guter Mensch bringt Gutes hervor,
weil er mit Gutem erfüllt ist.
Ein böser Mensch bringt Böses hervor,
weil er Böses in sich hat. [613]

Dieser Spruch braucht nicht gedeutet werden.

Jesus warnte vor dem Establishment

Der größte Bremsklotz jeder Entwicklung besteht aus dem Establishment. Die Angehörigen des Establishments sind machtvolle Angsthasen. Damit sich nichts ändert, setzen sie alles in Bewegung.

Jesus sagte:
„Die Pharisäer und die Schriftgelehrten
haben die Schlüssel zur Erkenntnis erhalten
und haben sie versteckt.
Sie sind nicht eingetreten,
und die, die eintreten wollten,
haben sie nicht hineingelassen.
Ihr aber, seid klug wie die Schlangen
und rein wie die Tauben." [614]

Lukas überlieferte:

Weh euch, ihr Gesetzeslehrer!
Ihr habt den Schlüssel zur Erkenntnis beiseite geschafft.
Selbst seid ihr nicht hineingegangen,
und die hineingehen wollten, habt ihr daran gehindert. [615]

Dieser Text ist nicht verschlüsselt.

Den zweiten Teil bewahrte Matthäus:

Seht ich sende euch wie die Schafe mitten unter die Wölfe.
Seid deshalb klug wie die Schlangen

---

[612] Mt 7, 15-16; Lk 44
[613] Mt 12,34-35; Lk 6,45
[614] ThEv 39
[615] Lk 11,52

und aufrichtig wie die Tauben. [616]

Der Gerechte muss viel leiden

Wie der Psalm 34 weiß, so weiß auch das Thomasevangelium, dass der Gerechte viel leiden muss:

Jesus sagte:
„Seid glücklich, wenn man euch hasst,
wenn man euch verfolgt,
und an der Stelle, wo sie euch verfolgt haben,
werden sie keinen Platz finden." [617]

Das Matthäusevangelium erklärt diesen Spruch. Dort heißt es:

Wie beneidenswert glücklich seid ihr,
wenn sie euch beschimpfen,
verfolgen und verleumden,
weil ihr zu mir gehört.
Freut euch und jubelt!
Denn im Himmel wartet ein großer Lohn auf euch.
Und genauso haben sie vor euch schon die Propheten verfolgt. [618]

Scheißt der Teufel immer auf den größten Haufen?

Wird den Armen immer noch mehr genommen, oder entgleitet es ihnen?

Jesus sagte:
„Wer in seiner Hand hat, dem wird man geben;
und wer nichts hat, dem wird auch das Wenige,
das er hat, genommen werden."

Im Matthäusevangelium heißt es:

Denn wer hat, dem wird gegeben,
und er wird Überfluss haben,

---

[616] Mt 10,16
[617] ThEv 68
[618] Mt 5,11-12

wer aber nicht hat, dem wird auch das genommen, was er hat. [619]

Nach dem Thomasevangelium meinte Jesus: „Wer Wissen besitzt, wird mehr verstehen; wer wenig weiß, wird verwirrt werden."

Jesus war ein Schamane

Nach dem Thomasevangelium sagte Jesus:

„Ich sage meine Geheimnisse denen,
die meiner Geheimnisse würdig sind. [620]

Was waren seine Geheimnisse? Jesus war ein Schamane. Wie die Schamanen benutzte er Speichel zur Heilung. [621] Seine Geheimnisse brachte er aus Ägypten, wo er auch Tantra studiert hatte.

Bei der Erzählung von der Frau, die beim Ehebruch ergriffen wurde, [622] zeichnet Jesus zweimal etwas auf die Erde. [623] Das waren mystische Symbole, wie sie aus dem apokryphen 6. und 7. Buch Mose bekannt sind.

Jesus trieb Dämonen aus

Jesus beschäftigte sich mit Dämonen. Im Thomasevangelium werden sie Räuber oder Einbrecher genannt.

Jesus sagte:
„Selig der Mensch, der weiß,
wo und wann die Räuber einbrechen werden,
so dass er aufstehen kann,
um seine Kräfte zu sammeln und seine Lenden zu gürten,
bevor sie hereinkommen." [624]

---

[619] Mt 13,12
[620] ThEv 62
[621] Mk 7,33
[622] Jh 8,1-11
[623] Jh 8,6 und 8,8
[624] ThEv 103

Jesus sagte:
„Niemand kann in das Haus des Starken eindringen
und es mit Gewalt nehmen,
es sei denn, er fesselt ihm die Hände,
dann wird er das Haus auf den Kopf stellen.“ [625]

Matthäus und Markus zitieren diesen Spruch ebenfalls, [626] Lukas lässt den Umstand erkennen, für den dieser Spruch gilt:

Wenn ich aber Dämonen mit dem Finger Gottes austreibe,
dann ist doch das Reich Gottes zu euch gekommen.
Solange ein starker Mann gut bewaffnet
sein Gehöft bewacht, ist sein Besitz in Sicherheit.
Wenn jedoch ein stärkerer angreift und besiegt,
nimmt er ihm die Waffen weg, auf die er sich verlassen hat,
und verteilt die Beute. [627]

Im übertragenen Sinn heißt das: Solange du keinen Dämon in dich lässt, ist alles gut. Wenn er aber in dich dringt, schaltet er dich aus.

Schon die Höhlenmenschen kannten den Finger Gottes. Eine Szene im Schacht der Höhle von Lascaux in Frankreich zeigt einen Mann mit einem Vogelkopf, der von einem Wisent angegriffen wird. Links davon ein Vogel am Ende eines Striches. Wie der Schöpfungsstab oder Finger Gottes zeigt, siehe den weißen Kreis auf der Abbildung, ist die Kundalini aufgeweckt. Über die Kundalini erzählt das kommende Kapitel.
Das Hohe Selbst ist hier als Vogelkopf dargestellt. Über das Hohe Selbst siehe das gleichnamige Kapitel.
Der Vogel am Ende des Striches könnte nicht den Körper, sondern das Wesen, der Mutter Erde darstellen.

---

[625] ThEv 35
[626] Mt 12,29 Mk 3,27
[627] Lk 11,20-22

Szene aus dem Schacht der Höhle von Lascaux in Frankreich. Der weiße Kreis markiert den aufgerichteten Schöpfungsfinger oder Finger Gottes.

Tantra

Das Wort Tantra kommt aus Indien. Die Tantrische Lehre geht davon aus, dass entlang des Nervenkanals in der Wirbelsäule sich sieben Energiehauptzentren befinden. Diese Energiezentren sehen Hellsichtige als Speichenrad. Deshalb werden sie Chakra genannt, was im Indischen Rad heißt.
Das erste Chakra sitzt am unteren Ende der Wirbelsäule, am Beckenboden.
Das zweite Chakra befindet sich auf der Höhe des Geschlechts. Es hebt das bloße Überleben in einen freudigen Bereich von Lust, Genuss, Sexualität und Kreation.
Das dritte Chakra sitzt zwei daumenbreit unter dem Bauchnabel. Es ist das Energiezentrum für die Entwicklung von Macht, Durchsetzungskraft und Disziplin.
Das vierte Chakra oder Herz-Chakra liegt auf der Höhe des Herzens. Hier hat das Mittlere Selbst [628] seinen Wohnsitz. Hier treffen Energien und Informationen des Niederen und Hohen Selbst [629] ein. Es ist das Zentrum, um Herzschmerz oder Freude zu teilen.
Das fünfte Chakra oder Kehlkopf-Chakra befindet sich auf Höhe des Kehlkopfes. Es ist das Zentrum von Kommunikation, Ehrlichkeit, Ausdrucksfähigkeit.
Die Inderinnen markieren mit einem roten Punkt zwischen den Augenbrauen den Sitz des sechsten Chakras, das auch Drittes Auge genannt wird. Es ist das Zentrum für die Entwicklung von Weisheit, Intuition und Einsicht in die Folgen von Handlungen.
Das siebte Chakra oder Kronen-Chakra befindet sich über der Zirbeldrüse. Es ist das Zentrum für Inspiration und die Einstimmung auf kosmische Rhythmen.

---

628 siehe hierzu das spätere Kapitel *Das Mittlere Selbst*

629 siehe hierzu das spätere Kapitel *Das Hohe Selbst*

Die Chakren können mehr oder weniger geöffnet bzw. geschlossen sein.
Wenn alle Chakren ganz geöffnet sind, tritt die Erleuchtung ein. Das oberste Chakra kann mit der Schlangenkraft geöffnet werden. Die Schlangenkraft wird im Indischen Kundalini genannt, was Schlange heißt. Der Name kommt daher, dass diese Kraft als schlafende, zusammengerollte Schlange im untersten Chakra dargestellt wird. Sie gilt als die der Materie nächststehende Kraft im Menschen.
Wird die Schlange aufgeweckt, dann steigt sie nach oben. Die Schlange kann mit der Sexualität aufgeweckt werden. Wenn sie vom untersten in das zweite Chakra aufgestiegen ist, dann ist beim Mann der Finger Gottes aufgerichtet, körperlich gesagt, das Glied aufgerichtet.
Durch gewisse Praktiken, zu denen auch ein bestimmtes Atmen gehört, kann die Kundalini in höhere Chakren aufsteigen, wobei die transformierenden Energiezentren durchstoßen werden. Erreicht sie das oberste Chakra, vereinigt sie sich mit dem Hohen Selbst und der Mensch erlangt in der Ekstase höchstes Glück. Jesus praktizierte was indisch Tantra genannt wird.

Jesus sagte:
„Das Königreich gleicht einem Menschen,
auf dessen Feld ein verborgener Schatz lag,
von dem er nichts wusste.
Als er starb, hinterließ er das Feld seinem Sohn.
Der Sohn wusste nichts, nahm das Feld und verkaufte es.
Der Käufer kam und fand den Schatz beim Pflügen,
und er begann, Geld gegen Zinsen auszuleihen,
an wen er wollte.“ [630]

Tantra ist ein Schatz des Menschen. Bei den Essenern sollte Sexualität nur zur Zeugung praktiziert werden. So ruhte das Wissen um Tantra bei den Essäern wie ein unerkannter Schatz

---

[630] ThEv 109

im Acker. Die Unkenntnis dieses Glücks wurde von Generation zu Generation weitervererbt.
Wer das Glück von Tantra entdeckt, kann immer wieder großen Nutzen daraus ziehen.
Im Matthäusevangelium wird dieses so zitiert:

Mit dem Reich, das der Himmel regiert,
verhält es sich wie mit einem im Acker vergrabenen Schatz,
der von einem Mann entdeckt wird.
Voll Freude geht er los, verkauft alles,
was er hat, und kauft jenen Acker. [631]

Nach dem Matthäusevangelium verhurt der, welcher die Wohltaten von Tantra entdeckt, sein ganzes Vermögen.
Da das Aufsteigen der Energie nach den klassischen Lehren auch Gefahren in sich birgt, sind eine gute Vorbereitung und ein innerer Reinigungsprozess entscheidend, weshalb viele spirituelle Schulen zuerst das Herzzentrum entwickeln. Wer Jesu Geheimnisse würdig war, bekam von ihm eine Hilfe:

Jesus sagte:
„Ich werde euch geben,
was kein Auge gesehen,
kein Ohr gehört
und keine Hand berührt hat,
und was nicht zum Herzen
des Menschen aufgestiegen ist.“ [632]

Jesus praktizierte mit seiner Ehefrau *Maria-Magdalena* Tantra. [633] Jesus verteufelte die Sexualität nicht. Entgegen Jesu seinerzeitigem Streben, die Chakren zu öffnen, ist die heutige katholische Kirche bestrebt, die Chakren geschlossen zu halten. Zum einen wird das zweite Chakra, das sogenannte heilige Chakra, durch die Auferlegung des Zölibats bei Klerikern, nicht geöffnet. Zum anderen wird das sechste Chakra, durch das

---

[631] Mt 13,44
[632] ThEv 17
[633] Phyllis Virtue-Carmel: *Planet der Wandlung*, S. 245, Güllesheim, 1997[2]

Zeichnen eines Kreuzes auf der Stirn bei der hl. Taufe und bei der hl. Firmung, versiegelt.
Ursprünglich durften die Priester verheiratet sein. Jesus heilte die Schwiegermutter des Petrus. Auf den Völkerapostel Paulus bezogen wurde für Kirchenleute von Zeit zu Zeit der natürliche Austausch von Yin- und Yangenergie durch Sex immer mehr eingeschränkt. Das Sakralchakra sollte durch Geschlechtsverkehr nicht mehr geöffnet werden.
Der Paulinismus tyrannisiert seine Gläubigen. Sie sind ihm nur hörig, weil sie dann keine Selbstverantwortung übernehmen brauchen.

Jesus führte Salome durch Tantra zur Erleuchtung

Die Erleuchtung der Salome beginnt im Thomasevangelium mit:

Jesus sagte:
„Zwei ruhen auf einem Bett,
der eine wird sterben, der andere wird leben."
Salome fragte:
„Wer bist du, Mann?
Hast du, der du aus dem Einen hervorgegangen bist,
nicht mein Bett benutzt
und von meinem Tisch gegessen?"
Jesus sagte zu ihr:
„Ich bin der, der hervorgegangen ist aus dem, der gleich ist.
Mir wurde gegeben, was von meinem Vater kommt."
Salome sagte:
„Ich bin deine Jüngerin."
Jesus sagte:
„Deshalb sage ich dir:
Wenn der Jünger leer ist,
wird er voller Licht sein,
aber wenn er geteilt ist,
wird er voller Finsternis sein." [634]

---

[634] ThEv 61

Aus *Zwei ruhen auf einem Bett, der eine wird sterben, der andere wird leben,* wird bei Lukas:

Ich sage euch:
Wenn in jener Nacht zwei in einem Bett liegen,
wird der eine angenommen
und der andere zurückgelassen. [635]

Das Thomasevangelium meint: Der Körper wird sterben, der Geist wird leben.

Der nächste Abschnitt dieses Spruches, *Salome fragte: „Wer bist du, Mann? Hast du, der du aus dem Einen hervorgegangen bist, nicht mein Bett benutzt und von meinem Tisch gegessen“,* ist im sexfeindlichen Christentum völlig untergegangen.

Es muss etwas Ungewöhnliches passiert sein, dass Salome fragt: „Wer bist du Mann?“ Jesus hatte Salome durch Tantra in die mystische Vereinigung gebracht. Darüber verwundert fragt sie ihn: „Wer bist du Mann?“ Jesus erklärt ihr dann, dass er aus der tatenlosen Einheit in die dynamische Zweiheit von Hohem und Mittlerem Selbst ging.

Salome wird seine Jüngerin. Und Jesus erklärte ihr, weil sie leer von den Anregungen des Verstandes geworden war, konnte das Licht in sie kommen.

Lukas erklärt ein äußeres Zeichen der Erleuchtung:

Wenn du ganz vom Licht durchdrungen bist
und nichts mehr finster in dir ist,
dann ist es so,
als ob dich eine Lampe mit ihrem hellen Schein anstrahlt:
Alles steht im Licht. [636]

Im Johannesevangelium wird dieses innere Licht ebenfalls angedeutet. Da heißt es:

Wenn aber einer bei Nacht wandert, stößt er an, weil das Licht nicht bei ihm ist. [637]

---

[635] Lk 17,34
[636] Lk 11,33-36
[637] Jh 11,10

Unverstandene Übersetzungen meinen, weil ein äußeres Licht, z. B. von einer Laterne fehle.

Jesus und die Auferstehung

Im Thomasevangelium sagt Jesus, dass er nach seinem Tod nicht nach drei Tagen auferstehen wird. Dort heißt es:

Jesus sagte:
„Ich werde dieses Haus zerstören,
und niemand wird es wieder aufbauen können.“ [638]

Daraus wurde in den anerkannten Evangelien:

Ich werde den Tempel niederreißen
und in drei Tagen wieder aufbauen;
er redete vom Tempel seines Leibes. [639]

Jesus wollte ausdrücken, dass er diesen Leib verlassen wird und im Gegensatz zum ägyptischen Glauben, wird der Leib nicht auferstehen.

Jesus hatte Nachfolger

Jesus hatte Anhänger, Jünger oder Apostel. Im Thomasevangelium heißt es:

Jesus sagte:
„Eine Stadt, die auf einen hohen Berg erbaut wurde
erhöht und die befestigt ist,
kann nicht fallen,
noch kann sie verborgen werden.“ [640]

Bei Matthäus heißt es:

Ihr seid das Licht der Welt.
Eine Stadt, die auf einem hohen Berg liegt,
kann nicht verborgen werden. [641]

---

[638] ThEv71
[639] Jh 2, 19-22; Mt 26,61; Mk 14,58
[640] ThEv 32
[641] Mt 5,14

Dies bedeutet: Ihr seid die sichtbaren Stützen einer besseren Welt.

Jesu Nachfolge fordert Verzicht

Die Nachfolge Jesu fordert unter Umständen weltlichen Verzicht. Im Thomasevangelium heißt es:

Jesus sagte:
„Wer Vater und Mutter nicht verachtet,
kann nicht mein Jünger werden.
Und wer seine Geschwister nicht verachtet,
und sein Kreuz nicht so trägt wie ich es trage,
wird meiner nicht würdig sein.“ [642]

Bei Matthäus heißt dieser Spruch:

Wer Vater oder Mutter mehr liebt als mich,
ist es nicht wert, mein Jünger zu sein.
Und wer nicht sein Kreuz aufnimmt
und mir folgt, ist es nicht wert, mein Jünger zu sein. [643]

Der erste Teil drückt aus, dass der eigene spirituelle Fortschritt mit den spirituellen Geschwistern den Familienbanden übergeordnet ist.

Das genannte Kreuz hat wenig mit dem Kreuz von Golgatha zu tun, da wäre Jesus ein schlechtes Vorbild gewesen, da er es ja nicht bis zum Schluss trug, sondern Simon von Cyrene es bis zum Ende tragen musste. Aus den beiden *Büchern des Jeu* (Jesus) geht hervor, um was es sich beim Tragen seines eigenen Kreuzes handelt:

Jesus, der Lebendige, hob an und sprach zu seinen Aposteln: „Selig ist der, welcher die Welt gekreuzigt hat und nicht die Welt hat ihn kreuzigen lassen.“ Die Apostel antworteten einstimmig, indem sie sagten: „Herr, lehre uns die Art des Kreuzigens der Welt, damit sie nicht uns kreuzige, und wir

---

[642] ThEv 55
[643] Mt 10,37-38

zugrunde gehen und unser Leben verlieren." Jesus, der Lebendige, antwortete und sprach: „Der die Welt gekreuzigt hat, ist derjenige, welcher mein Wort gefunden und es nach dem Willen dessen, der mich gesandt hat, erfüllt."

Diese Szene wurde vielleicht im 3. Jahrhundert erfunden. Hier soll sie lediglich erklären, was das Tragen seines eigenen Kreuzes meint.

Der konservative Petrus

Petrus war erzkonservativ. Er hatte eine innige Beziehung zu Jesus, doch wollte er das Gewohnte beibehalten. Der 47. Spruch des Thomasevangeliums erging bestimmt auch an Petrus. Er besteht aus zwei Teilen. Der erste Teil lautet:

„Es ist unmöglich, dass ein Mensch zwei Pferde reitet,
dass er zwei Bogen spannt.
Und es ist unmöglich, dass ein Diener zwei Herren dient,
oder aber, er wird den einen ehren
und den anderen verhöhnen.

Im Matthäus- bzw. dem Lukasevangelium findet sich:

Kein Haussklave kann gleichzeitig zwei Herren unterworfen sein.
Entweder wird er den einen bevorzugen und den anderen vernachlässigen
oder dem einen treu sein und den anderen hintergehen.
Ihr könnt nicht Gott und dem Mammon dienen. [644]

Das Original dürfte das Friedensevangelium sein:

Kein Mensch kann zwei Herren dienen.
Entweder er dient Beelzebub und seinen Teufeln,
oder er dient der Erdenmutter und ihren Engeln.
Entweder er dient dem Tode oder er dient dem Leben.
Wahrlich, ich sage euch, glücklich sind jene,
die die Gesetze des Lebens halten
und nicht den Pfad des Todes wandeln. [645]

---

[644] Mt 6,24; LK 16,13

Der zweite Teil lautet:

Niemand trinkt alten Wein
und wünscht sofort, neuen Wein zu trinken.
Neuen Wein gießt man nicht in alte Schläuche,
aus Angst, sie könnten platzen,
und alten Wein gießt man nicht in einen neuen Schlauch,
aus Angst, er könnte ihn verderben.
Man näht nicht einen alten Flicken auf ein neues Kleid,
denn dadurch würde ein Riss entstehen." [646]

Im Matthäus-, Markus- und Lukasevangelium findet sich an anderer Stelle:

Niemand näht doch ein neues Stück Stoff auf ein altes Gewand, sonst reißt das neue Stück aus, und der Riss im alten Stoff wird noch größer.
Und niemand wird doch neuen Wein in alte Schläuche füllen. Er gärt ja noch und würde die Schläuche zum Platzen bringen. Dann würde der Wein auslaufen
und die Schläuche wären verdorben.
Nein, neuen Wein füllt man in neue Schläuche,
und beide bleiben erhalten. [647]

Lukas enthält noch einen Satz mehr:

Niemand trinkt alten Wein
und wünscht sofort, neuen Wein zu trinken. [648]

Petrus Erzkonservatismus zeigt sich auch in seiner Einstellung gegenüber Frauen:

Simon Petrus sagte zu ihnen:
„Mariham (Maria-Magdalena) soll aus unserer Mitte verschwinden,
denn die Frauen sind des Lebens nicht würdig."
Jesus sagte:

---

[645] FEv S. 10
[646] ThEv 47
[647] Mt 9,16-17; Mk 2,21-22; Lk 5,36- 38
[648] Lk 5,39

„Seht, ich werde sie zu mir holen,
um sie männlich zu machen,
damit auch sie ein lebendiger Geist werde,
euch Männern gleich.
Denn jede Frau, die männlich wird,
wird in das Himmelreich eingehen." [649]

Die Erklärung dieses Spruches findet sich im Kapitel *Animus und Anima*.

Der Herrenbruder Jakobus

Im Thomasevangelium benennt Jesus als seinen Nachfolger seinen Halbbruder Jakobus:

Die Jünger sagten zu Jesus: „Wir wissen, dass du uns verlassen wirst. Wer ist es, der groß über uns werden wird (über uns herrschen wird)?"
„Wo auch immer ihr herkommt, geht zu Jakobus, dem Gerechten, für den Himmel und Erde gemacht worden sind." [650]

Paulus verhandelte nicht mit Petrus, sondern mit Jakobus. [651]

Die Erleuchtung des Thomas

Das großartigste Ereignis wurde, wie nicht anders zu erwarten war, am gemeinsten verdreht. Im Thomasevangelium heißt es:

Jesus sagte zu seinen Jüngern:
„Vergleicht mich
und sagt mir, wem ich gleiche."
Simon Petrus sagte zu ihm:
„Du gleichst einem gerechten Engel."
Matthäus sagte zu ihm:
„Du gleichst einem weisen Philosophen."
Thomas sagte zu ihm:

---

[649] ThEv 114
[650] ThEv 12
[651] Apg 21,18

„Meister, mein Mund wird sich bestimmt weigern,
zu sagen, wem du gleichst."
„Ich bin nicht mehr dein Meister,
denn du hast getrunken von der sprudelnden Quelle,
die ich hervorströmen ließ, und dich daran berauscht."
Und er nahm ihn beiseite
und sagte ihm drei Worte.
Als Thomas zu seinen Gefährten zurückgekehrt,
fragten diese ihn:
„Was hat Jesus zu dir gesagt?"
Thomas antwortete ihnen:
„Wenn ich euch nur eines der Worte sagen würde,
die er mir gesagt hat,
würdet ihr mit Steinen nach mir werfen
und aus den Steinen würde Feuer sprühen
und euch verbrennen."

Dieser Spruch erzählt die Erleuchtung des Thomas. Mit der Aussage: „Meister, mein Mund wird sich bestimmt weigern, zu sagen, wem du gleichst", zeigt Thomas, dass er die Gotteskindschaft Jesu erkannt hat. Und wenn Jesus ihn dann beiseite nahm und ihm drei Worte sagte, dann sagte er ihm, dass er dasselbe ist, dass er Gott ist, wie es im Johannesevangelium heißt [652]: „Ihr seid Götter." Dass er den anderen nicht sagen kann, was Jesus zu ihm gesagt hatte, liegt auf der Hand, sie würden ihn als Gotteslästerer steinigen.

Wenn im Johannesevangelium Thomas noch als Naivling dargestellt wird, dann wurden die synoptischen Evangelien und die Apostelgeschichte nicht nur von den Erzählungen über Thomas bereinigt, oder deutlicher gesagt, hinausgeworfen, sie wurden sogar missbraucht, um Jesus als den erwarteten Erlöser darzustellen. Im Matthäusevangelium wurde daraus gedreht:

Als Jesus in das Gebiet von Cäsarea Philippi kam, fragte er seine Jünger: „Für wen halten die Leute den Menschen-

[652] Jh 10,34

sohn?“ [653] ... *„Und ihr“, für wen haltet ihr mich?“ Du bist der Messias“, erwiderte Petrus, „Der Sohn des lebendigen Gottes.“ Darauf sagte Jesus zu ihm: „Wie glücklich bist du, Simon Ben-Jona; denn das hat dir mein Vater im Himmel offenbart. Von einem Menschen konntest du das nicht haben. Deshalb sage ich dir jetzt: Du bist Petrus und auf diesen Felsen werde ich meine Gemeinde bauen, und alle Mächte des Todes können ihr nichts anhaben. Ich werde dir die Schlüssel zu dem Reich geben, das der Himmel regiert. Was Du auf der Erde binden wirst, wird auch im Himmel gebunden sein, und was du auf der Erde löst, das wird im Himmel gelöst sein. Anschließend schärfte Jesus seinen Jüngern ein, niemand zu sagen, dass er der Messias sei.* [654]

Bei Markus fällt die Fälschung kürzer aus:

Da fragte er sie: „Ihr aber, für wen haltet ihr mich?“ Petrus antwortete ihm: „Du bist der Messias!“ Da gebot er ihnen streng, dass sie mit niemand über ihn reden sollten. [655]

Das zeigt, aus dem Thomasevangelium wurde das Matthäus- und aus dem Matthäus- wurde das Markusevangelium gewonnen. Die zwei Quellen Theorie behauptet das Umgekehrte, zuerst sei das Markusevangelium entstanden. Dann hätten Matthäus und Lukas, ein jeder aus einer anderen, zusätzlichen, zweiten Quelle geschöpft.

Johannes der Täufer

In Johannes dem Täufer inkarnierte der große und verehrte Prophet Elias. Bei Matthäus heißt es:

Denn alle Propheten ... haben ihn angekündigt,
bis Johannes kam.

---

[653] Mt 16,13
[654] Mt16,15-20
[655] Mk 8,29-30

Und wenn ihr es sehen wollt:
Er ist Elias, dessen Kommen vorausgesagt ist.
Wer hören kann, der höre! [656]

Das Thomasevangelium sagt über Johannes den Täufer aus:

Jesus sagte:
„Von Adam bis Johannes dem Täufer
übertrifft unter den Frauen geborenen
niemand Johannes den Täufer derart,
dass seine Augen nicht brechen werden.
Ich aber habe gesagt:
„Wer von euch klein sein wird,
wird das Königreich erkennen
und größer als Johannes sein." [657]

Bei Matthäus und Lukas findet sich:

Ich versichere euch:
Unter allen Menschen, die je geboren wurden,
gibt es keinen größeren als Johannes den Täufer
und doch ist der Kleinste im Reich Gottes größer als er. [658]

Jesus, der sich der Menschensohn nennt, stellt sich damit unter Johannes den Täufer. Jesus studierte mit Johannes dem Täufer in Ägypten. [659] Die Religion der Mandäer, von denen es heute weniger als hunderttausend Gläubige gibt, geht auf Johannes den Täufer zurück.

Nach dem Matthäus- und Lukasevangelium soll Jesus über Johannes der Täufer gesagt haben:

„Was wollt ihr eigentlich sehen,
als ihr in die Wüste hinausgegangen seid?
Ein Schilfrohr vielleicht,
das sich vom Wind hin- und herbewegt?
Oder was wolltet ihr sonst da draußen sehen?

---

[656] Mt 11,13-15
[657] ThEv 46
[658] Mt 11,11; Lk 7,28
[659] Phyllis Virtue-Carmel: *Planet der Wandlung*, S. 246, Güllesheim, 1997[2]

Einen fein angezogenen Mann?
Nein, Leute mit teuren Kleidern und Luxus findet man in den Königspalästen.
Aber was wollt ihr dann dort draußen sehen? Einen Propheten?" [660]

Nach dem Matthäusevangelium hatte Johannes ein Kleid aus Kamelhaar an. Das heißt, er hatte einen Kaftan aus weicher Kamelwolle an. [661]

Wie nach den anerkannten Evangelien Simon, dem Sohn des Jona, unterstellt wurde, dass er zum Kephas ernannt worden sei, wurde Johannes unterstellt, dass er der Vorläufer des Messias sei.

Jesus sagte:
„Warum seid ihr auf die Felder hinausgegangen? Um ein Schilfrohr zu sehen, das im Wind bewegt wird,
und um einen Menschen zu sehen, der edle Kleider trägt?
Dort sind eure Könige und die Großen der Erde,
sie tragen edle Kleider,
und sie werden die Wahrheit nicht erkennen." [662]

Bei Matthäus oder bei Lukas wurden zwei Dinge entgegengesetzt dargestellt. Aus dem Feld wurde die Wüste und aus der Unwissenheit der in Luxus Lebenden wurde der wissende Prophet, *Johannes der Täufer.*

Genauso wurde ihm von den anerkannten Evangelien unterstellt, dass er Heuschrecken gegessen habe und einen Ledergürtel trug. Im Evangelium des vollkommenen Lebens heißt es:

Johannes aber hatte ein Kleid aus Kamelhaaren
und einen Gürtel ebensolcher Art um die Lenden,
und seine Nahrung waren die Früchte des Erbsenbaumes [663] *und wilder Honig.* [664]

---

[660] Mt 11,7-9; Lk 7,24-26

[661] Mt 3,4

[662] ThEv 78

663 damit ist der Johannesbrotbaum gemeint

[664] Evangelium des vollkommenen Lebens 7,4

Johannes war Vegetarier, wie Jesus und Jakobus, der Bruder des Herrn.

Der Corpus hermeticum und das Thomasevangelium

Jehova [665] inkarnierte als israelischer Stammesvater Joseph und stieg zum Vizekönig von Ägypten auf. In einer späteren Inkarnation stieg er unter dem Namen *David* zum König von Israel auf. Dann inkarnierte er, wo Abrahams Vater herkam, in Nordindien, als Prinz Siddhartha von Shakya, bekannter als Buddha. Ein Zolkin-Zyklus [666] später inkarnierte er als Jesus, der Nazaräer. Deshalb verwundert es nicht, dass bei seiner Inkarnation als Jesus sich ägyptisches oder buddhistisches Gedankengut findet. In Ägypten erscheint erstmals ein Gedankengut, das auf Thoth zurückgehen soll, das nur noch in einer griechischen Bearbeitung erhalten blieb. Nach dem anderen Bezeichnung, nämlich, dreimalgroßer Hermes, wurde sie auf Lateinisch *Corpus hermeticum* genannt. Darin ist der vierte Teil tituliert: Das größte Übel unter den Menschen ist die Unkenntnis Gottes.

Das größte Übel unter den Menschen ist die Unkenntnis Gottes

Der nachfolgende Auszug stammt daraus:

> *1. Wohin lasst ihr euch treiben in eurer Trunkenheit, ihr Menschen, die ihr die ungemischte Lehre der Unwissenheit ausgetrunken habt, die ihr überhaupt nicht vertragen könnt? So speit sie doch sogleich wieder aus; haltet ein, werdet nüchtern! Blickt auf mit den Augen des Herzens. Und wenn ihr es nicht alle könnt, wenigstens die, die es können. Das Übel der Unwissenheit überschwemmt die ganze Erde und*

---

665 Siehe nächstes Kapitel

666 Zolkin-Zyklus: ein Zyklus nach dem Mayakalender von 539 Jahren

richtet zugleich die im Körper eingesperrte Seele zugrunde; lässt sie nicht in den Häfen der Rettung vor Anker gehen.

2. So lasst euch denn nicht fortreißen von der starken Strömung, sondern nutzt eine Gegenströmung, ihr, die ihr den Hafen der Rettung erreichen könnt, und ankert in ihm; sucht einen, der euch an die Hand nimmt und euch den Weg weisen wird zu den Pforten der Erkenntnis, wo das strahlende Licht ist, rein von Dunkelheit, wo auch nicht einer trunken ist, sondern alle nüchtern sind und mit ihrem Herzen aufblicken zu dem, der gesehen werden will. Denn ihn kann man nicht hören, nicht nennen, nicht mit Augen sehen, sondern nur mit dem Geist und dem Herzen.

Zuerst musst du das Kleid zerreißen, das du trägst, das Gewebe der Unwissenheit, die Grundlage der Schlechtigkeit, die Fessel des Verderbens, den finsteren Kerker, den lebendigen Tod, den wahrnehmenden Leichnam, das Grab, das du mit dir herumträgst, den Räuber im eigenen Hause, der dir seinen Hass durch das beweist, was er liebt, und dir das missgönnt, was er hasst.

3. So ist der Feind, den du als Kleid angezogen hast; er würgt dich nach unten zu sich hin, damit du nicht aufblickst, nicht die Schönheit der Wahrheit siehst und das Gute, das darin liegt; damit du nicht seine Schlechtigkeit hasst, wenn du seine Hinterhältigkeit begreifst, mit der er dir zu schaden sucht; denn er macht das, was die (geistigen) Wahrnehmungsorgane zu sein scheinen, die aber nicht dafür gehalten werden, wahrnehmungslos, verstopft sie mit viel Materie und füllt sie mit scheußlicher Lust, damit du nicht hörst, was du hören müsstest, und nicht siehst, was du sehen müsstest.

Im Thomasevangelium finden sich hermetische Gedanken wieder:

Geistige Trunkenheit,

Den hermetischen Text drückt Spruch 28 des Thomasevangeliums mit folgenden Worten aus:

Jesus sagte: „Ich trat inmitten der Welt auf und erschien ihnen im Fleische und ***fand alle trunken*** *und keinen fand ich durstig unter ihnen, und meine Seele litt für die Menschenkinder, weil sie* ***blind sind in ihrem Herzen*** *und nicht sehen, dass sie leer zur Welt gekommen sind, und sogar versuchen, die Welt leer zu verlassen. Doch seht, jetzt sind sie betrunken. Erst wenn sie* ***den Wein ausgeschieden haben,*** *wird sich ihr Wesen ändern."* [667]

Der blinde Blindenführer

Im Thomasevangelium heißt der Text:

Jesus sagte: „Wenn ein Blinder einen Blinden führt, fallen beide hinunter in eine tiefe Grube." [668]

Sein Vorläufer findet sich im Friedensevangelium:

Keiner sieht das Licht des Lebens. Blinde Menschen führen blind auf die dunklen Pfade der Sünden, Krankheiten und Leiden; und zuletzt fallen alle in die Todesgrube.

Der hermetische Vorläufer heißt:

Sucht einen, der euch an die Hand nimmt und euch den Weg weisen wird zu den Pforten der Erkenntnis, wo das strahlende Licht ist, rein von Dunkelheit.

Die Quelle von Thomasspruch 21

Der Spruch 21 des Thomasevangeliums lautet:

Mariham sagte zu Jesus: „Wem gleichen deine Jünger?" Er sagt: „Sie gleichen kleinen Kindern, die sich auf einem Feld aufhalten, das ihnen nicht gehört. Wenn die Herren des Feldes kommen, werden sie sagen: ‚Lasst uns unser Feld!' Sie

---

[667] ThEv 28

[668] ThEv 34

> ***sind nackt** vor ihnen, so dass sie es ihnen lassen und ihnen ihr Feld geben. Darum sage ich euch: Wenn der Herr des Hauses weiß, dass **der Dieb kommt**, wird er wachen, ehe er kommt, und er wird ihn eindringen lassen in das Haus seines Königreiches, um seine Sachen fortzutragen. Ihr aber: wacht angesichts der Welt, gürtet eure Lenden mit aller Kraft, damit die Räuber keinen Weg finden, zu euch zu kommen. **Denn der Vorteil, auf den ihr bedacht seid, sie werden ihn finden.** In eurer eigenen Tiefe sei ein erfahrener Mann! Als die Frucht reif war, eilte er herbei, die Sichel in der Hand, und erntete sie.*

Der hermetische Text lautet:

> *Zuerst musst du **das Kleid zerreißen**, das du trägst, das Gewebe der Unwissenheit, die Grundlage der Schlechtigkeit, die Fessel des Verderbens, den finsteren Kerker, den lebendigen Tod, den wahrnehmenden Leichnam, das Grab, das du mit dir herumträgst, **den Räuber im eigenen Hause,** der dir seinen Hass durch das beweist, was er liebt, **und dir das missgönnt, was er hasst**.*

Wer Ohren hat, der höre

Im dritten Abschnitt dieses Teils des Corpus hermeticum heißt es:

> *Denn er macht das, was die (geistigen) Wahrnehmungsorgane zu sein scheinen, die aber nicht dafür gehalten werden, wahrnehmungslos, verstopft sie mit viel Materie und füllt sie mit scheußlicher Lust, damit du **nicht hörst, was du hören müsstest,** und nicht siehst, was du sehen müsstest.*

Daraus wird bei Jesus:

> ***Wer Ohren hat, zu hören, der höre!***

Teil 3: Die Geheimlehre

„Ich sage meine Geheimnisse denen,
die meiner Geheimnisse würdig sind.
Thomasevangelium, Spruch 62

Die einleitenden Worte des Thomasevangeliums lauten: „Dies sind die geheimen Worte, die Jesus der Lebendige sagte und die der Zwilling Judas-Thomas aufgeschrieben hat."
Was die geheimen Worte meinen, erzählt das Matthäusevangelium.
Nach dem Erzählen des Gleichnisses vom Säen, fragten Jesu Jünger:

„Warum redest du in Gleichnissen zu ihnen?" [669]

Seine Antwort deckt auf, dass er den Jüngern eine Geheimlehre gab:

„Euch hat Gott die Geheimnisse des Himmelreichs anvertraut, ...[670]
jedoch nicht dem Volk, das noch nicht reif dafür ist." [671]

Um diese Geheimlehre zu verstehen, brauchst du ein anderes, als das landläufige, vereinfachte Gotteskonzept und zusätzlich musst du das spirituelle Wesen *Mensch* verstehen.

---

[669] Mt 13,10
[670] Mt 13,11
[671] Mt 13,13-15

Gott

Wer sucht, soll nicht aufhören zu suchen,bis er findet.
Und wenn er gefunden hat, wird er verwirrt sein,
und verwirrt, wird er sich im Staunen verlieren,
und er wird herrschen über das All.
Thomasevangelium, Spruch 2

Der Wortursprung von Gott

Der Wortstamm von *Gott* ist außerhalb des germanischen Sprachraums unbekannt. [672] Gott ist eine Verkürzung von *Godan*. [673] Godan ist nach der zweiten Lautverschiebung des „W" zum „G" die romanische Schreibweise des südgermanischen Wodan. [674] Für die südgermanische Form Wodan ist die nordgermanische Namensform Odin üblich. [675]
Bei den Menschen, die noch in der irdischen Nabelschau verhaftet sind und glauben, dass nur die Erde von Menschen bevölkert sei, entsteht jetzt ein Problem. Unsere Religionen stammen von anderen Planeten. [676]

Odin von der Venus

Die blonde, blauäugige Rasse kam von der Venus. [677] Die Venusier starteten verschiedene Versuche, den zur Erde ausgewanderten Verwandten, behilflich zu sein. Die in USA wohnende Venusierin *Omnec Onec* sagt, dass ihr Onkel auf der Venus *Odin* heißt. [678] Damit ist Odin ein Venusier. Er ist mythenumrankt. Wie (H)Enoch den Hebräern die Schrift, oder Thot

672 lateinisch: deus, griechisch: deos, slawisch: bog, iranisch bogu

[673] vergl. Hady Jiffy: *Die verschollene Wiege der Kultur und Seefahrt*, S. 390 und 394 ISBN 3-00-000279-0

[674] vergl. Wikipedia, Stichwort Gott

[675] vergl. Wikipedia, Stichwort Odin

[676] Peter A. Söhngen: *Gespräche mit Lucy*, Band 3, *Verkehr zwischen Himmel und Erde*, Leonberg, 2002

[677] vergl. Omnec Onec: *Ich kam von der Venus*, S. 19, Düsseldorf,1994[2]

[678] Omnec Onec: *Ich kam von der Venus*, S. 82, Düsseldorf,1994[2]

den Ägyptern die Hieroglyphen, die heiligen Zeichen, brachte, so brachte, nach der Edda, Odin den Germanen die heiligen Runen, die germanischen Schriftzeichen. [679] Damit bezeichnet *Gott* ursprünglich der Name des Venusiers Odin, der den Germanen einen Entwicklungsschub brachte und von ihnen wie Thot oder Henoch, hoch verehrt wurde. Wie der den Sumerern und Babyloniern göttliche Ea der Chef-Entwickler der Bewohner des Nibiru [680] ist, so ist der den Germanen göttliche Odin der Chef-Entwickler zumindest der Venusier. Ein Chef-Entwickler wird pathetisch gerne *Schöpfer* genannt.

Bedeutungsverschiebung zu christlicher Zeit

Einen Begriff für einen jenseitigen Gott entwickelten die Germanen nie, oder speziell im Norden sehr spät. Erst bei Snorri Sturluson im 13. Jahrhundert ist Odin der *Alfaþir* [681] (*Allfather, Allvater*). Um den auftauchenden Christen entgegentreten zu können, wurde in der Übergangszeit der Christianisierung Odin, Thor und Balder in den isländisch-nordischen Texten zu allmächtigen oder vollkommenen Göttern erklärt. Die ehemals geschlechtsneutrale Begrifflichkeit *Gott* wurde daraufhin im Germanischen männlich, sobald sie den christlichen Gott bezeichnete. So trat infolge der Christianisierung der heute bestehende Bedeutungswandel ein, in dem das Wort umgedeutet und auf den – meist als männlich empfundenen – jüdisch-christlichen Gott JHWH angewendet wurde. [682]

---

[679] Edda, Odins Runenlied

680 Nibiru: Planet unseres Sonnensystems, er hat eine Umlaufzeit von etwa 3-tausend Jahren

681 Þ dieser gotische Buchstabe, der wie b und p zusammen aussieht, entspricht dem th

[682] vergl. Wikipedia, Stichwort Gott

Begriffsbestimmung

Bezüglich dessen, was Gott ist, gibt es ungeheure Missverständnisse. In allererster Linie trägt diejenige heilige Schrift dazu bei, die *Bibel* genannt wird. In ihr heißt es:

> *Als der Tag kühl geworden war, hörten sie Gott, den Herrn, wie er im Garten ging. Und Adam versteckte sich mit seinem Weibe vor dem Angesicht Gottes des Herrn unter den Bäumen im Garten.* [683]

Anschließend wird Adam und Eva aus dem Garten vertrieben, weil sie von der Frucht des verbotenen Baumes gegessen hatten. Im heiligsten Buch der Juden und Christen *knirscht der Kies* unter den Füßen eines Individuums, das an dieser Stelle Gott genannt wird. Spätestens hier ist Gott endgültig ein Individuum, und später tut dieses Individuum seinen Mund auf und spricht mit Noah, [684] Abraham, [685] Jakob [686] und Moses. [687]

Dieses Individuum ist in der *Heiligen Schrift* so mächtig, dass es Himmel und Erde erschuf. Dieses überall gegenwärtige, naturwissenschaftlich sanktionierte, aber geisteswissenschaftlich durchaus kritisierte Missverständnis wird nicht nur religiös, sogar politisch hochgehalten. Das mächtige Individuum, das *Gott* genannt werden will, tut alles, damit an diesem falschen Bild nicht gekratzt wird. Der Erzvater Jakob rang mit ihm einen Zweikampf, und beim Morgengrauen bekam dieser *Gott* plötzlich das Muffensausen und machte sich eilig aus dem Staub in sein Raumfahrzeug. [688] Dieser *Gott* heißt Jahwe. Er bildet den Gegenspieler von Jehova. In der *Heiligen Schrift* wird Jehova mit Jahwe gleichgesetzt! Falls nicht die Bezeichnung *Gott,* sondern der Name verwendet wird, wird von den Übersetzern

---

[683] 1. Mos 3,8

[684] 1. Mos 8,15

[685] 1. Mos 17,22

[686] 1. Mos 32,29

[687] 2. Mos 24,12

[688] Jakob träumte nicht, er glaubte zu träumen,1. Mos 28,12-14 und 32,26

immer nur der eine oder immer nur der andere Name verwendet.
Jahwe gründete durch den Priester Esra (um 458 v. Z.) ein halbes Jahrtausend vor Jesus, dem Völkerapostel Paulus (*um 5, † 64) und Mohammed (*um 570, † 632) die Abrahamidischen Religionen, damit er verehrt wird. Er verlangte: „Du sollst nur mich verehren und keine anderen Götter neben mir haben."
Unsere Menschenrasse erschufen diejenigen Schöpferinnen, die Elohim genannt werden. Die Einzahl von Elohim ist Eloha. In der hebräischen Bibel heißt es nicht, Gott schuf Himmel und Erde, sondern Elohim schufen Himmel und Erde. Ganz genau heißt es: „Elohim trennten Himmel und Erde."

Die Elohim

Auszug aus den Lacerta-Texten,
die eine Innerirdische erzählte

Vor 1,5 Millionen Jahren kam eine andere außerirdische Art auf die Erde. (Es war überraschend: die erste Art seit über 60 Millionen Jahren. Dies würde überraschender für Sie sein, wenn Sie wüssten, wie viele andere Arten heute hier sind.) Das Interesse dieser humanoiden Art – Sie nennen sie heute ‚Ilojiim' – war nicht das Rohmaterial und das Kupfer, es war zu unserem Erstaunen der humanoide Affe. Trotz unserer Gegenwart auf diesem Planeten entschieden sich die Außerirdischen zur Hilfe für die Affen, sich ein bisschen schneller zu entwickeln, um ihnen in der Zukunft als eine Art von Sklaven-Rasse in kommenden Kriegen zu dienen. Das Schicksal Ihrer Spezies war nicht wirklich wichtig für uns, aber wir mochten die Gegenwart der ‚Ilojiim' auf unserem Planeten nicht, und sie mochten unsere Gegenwart auf ihrem neuen ‚Milch-Zoo'-Planeten nicht, und so war ihre sechste und siebte Schöpfung der Grund für einen Krieg zwischen uns und ihnen. Sie können über den Krieg teilweise in dem Buch lesen, das Sie *Bibel* nennen, in einer sehr eigenartigen Art der Beschreibung. Die wirkliche Wahrheit ist eine sehr lange und schwierige Geschichte. [689]

Gott äußert sich als Liebe

Gott äußert sich als Liebe. Alles was liebt ist Gott.
Die göttliche Eigenschaft zu lieben kann als *an sich heranziehen* gesehen werden. Die Hierarchie der Liebenden reicht über die Elohim bis zu den Atomteilchen hinab, die mit ihrer Affinität sich gegenseitig anziehen. Die Liebe ist die Anziehungskraft, gleichgültig ob sie emotional, erotisch, magnetisch, elektrisch oder nochmal anders differenziert werden kann. So sind Schöpfer und Schöpfung Gott. Alles was ist, ist Gott. Dies wird auf Griechisch Pantheismus genannt.

Bewusstsein

Die entgegengesetzte Eigenschaft von anziehen zeigt sich im *von sich wegschieben*. Letztere Eigenschaft gipfelt im Kreieren. Um etwas heranzuholen oder wegzuschieben braucht es des Bewusstseins, das heißt, eines Willens und der Fähigkeit wahrzunehmen.
Wenn du die endgültige Erleuchtung erreichst, wirst du zum Ruhenden Bewusstsein, und damit zum Universum, das du dann beherrschen kannst. Gott ist Bewusstsein. Bewusstsein bedeutet wissentlich und willentlich sich entscheiden zu können.
Umgekehrt bedeutet dies, wenn du dich kleiner machst, weil du glaubst, dass das alles zu groß oder zu viel sei, verlierst du die Macht über das Universum. Das Thomasevangelium drückt dies so aus:

> *„Wer das All erkennt,*
> *aber seiner selbst beraubt wird,*
> *der wird des Alls beraubt."* [690]

---

[689] www.fallwelt.de/dokumente/lacerta1.htm
[690] ThEv 67

Die drei Bewusstseinsaspekte Gottes können mit Vater, Mutter und Kind personifiziert werden: Der Vateraspekt zeigt sich in der Weisheit, sie bildet die Wurzel der Liebe. [691] Der Mutteraspekt besteht in der Achtsamkeit und dem Ausgießen des Lebens. [692] Der Kindesaspekt zeigt sich in der Daseinsfreude, die sich durch die Schöpfung äußert. [693]

Dass auch die sogenannte leblose Welt Bewusstsein besitzt wurde experimentell herausgefunden, und lies das Fachgebiet der Quantenphysik entstehen.

Übergreifende Definition

Bevor eine die verschiedenen Religionen übergreifende Definition des Gottesbegriffs herauskristallisiert wird, muss auf ein sehr grundlegendes Dilemma hingewiesen werden. Menschliche Betrachtungen sind, wie Yin und Yang, [694] gegensätzlich. Eine die Religionen übergreifende Definition muss beide Pole, die von Yin und Yang, einschließen.

Damit könnte der, aus der Ruhe heraus, in die Bewegung getretene Gott, definiert werden:
Alles was existiert ist Gott. (Yin-Aspekt) Innerhalb dieses Existierenden gibt es hierarchische Abstufungen. (Yang-Aspekt)

---

[691] Theosophische Sicht, zitiert nach Michael Micklei: Die Krönung des Bewusstseins, eine göttliche Handreichung durch das ho' oponopono nach Morrnah Simeona, S. 22, Bernhardswald, 20113

[692] Michael Micklei: Die Krönung des Bewusstseins, eine göttliche Handreichung durch das ho' oponopono nach Morrnah Simeona, S. 26, Bernhardswald, 20113

[693] derselbe, S. 23

694 Yin und Yang, siehe Die Essener, Seite 47 und 48,

Schöpfungsmythen

Verschiedene Kulturen haben verschiedene Schöpfungsmythen. Die matriarchalischen[695] Schöpfungsmythen sind zyklisch, die patriarchalischen[696] linear. Die Frage, wann begann die Schöpfung und wann endet sie, entspringt linearem Denken. Die Frage, was war zuerst, die Henne oder das Ei, entspringt dem zyklischen Denken.

Wenn du die Zeit als Linie darstellen wolltest, dann wäre eine Helix, [697] die geeignetste Form. Du würdest dich durch die Zeit wie auf einer Wendeltreppe in den Himmel schrauben. Wo die Wendeltreppe von der Sonne beschienen wird, liegt die Tageszeit, und die Nachtzeit liegt im Schatten. Tag- und Nachtzeit ergeben zusammen einen Tag, einen Umgang auf der Wendeltreppe.

Steht ein Umgang nicht für einen Tag, sondern für ein Jahr, dann entspricht die Sonnenseite der Sommerzeit und die Schattenseite der Winterzeit.

Steht ein Umgang für ein ganzes Leben, dann beginnt es im tiefsten Schatten der Wendeltreppe, tritt mit der Jugend aus dem Schatten ins Licht, und mit dem Alter aus dem Licht in den Schatten.

Bei der Henne und dem Ei besteht die Schattenseite aus dem Küken in dem Ei, nämlich die Schöpfung der Legehenne, bis das Küken aus dem Schatten tritt und zur fruchtbaren Henne herangereift ist. Auf der Sonnenseite wird die Junghenne zur Schöpferin und legt nun selbst ein Ei, aus dem wieder ein Küken schlüpfen wird.

So wiederholen sich die Generationen zyklisch.

---

695 matriarchalisch: Die Mütter tragen die größere Verantwortung, als die Väter

696 patriarchalisch: Die Väter tragen die größere Verantwortung, als die Mütter, Herrschaft, der Männer

697 Helix: Wendel oder Schraubenlinie, laienhaft auch Spirale genannt; doch eine Uhrwerksfeder besitzt Spiralform, aber eine Sprungfeder besitzt Helixform.

Mit dem Patriarchat wurde der ganze Tag in zwei Halbzyklen von Tag und Nacht unterteilt. Darauf wurde die Nachthälfte ignoriert. Nur noch die Tageshälfte von ihrem Anfang bis zu ihrem Ende interessierte. Damit war die lineare Zeit, mit einem Anfang und einem Ende, geboren. Die Abschnitte wurden mit Schöpfung, Bestehen und Ende vergöttlicht. Die Schöpfungsmythen wurden erfunden. In Indien sind dies der Schöpfergott Brahman, der tätige hundertarmige Vischnu und Schiva der Zerstörer.
Die drei Nornen, die nordischen Schicksalsgöttinnen, entsprechen der indischen Göttertrias. Die nordische *Skuld,* das Zukünftige, entspricht dem indischen Schöpfer *Brahman*. Jeweils nach beider Entscheidung entsteht das Zukünftige, welches dann die Schöpfung sein wird. Die nordische *Verdani,* das Werdende, entspricht dem hundertarmigen indischen *Vischnu*, dem Erhalter. Die nordische *Urd*, das Gewordene entspricht dem indischen *Schiva*, dem Zerstörer.
Die Hebräer ließen wegen Jahwe, der nur als einziger Gott verehrt werden wollte, den Erhalter und den Beender fallen. Bei ihnen setzt Jahwe alles in Gang und beendet es auch wieder.

Anfang und Ende des Menschen

Im ersten Schöpfungskonzept des Juden- und Christentums, das von den Sumerern übernommen und uns über tausend Jahre anerzogen wurde und das der Christ verinnerlicht hat, wurde der Mensch von Gott geschaffen:

Da formte Jahwe, Gott, den Menschen.
Er nahm lose Erde vom Ackerboden
und hauchte Lebensatem in seine Nase. [698]

Danach ist der Mensch ein Dreck, der von Jahwe belebt wurde. Wo kommt demnach der Mensch her? Der Körper kommt von der Erde. Das Leben kommt von Jahwe durch die Nase.

---

[698] 1.Mos 2,7

Wo geht der Mensch hin? Je nachdem, wie er gelebt hat, in den Himmel:

Freut euch und jubelt!
Denn im Himmel wartet ein großer Lohn auf euch. [699]

oder in die Hölle:

Wer aber zu seinem Bruder „Schwachkopf" sagt,
der gehört vor den Hohen Rat.
Und wer zu ihm sagt: „Du Idiot!"
gehört ins Feuer der Hölle. [700]

In derselben Bibel gibt es auch noch ein anderes Schöpfungskonzept. Da ist der Mensch kein belebter Dreck, sondern ein Gott. Dort heißt es:

Ich sagte zwar:
„Ihr seid Götter,
Söhne des Höchsten,
ihr alle!"
Doch werdet ihr wie Menschen sterben. [701]

Obwohl das Johannesevangelium hinweist, dass Menschen Götter sind, [702] wird es in der christlichen Lehre nicht hervorgehoben, ein kleines, dummes, unfähiges Kind Gottes darfst du noch sein, wer aber die Kühnheit besitzt, ein Gott sein zu wollen, macht sich bei Kirche und Staat der Gotteslästerung schuldig. Der Mensch ist nicht bloß pro forma ein Kind Gottes, er ist Gott. Auf welche Stufe der hierarchischen Leiter er steht, kann er ermessen, indem er schaut, nicht was er kontrolliert, sondern für was er sich verantwortlich fühlt. Jahwe will die Hebräer kontrollieren, aber Jehova fühlt sich für *Hoova*, einem Planeten, und seine Auswanderer, die Hebräer verantwortlich. [703] Mutter Erde, *Gaia*, fühlt sich für die Erde, *Odin* für alle zwölf Plane-

---

[699] Mt 5,12
[700] Mt 5,22
[701] Ps 82.6
[702] Jh 10,34
[703] Phyllis Virtue-Carmel: *Planet der Wandlung*, S. 91, Güllesheim, 1997[2]

ten unseres Sonnensystems, [704] der *Aton* der Ägypter fühlt sich für unser Sonnensystem und *Hunab Ku* der Maya fühlt sich für unsere Milchstraße verantwortlich. [705] Wer sich für unseren Sternennebel, für unseren Nebelhaufen oder für die Welteninsel unserer Nebelhaufen oder gar für alle Welteninseln verantwortlich fühlt, weiß ich nicht.

Jehova, der sich für die Hooviden verantwortlich fühlt, ist etwa *Odin* gleichzusetzen, der sich für die Bewohner unseres Sonnensystems verantwortlich fühlt!

Du bist **ein** Gott, aber nicht **der** Gott. **Der** Gott besteht aus einer Hierarchie unzähliger Götter. **Der** Gott ist das Kollektiv aller Götter zusammen. [706]

Im Thomasevangelium wird ein anderes als das mosaisch-christliche-islamische Schöpfungskonzept vorausgesetzt. Zunächst existiert ein Ruhendes Bewusstsein. Die Inder sagen Parabrahman dazu. Das Bewusstsein besitzt Wissen, es hat aber keine Erfahrung, wie irgendetwas „schmeckt". Wissen geht unter den Nagel, Erfahrung unter die Haut. Und um Erfahrung, die unter die Haut geht, zu sammeln, lösten sich Teile vom Ruhenden Bewusstsein, die Wesen, die agieren. Im Thomasevangelium steht:

> *Jesus sagte:*
> *„Wenn die Menschen euch fragen, woher kommt ihr,*
> *so antwortet, wir sind aus dem Licht gekommen,*
> *von dort, wo das Licht aus sich selbst heraus geboren ist.*
> *Wenn sie euch fragen, wer seid ihr,*
> *so antwortet, wir sind seine Söhne und die Auserkorenen des lebendigen Vaters.*
> *Wenn sie euch fragen, welches ist das Zeichen eures Vaters der in euch ist, so antwortet, es ist Bewegung und Ruhe."*
> [707]

---

[704] Odins Brief an George Adamski, von 1953, von Omnec Onec 1993 ins Englische übertragen

[705] http://www.torindiegalaxien.de/erde10/Das Mysterium des Hunab Ku.pdf

[706] Phyllis Virtue-Carmel: *Planet der Wandlung*, S. 57, Güllesheim, 1997[2]

Im Thomasevangelium schließt die Existenz des Menschen sich zu einem Kreis. Dass der Mensch dabei auf der Wendeltreppe eine Stufe höher gelangt ist, scheint nicht erwähnenswert gewesen zu sein. Im thomasischen Konzept kommt der Mensch aus dem Licht und kehrt zu ihm zurück.

Habt ihr den Anfang aufgedeckt
um das Ende zu suchen?
Denn wo der Anfang ist,
wird auch das Ende sein.
Selig, wer im Anfang stehen wird,
denn er wird das Ende erkennen,
und den Tod nicht schmecken. [708]

Selig seid ihr, Einsgewordene, Auserwählte,
denn ihr werdet das Königreich finden.
Da ihr aus ihm hervorgegangen seid,
werdet ihr dahin zurückkehren. [709]

Das Geheimnis des Atman

Die Upanischaden [710] helfen das Thomasevangelium zu verstehen. Da heißt es:

Wahrlich, dieses Universum war im Anfang das Brahman.
Da erkannte dieses Brahman, sein Selbst:
„Ich bin das Brahman dadurch entstand aus ihm das All." [711]

Das bedeutet:

Wahrlich, dieses Universum war im Anfang das Ruhende Bewusstsein. Da erkannte dieses Ruhende Bewusstsein

---

[707] ThEv 50

[708] ThEv 18

[709] ThEv 49

710 Upanischaden: Indische Weisheitsbücher

[711] Brhadaranyaka-Upanischad 1.4.21

sich selbst: „Ich bin das Ruhende Bewusstsein." Deshalb entstand aus ihm das All. [712]

Die Upanischaden fahren dann fort:

Daher wurde, ... wer immer von den gewöhnlichen Menschen zur Erleuchtung gelangte, zu diesem Universum. [713]

... Daher ist es auch heute noch so: wer weiß:
„Ich bin das Brahman der wird zu diesem All. [714]
Wie wenn eine Spinne durch ihren Faden aus sich heraus-träte – wie kleine Funken aus dem Feuer heraustreten -,
so treten aus dem Selbst alle Lebenskräfte, alle Welten,
alle Himmlischen, alle irdischen Wesen,
alle Einzelindividualitäten. [715]
Dieses Selbst ist die Essenz aller Lebewesen.
Alle Lebewesen sind die Essenz dieses Selbst.
Diese aus Licht bestehende,
aus Unsterblichkeit bestehende Seele in diesem Körper
und dieses geistige Substrat der Identität ist das Brahman,
es ist alles.
Wahrlich dieses Selbst ist der Oberherr aller Lebewesen,
der König aller Lebewesen.
Wie alle Speichen in der Radnabe und am Radkranz befestigt sind, so sind alle Himmlischen, alle irdischen Wesen alle Selbste in diesem Selbst befestigt." [716]

---

[712] Brhadaranyaka-Upanischad 1.4.21
[713] Brhadaranyaka-Upanischad 1.4.21
[714] Brhadaranyaka-Upanischad 1.4.22
[715] Brhadaranyaka-Upanischad 2.1.23
[716] Brhadaranyaka-Upanischad 2.5.14

Das Selbst meint die Seele

An anderer Stelle der Upanischaden heißt es:

Das Licht nun, das jenseits vom Himmel leuchtet, über allem, über jeglichem, in den allerhöchsten Welten – wahrlich, das Licht, das innen im Menschen ist, das ist dieses Licht. [717]

Dieses gilt nicht im übertragenen Sinn, es kann mit einem Belichtungsmesser, aber einem besseren als ihn Fotografen verwenden, gemessen werden.

Dieses Licht im Menschen nimmt man wahr,
wenn man im Körper durch Berührung Hitze unterscheidet;
dieses Licht vernimmt man,
wenn man sich die Ohren zuhält
und dann etwas wie ein Rauschen,
wie ein Brausen wie von flammendem Feuer erlauscht. [718]

Hitze meint z. B. die der Hände von Geistheilern.

Im Thomasevangelium heißt es bezüglich des Lichts:

Seine Jünger sagten zu ihm:
„Unterrichte uns über den Ort, an dem du bist,
denn es ist notwendig, dass wir ihn suchen.“
Er sprach zu ihnen:
„Wer Ohren hat, der höre! Licht ist in einem Lichtmenschen, und er erleuchtet die ganze Welt. Leuchtet es nicht, so herrscht Finsternis.“ [719]

Im Johannesevangelium findet sich:

„Herr“, sagte Thomas, „wir wissen nicht einmal, wo du hingehst.“ [720]

Wenn aber einer bei Nacht wandert, stößt er an, weil das Licht nicht bei ihm ist. [721]

---

[717] Chandogya-Upanischad 3.13.7
[718] Chandogya-Upanischad 3.13.8
[719] ThEv 24
[720] Jh 14,5
[721] Jh 11,10

Unverstandene Übersetzungen meinen, weil das Licht der Sonne oder einer Laterne fehle.
In der Finsternis kann das Leuchten eines Erleuchteten wahrgenommen werden. Lukas spricht davon:

Wenn du ganz vom Licht durchdrungen bist
und nichts mehr finster in dir ist,
dann ist es so,
als ob dich eine Lampe mit ihrem hellen Schein anstrahlt:
Alles steht im Licht. [722]

Der Erwachte

Im Thomasevangelium, Spruch 4 heißt es:

Jesus sagte:
„Ein Greis wird nicht zögern,
in seinem Alter, ein kleines Kind von sieben Tagen
über den Ort des Lebens zu befragen;
und er wird leben.
Denn viele Erste werden Letzte sein,
und sie werden Eins sein.“ [723]

Die Redaktoren der Synoptiker haben diesen Spruch nicht verstanden, deshalb machten sie einfach daraus:

Die Ersten werden die Letzten,
und die Letzten werden die Ersten sein. [724]

Die zahlensybolische Sieben vertritt der Übergang von der materiellen Welt in die der Transzendenz. [725] *Ein kleines Kind von sieben Tagen* bezeichnet einen Erwachten, der die Ebene der transzendenten Welt erreicht hat. Er weiß über Anfang und Ende des Lebens und über die Zeit zwischen Tod und Wiedergeburt Bescheid.

---

[722] Lk 11,33-36

[723] ThEv 4

[724] Mt 19,30; 20,16; Mk 10,31; Lk 13,30

[725] Werner Johannes Neuner: *Die Matrix - Der Schlüssel zum ersten Bewusstsein*, S. 171-175, ISBN 978-3-902280-88-6

Das Dreigespann der Wesen

Nach den drei göttlichen Aspekten 1. Weisheit und Liebe, 2. Achtsamkeit und Ausgießen des Lebens, 3. Daseinsfreude durch Schöpfung, besteht auch der Mensch aus einer Dreiheit. Dabei geht es um die Trinität der Seele.
Der erste Gegenpapst *Hippolyt*, (*um 170, † 235), meinte: Die Assyrer waren als erste der Meinung, die Psyche sei dreigeteilt und dennoch eins. [726]
Die alten Ägypter verstanden es noch richtig. Sie zeichneten dazu drei Vögel aneinander.

Die drei im Menschen miteinander verbundenen, geistigen Wesen

Bezeichnungen

Was die alten Ägypter das *Ach, Ka und Ba* nannten, das nennt die moderne Psychologie das Hohe Selbst, Mittlere Selbst und Niedere Selbst. Im Totenbuch der Ägypter heißt es:

Ein Gott ist mein Ba. [727]

Die Hawaiianer, die diese Thematik vielleicht am besten durchdrungen haben, nennen das Hohe Selbst *Aumakua,* das Mittlere Selbst *Uhane,* das Niedere Selbst *Unihipili.*

---

[726] Hippolyt V,7,3ff, zitiert in: *Gnosis - Das Buch der verborgenen Evangelien,* Seite 133, Pattloch Verlag, 1989, Augsburg

[727] Ägyptisches Totenbuch, Spruch 85,3

Sigmund Freud, der Vater der Psychoanalyse, (* 1856, † 1939) nannte das Hohe Selbst das *Über-Ich*, das Mittlere Selbst das *Ich* oder *Ego* und das Niedere Selbst das *Es*.
Die frühen christlichen Theologen hielten sich für klüger als ihre Gegner, die Gnostiker, aber sie kannten den Schlüssel nicht, um Jesu Aussagen über den *Vater* und den *Sohn* zu verstehen.
Im Thomasevangelium nennt Jesus das Hohe Selbst den *Vater*, das Mittlere Selbst den *Sohn* und das Niedere Selbst den *Diener oder Sklaven*. Das war eines der Geheimnisse des Thomasevangeliums.

Die Entstehung des Menschen aus dem Affen spricht von der Entwicklung des menschlichen Körpers. Das Wesen *Mensch* existiert nur eine Zeit lang mit Körper, davor und danach existiert es ohne Körper. Entgegen dem Körper wird dieses Wesen *Seele* oder *Selbst* genannt.

Die Entstehung der Seelentroika

Die Entstehung der Troika von Hohem, Mittleren und Niederem Selbst liegt weitgehend im Dunkeln, wie die Mythen der verschiedenen Kulturen zeigen. Auch das Thomasevangelium macht diesbezüglich keine großartige Ausnahme.
Für mich gilt, was der vor über zweitausend Jahren verstorbene Tobias,[728] durch das Medium Godfrey Hope (*1955), sagte. Er sagte, dass das Ruhende Bewusstsein - worunter man landläufig Gott versteht - um seine Fähigkeit kreieren zu können weiß, aber nun einmal über das bloße Wissen hinaus, es ausprobieren wollte.

Zu diesem Experiment lösten sich Teile des Gesamtbewusstseins. Diese Teile übernahmen die Aufgabe zu kreieren. Dabei

---

728 Tobias war der Sohn der Hauptperson in dem von den Lutheranern als apokryph angesehene, alttestamentliche Buch Tobit. Er ist zurzeit (ich denke nicht in Jahren, ich denke in Inkarnationen) in Israel inkarniert.

wurde ihnen völlige Freiheit zugestanden. Weiter wurde vereinbart, dass diese entstandenen Bewusstseinseinheiten, sich teilen. Der eine Teil kreiert, und der andere Teil hat den kreierenden Teil zu beschützen und bedingungslos zu lieben. Der beschützende Teil ist das Hohe Selbst und der kreierende Teil ist das Mittlere Selbst. Über die Entstehung des Niederen Selbst und wie es mit den beiden anderen Selbsten verbunden wurde habe ich leider keine Meinung.

Die Aufgaben

Die Aufgabe des Hohen Selbst besteht darin, seine eigene und die Existenz des Mittleren Selbst zu sichern. Die Aufgabe des Mittleren Selbst besteht darin, völlig frei zu kreieren. Die Aufgabe des Niederen Selbst besteht darin, dem Mittleren Selbst das zur Verfügung zu stellen, was es braucht. Während des Lebens gehört dazu, dem Mittleren Selbst einen funktionstüchtigen Körper und die erforderliche Energie zur Verfügung zu stellen.

Das Niedere Selbst wird auch mit Körperweisheit oder inneres Kind bezeichnet. Sigmund Freud nannte das Niedere Selbst auch *das Unterbewusstsein*. Im Allgemeinen wird das Unterbewusstsein, anstatt eines Wesens, als ein primitiver Verstand angesehen.

Der schon erwähnte Tobias sagte durch das Medium Godfrey Hope, dass das Hohe Selbst wie in einem Kokon versteckt sei und das Mittlere Selbst beschütze, und dass sie engstens miteinander verbunden sind, gewissermaßen wie Zwillingsbrüder.

Der Sprachgelehrte und Hunaforscher[729] Max Freedom Long (*1890, †1971) sagte: „Das Niedere Selbst dient den beiden anderen Selbst, wie ein jüngerer Bruder. Es ist mit dem Mittleren

---

729 Huna: die hawaiianische Weisheitslehre

Selbst verbunden und es hängt an ihm, als wären beide, Teile eines gemeinsamen aus ihnen „zusammengeklebten Ganzen."
Max Freedom Long schrieb: „Das ermöglicht es uns, eines der krassesten Missverständnisse des Christentums verspätet zu berichtigen. Wir wenden uns ab vom zornigen und blutrünstigen Jahwe des frühen Judentums und kehren zurück zum liebenden Vater, der selbstverständlich nicht der Höchste Gott ist, sondern immer der Vater, nämlich das Hohe Selbst, dessen Liebe nie wankelmütig wird. [730]

Das Hohe Selbst

Das Hohe Selbst, befindet sich außerhalb des Körpers. Hellsichtige sehen es durch die sogenannte Silberschnur mit dem Mittleren Selbst im Herzen verbunden.
Wenn bei einem Unfall ein Wunder geschieht, wird das Hohe Selbst *Schutzengel* genannt.

Seine Aufgabe im Lebensprozess besteht darin, wie ein Wächter wahrzunehmen. Wenn etwas anders als gewünscht läuft, so schlägt es Alarm. Das Hohe Selbst ist das Gewissen, das in oder zu einem spricht. Es erinnert das Mittlere Selbst intuitiv an die universalen Gebote. Zu diesen universalen Geboten zählt: Gebrauche keine Gewalt, missbrauche kein Vertrauen. Im Thomasevangelium heißt es:

> *Lügt nicht, und was ihr hasst, das tut nicht,*
> *denn im Angesicht des Himmels ist alles offenbar.*
> *Es gibt nichts Verborgenes, das nicht offenbar werden wird und es gibt nichts Verstecktes, das nicht aufgedeckt werden wird.* [731]

Zu den universalen Geboten zählt auch das Liebesgebot und das Mitempfinden, das Sehen mit dem Herzen, zu dem sich am

---

[730] Max Freedom Long: *Die verborgene Lehre Jesu*. Seite 110, Darmstadt, 2004

[731] ThEv 6

Anfang das Hohe Selbst bedingungslos verpflichtet und das Mittlere Selbst immer wieder daran erinnert. So heißt es im Thomasevangelium:

Liebe deinen Bruder wie deine Seele,
behüte ihn wie deinen Augapfel. [732]

Das Hohe Selbst teilt dem Mittleren Selbst immer wieder intuitiv mit, nicht tatenlos herumzulungern, sondern zum Kreieren beizutragen. Genauso fordert es Ruhepausen zu machen und empfiehlt deine oder andere Schöpfungen zu genießen, zum Beispiel einen Film anzusehen, die Wärme der Sonne, den Gesang der Vögel oder ein Essen zu genießen. Das ist Anerkennen der Schöpfung, das ist Liebe.
Entgegen den universalen Geboten ist die Moral kein universales Gebot. Vor allem sind die Tabus keine universalen Gebote. Moral oder Tabus sind menschengemachte Gesetze. Sich nicht unmoralisch zu kleiden, sind von kulturellen Kreisen getroffene Übereinstimmungen, die von den Kulturkreisen von Zeit zu Zeit sogar widerrufen werden, und mit denen du nicht übereinstimmen musst, dann aber den Ausschluss aus der Gesellschaft erwarten musst. Die universalen Gebote stehen über den kulturellen Moralgesetzen. Wenn eine getroffene Übereinstimmung übertreten oder unterlassen wird, wird das Hohe Selbst mahnen, gleichgültig, ob es sich um eine universale oder kulturelle Übereinstimmung handelt. Das Hohe Selbst wird jeden Juden oder Moslem mahnen, wenn er Schweinefleisch essen will, aber keinen Hindu. Ihn wird es mahnen, wenn er Rindfleisch essen will, es sei denn, er versteht sich als Vegetarier, dann mahnt es ihn auch bei Schweinefleisch.
Gläubige, die wissen, dass das göttliche Wesen nicht nur außerhalb ihnen, sondern auch in ihnen existiert, brauchen nicht den Leib oder das Blut ihres Gottessohnes sich einverleiben, auch nicht symbolisch, wie es im Mithraskult zelebriert wurde,

---

[732] ThEv 25

wo das Blut des Gottessohnes Mithras, symbolisch durch das Blut des geschlachteten Mithras-Stiers, getrunken wurde. So ein Gottesverzehr entspricht der Ideologie des Kannibalismus, bei dem man glaubt, wenn man sich den Körper seines Feindes einverleibt, würden auch seine physischen Kräfte auf einen übergehen.
Anderseits, wer sich fremdes Blut einverleibt, sei es durch Blutwurst oder durch medizinische Blutübertragung, nimmt psychische Eigenschaften des Blutspenders auf. Deshalb soll Fleisch nur von geschächteten Tieren gegessen werden. [733]

Das Hohe Selbst verhält sich unerbittlich gegen das, was gegen die Lebensenergie gerichtet ist.

Jesus sagte:
„Das Königreich des Vaters gleicht einem Mann,
der einen mächtigen Mann töten wollte.
Zu Hause zog er das Schwert aus der Scheide
und durchstach damit die Wand,
um zu sehen, ob seine Hand sicher genug sei.
Dann tötete er den mächtigen Mann. [734]

Der mächtige Mann symbolisiert den Frevler, dessen Sinnen sich gegen die Lebensenergie richtet.

Das Mittlere Selbst

Das Mittlere Selbst ist das *Ich*. Es könnte z. B. sagen: „Ich liebe Abenteuer." Der freie Wille macht das Mittlere Selbst aus. Es sitzt im Herzen. In der Chandogya-Upanischad heißt es:

Dieses Selbst in meinem Herzen ist kleiner als der Kern eines Hirsekorns, dieses Selbst in meinem Herzen ist größer als diese Welten. [735]

---

[733] 3. Mos 17,11; Koran 2,168; 5,4; 6,146; 16,116
[734] ThEv 98
[735] Chandogya-Upanischad 3,14,3 siehe das Gleichnis vom Senfkorn

In seiner räumlichen Ausdehnung ist es kleiner als der Kern eines Hirsekorns, in seiner Bewusstseinsausdehnung ist es größer als diese Welten.
Das Hohe Selbst arbeitet mit der Intuition. Das Mittlere Selbst arbeitet mit dem Verstand und das Niedere Selbst übermittelt Empfindungen aus dem Unterbewusstsein. Beim Mittleren Selbst treffen die Informationen des Niederen und des Hohen Selbst ein, nach denen das Mittlere Selbst sich bei seinen Entscheidungen richten kann.
Entgegen dem Niederen Selbst, welches mit dem Autonomen Nervensystem, das scheinbar selbständig arbeitet, aber eben vom Niederen Selbst gesteuert wird, handelt das Mittlere Selbst über das willkürliche Nervensystem. Es ist der Willkür des Mittleren Selbst ausgesetzt. Das autonome Nervensystem sorgt für das physische Überleben.
Das Mittlere Selbst sollte nach intellektuellen Gesichtspunkten seine Entscheidungen treffen. Jesus bezeichnet das Mittlere Selbst als einen Menschen oder Sohn.

Und er sagte:
„Der Mensch gleicht einem klugen Fischer,
der sein Netz ins Meer geworfen hatte.
Er zog es herauf, voll von kleinen Fischen.
Unter ihnen fand der kluge Fischer
einen großen und guten Fisch.
Ohne zu zögern wählte er den großen Fisch
und warf alle kleinen Fische in die Tiefen des Meeres zurück.
Wer Ohren hat, zu hören, der höre!“ [736]

Ein kluger Fischer wirft den kleinen Fisch ins Wasser zurück, damit er, wenn der Fisch gewachsen ist, ein größeres Exemplar herausfischen kann. Im Matthäusevangelium wird daraus ein Warnknüppel:

Mit dem Reich, das der Himmel regiert,

---

[736] ThEv 8

ist es auch wie mit einem Schleppnetz,
das im See ausgebracht wird.
Mit ihm fängt man Fische jeder Art.
Wenn es voll ist, ziehen es die Männer ans Ufer.
Dann setzen sie sich hin und sortieren die Fische aus.
Die guten lesen sie in die Körbe
und die ungenießbaren werfen sie weg.
So wird es auch am Ende der Welt sein.
Die Engel werden die Menschen, die Böses getan haben,
von den Gerechten trennen
und in den glühenden Ofen werfen.
Dann wird Weinen und Zähneknirschen anfangen. [737]

Das Leersein

„Das Königreich des Vaters gleicht
einer Frau, die einen Krug voll Mehl trug
und einen weiten Weg ging.
Der Henkel des Kruges zerbrach
und das Mehl rieselte hinter ihr
auf den Weg herab.
Da sie nichts davon merkte,
konnte sie es nicht bereuen.
Zu Hause stellte sie den Krug ab
und fand ihn leer.“ [738]

Die Verbindung, der Draht zum Verstand, löste sich. Im Buddhismus gibt es das Bild, dass die Affen dann nicht mehr im Haus herumtollen. Dann ist die Gedankenstille eingetroffen. Das Niedere Selbst will über die Vergangenheit oder die Zukunft reden, aber das Mittlere Selbst bleibt in der Gegenwart. Dann kann das Mittlere Selbst sich dem Hohen Selbst zuwenden.

---

[737] Mt13,47-50
[738] ThEv 97

Eine Vorstufe zur Erleuchtung ist das Leersein, das Wunschlossein. Dann kann die Erleuchtung eintreten, wie es bei Salome geschah. Nach dem Thomasevangelium formulierte Jesus das Leersein so:

„Deshalb sage ich, wenn der Jünger leer ist,
wird er voller Licht sein,
aber wenn er geteilt ist, wird er voller Finsternis sein.“ [739]

Das Versprechen, als Individuum zu kreieren, zählt auch zu den universalen Geboten. Das Recht auf Arbeit entspringt dem universalen Gebot zu kreieren. Wenn Kinder alles ausprobieren, folgen sie dem universalen Gebot *frei zu kreieren*. Im Thomasevangelium heißt es:

Diese saugenden Kinder gleichen denen,
die ins Königreich eingehen. [740]

Animus und Anima

Der Tiefenpsychologe Carl Gustav Jung (*1875, †1961) unterteilte das Selbst nochmals in einen weiblichen und einen männlichen Seelenanteil. Den weiblichen Anteil nennt er Anima und den männlichen Animus. [741]

Jesu Geheimlehre enthält die Vereinigung der Gegensätze, die Harmonie von Yin und Yang:

Jesus sah kleine Kinder, die gesäugt wurden.
Er sagte zu seinen Jüngern:
„Diese saugenden Kinder gleichen denen,
die ins Königreich eingehen.“
Sie fragten ihn:
„Wenn wir also klein sind,
werden wir dann ins Königreich eingehen?“

---

[739] ThEv 61

[740] ThEv 22

[741] Jane Roberts: *Gespräche mit Seth*, Seite 219-226, Ariston Verlag, Genf, 1984[4]

Jesus sagte zu ihnen:
„Wenn ihr aus zwei eins macht,
wenn ihr das Innere wie das Äußere macht
und das Äußere wie das Innere
und das Obere, wie das Untere
und wenn ihr das Männliche und das Weibliche
zu einem Einzigen macht,
so dass das Männliche nicht mehr männlich
und das Weibliche nicht mehr weiblich ist,
wenn ihr Augen macht statt eines Auges
und eine Hand statt einer Hand
und ein Fuß statt eines Fußes
und ein Bild statt eines Bildes,
werdet ihr in das Königreich eingehen." [742]

Im Matthäusevangelium kommt davon noch an:
Ich versichere euch:
Wenn ihr nicht umkehrt und wie die Kinder werdet,
könnt ihr nicht in das Reich kommen,
das den Himmel regiert. [743]

Die Gegensätze stehen sich nicht gegenüber. Die rechte Hand zu geben, wie man es kleinen Kindern anlernt, ist nicht besser, als die Linke. Und mit der linken Hand zu geben, wie es in Sri Lanka erwartet wird, ist nicht besser, als mit der Rechten. Die Gegensätze sind gleichwertig.

Für den Säugling ist seine Sexualität nicht schlecht oder muss nicht unter Ausschluss der Öffentlichkeit praktiziert werden. Er berührt sein Geschlecht. Er muss nicht bekleidet sein. Alles Erreichbare wird gekostet. Erde wird in den Mund genommen. Kot wird in den Mund genommen. Ein Säugling kennt keine gesellschaftlichen Grenzen, keine gesellschaftlichen Zwänge. Ein Säugling ist unvoreingenommen, er schließt nichts aus. Für den Säugling ist alles offen, **alles gleichwertig**.

---

[742] ThEv 22
[743] Mt 18,3

Im letzten Spruch des Thomasevangeliums will Jesus den Animus der Maria Magdalena stärken:

Simon Petrus sagte zu ihnen:
„Mariham (Maria-Magdalena) soll aus unserer Mitte verschwinden,
denn die Frauen sind des Lebens nicht würdig."
Jesus sagte:
„Seht, ich werde sie zu mir holen,
um sie männlich zu machen,
damit auch sie ein lebendiger Geist werde,
euch Männern gleich.
Denn jede Frau, die männlich wird,
wird in das Himmelreich eingehen." [744]

Unverstanden und deshalb dem eigenen Verständnis nach abgeändert wird Spruch 22 im Matthäus- und Markusevangelium fortgeführt:

Wenn dir dein rechtes Auge zum Ärgernis wird, so reiß es aus und wirf es von dir; denn es ist dir besser, dass eins deiner Glieder verlorengehe, als dass dein ganzer Leib in die Hölle geworfen werde. Wenn dir deine rechte Hand zum Ärgernis wird, so hau sie ab und wirf sie von dir, denn es ist besser, dass eins deiner Glieder verlorengehe, als dass dein ganzer Leib in die Hölle fahre. [745]

Im Markusevangelium ist der Fuß auch noch erhalten:

Wer aber einem von diesen Kleinen, die an mich glauben, Ärgernis gibt, dem wäre es besser, wenn ein Mühlstein um seinen Hals gehängt und er ins Meer geworfen würde. Wenn aber deine Hand dir zum Ärgernis wird, so haue sie ab; es ist besser für dich, verstümmelt in das ewige Leben einzugehen, als mit zwei Händen in die Hölle fahren, in das nie erlöschende Feuer. Wo der Wurm nicht stirbt und das Feuer nicht erlischt. Und wenn dein Fuß dir zum Ärgernis wird, so

---

[744] ThEv 114
[745] Mt 5,29-30

hau ihn ab; es ist besser für dich, hinkend in das ewige Leben einzugehen, als mit zwei Füßen in die Hölle geworfen zu werden , in das nie erlöschende Feuer, wo ihr Wurm nicht stirbt und das Feuer nicht erlischt. Und wenn dein Auge dir zum Ärgernis wird , so reiß es aus; es ist besser für dich einäugig in das Reich Gottes einzugehen, als mit zwei Augen in die Hölle geworfen zu werden; wo ihr Wurm nicht stirbt und das Feuer nicht erlischt. [746]

Das Niedere Selbst

Max Freedom Long fasst über das Niedere Selbst zusammen:

1. Es ist ebenso ein selbständiges, bewusstes Geistwesen wie das Mittlere und das Hohe Selbst. Es ist gewissermaßen ein kleiner in Entwicklung begriffener Gott.
2. Es ist der Diener der beiden anderen Selbst, wie ein jüngerer Bruder, mit dem Mittleren Selbst verbunden; es hängt an ihm, als wären beide Teile eines gemeinsamen aus ihnen „zusammengeklebten" Ganzen.
3. Das Niedere Selbst steuert die Gesamtheit der vielfältigen Prozesse des Körpers und alle seine Tätigkeiten, mit Ausnahme der willkürlichen Muskelbewegungen. In seinen Schattenkörper gehüllt kann es in den physischen Körper ein- oder austreten. Es steckt im Körper drin wie ein Federhalter in seiner Hülle. Es durchdringt und erfüllt jede Zelle, jedes Gewebeteilchen des Körpers und Gehirns; sein Schattenkörper ist ein genaues Abbild jeder Zelle und jedes noch so kleinen Gewebe- und Flüssigkeitsteilchens des menschlichen Körpers.
4. Das Unterbewusstsein ist einzig und allein der Sitz der Emotionen. Nur das Unterbewusstsein vergießt Tränen. ... Tränen können erst fließen, wenn die Emotion des Kummers im Niederen Selbst erwacht. ... Zuneigung, Hass und Furcht als Emotionen aus dem Niederen

[746] Mk 9,42-48

Selbst können so stark werden, dass sie den Willen des Mittleren Selbst überschwemmen, dass sie das Mittlere Selbst in den Strudel der Emotionen und der dadurch ausgelösten Reaktionen hineinziehen. ...

5. Das Niedere Selbst erzeugt die von allen drei Selbst benötigte Vitalkraft, das Mana. Normalerweise teilt es das Mana mit dem Mittleren Selbst; von ihm kann es dann als Willen eingesetzt werden. Beim Gebet tritt das niedere mit dem Hohen Selbst ... in Verbindung. Das Niedere Selbst ... sendet ... eine Mana-Gabe, die das Hohe Selbst zur Erfüllung des Gebetes, zur Verwirklichung seiner Wunschgedanken verwendet.
6. Das Niedere Selbst empfängt die sensorischen Eindrücke der ... Sinnesorgane und präsentiert sie dem Mittleren Selbst zur Auswertung. (Das Mittlere Selbst besitzt Urteilskraft; es weiß die dargebotenen Eindrücke zu verwerten und gibt dementsprechend seine Befehle, wenn Handlungen erforderlich werden.)
7. Das Niedere Selbst registriert alle Eindrücke und Gedanken. ... Zur Zeit des Todes verlässt es den Körper und nimmt alle Erinnerungen mit sich.
8. Oft benutzte Erinnerungsfakten gibt das Niedere Selbst dem Mittleren Selbst auf dessen Anforderung fast augenblicklich heraus. ...
9. Das Niedere Selbst kann durch ... hypnotische Suggestionen beeinflusst oder beherrscht werden. Es spielt auch die Hauptrolle, wenn es gilt ... Ideen als Suggestion ... einem dafür empfänglichen anderen Menschen einzupflanzen.
10. Das Niedere Selbst verfügt voll und ganz über die Verwendung ... des niederen Manas, der grundlegenden Vitalkraft, ...
11. Das Niedere Selbst kann auch irrationale Gedanken ... speichern, Gedanken also, die bei ihrer Entstehung

vom Mittleren Selbst nicht vernunftmäßig analysiert oder rationalisiert wurden. ... [747]

Kampf zwischen dem Niederen und dem Hohen Selbst

Bis die mystische Hochzeit erreicht ist, sah Jesus Auseinandersetzungen zwischen dem Niederen Selbst und dem Gewissen voraus. Das Thomasevangelium erzählt:

Jesus sagte:
„Vielleicht denken die Menschen,
dass ich gekommen bin,
Frieden auf die Welt zu bringen,
und sie wissen nicht,
dass ich gekommen bin,
Uneinigkeiten auf die Erde zu werfen,
Feuer, Schwert, Krieg.
Denn fünf werden in einem Haus wohnen,
sie werden drei gegen zwei sein
und zwei gegen drei,
der Vater gegen den Sohn,
der Sohn gegen den Vater,
und sie werden als Einsgewordene dastehen“ [748]

Matthäus und Lukas übernahmen diesen Spruch, jedoch ohne das Happyend *sie werden als Einsgewordene dastehen.* [749]

Beim Shopping wird das Mittlere Selbst zu 90% vom Niederen Selbst überschwemmt. Deshalb gibt es die Armutsorden, weil man sich dort von dem Ballast, welchen das Niedere Selbst einem aufdrängt, befreit.
Das Niedere Selbst wünscht Waren, die das Überleben sichern, wo du doch ewig existierst. Im Koran heißt es:

Verlockend ist den Menschen die Liebe

---

[747] Max Freedom Long: Kahuna-Magie. Seite 31-34
[748] ThEv 16
[749] Mt 10,34-36; Lk 12,51-53

für die Freuden an Frauen und Kindern
und aufgespeicherten Talenten, an Gold und Silber
und Rassepferden und Herden
und Ackerland gemacht, [750]

ähnlich wie im Friedensevangelium der Essener:

Er verspricht Reichtümer und Macht
und glänzende Paläste
und Gewänder aus Gold und Silber
und eine Menge Diener, all dies;
er verspricht Ruhm und Herrlichkeit,
Unzucht und Lüsternheit,
Gefräßigkeit und Trunkenheit,
liederliches Leben, Faulheit
und müßige Tage.
Und er lockt jeden mit dem,
was sein Herz am meisten begehrt.

Statusbewusstsein kommt vom Niederen Selbst. Du bist mehr als irgendein Status anzeigen soll. Das ist mein Auto, mein Haus, meine Jacht zeigt einen Status an, der dich viel kleiner macht als Du bist. Du magst ein Auto-, Haus- oder Yachtbesitzer sein, aber über all dem bist du ein Gott, der alles besitzen kann, wenn du gewillt bist, die Verantwortung dafür zu tragen.

Der folgende Spruch steht ganz in der Tradition der Essener, welche die Habsucht verurteilten. Sie wollten alles miteinander teilen, wie es im israelischen Kibbuz heute noch praktiziert wird.

„Es war ein reicher Mann,
der ein großes Vermögen besaß.
Er sagte:
‚Ich werde mein Vermögen dazu benutzen,
zu säen, zu ernten, zu pflanzen
und meine Speicher mit Getreide zu füllen,

---

[750] Krn 3,12

damit es mir an nichts fehle.'
So dachte er in seinem Herzen;
und in derselben Nacht starb er.
Wer Ohren hat, der höre." [751]

Wenn du dich vom egoistischen *Herrn der Heerscharen* befreit hast, bemerkst du erst, wie tendenziös die anerkannten Evangelien sich auf ihn berufen, so auch bei diesem Spruch im Lukasevangelium:

Ein Bauer hatte eine gute Ernte zu erwarten.
Er überlegte hin und her:
„Was kann ich tun?
Ich weiß gar nicht,
wo ich das alles unterbringen soll."
Dann sagte er sich:
„Ich werde meine Scheunen niederreißen
und größere bauen.
Dort werde ich mein ganzes Getreide
und all meine Vorräte unterbringen können.
Und dann werde ich mir sagen,
so, jetzt hast du es geschafft!
Du bist auf viele Jahre versorgt.
Ruh dich aus, iss und trink und genieße das Leben!"
Da sagte Gott zu ihm:
„Du Narr! Noch in dieser Nacht
wird man das Leben von dir fordern! [752]

Zinsen

Spruch 95 des Thomasevangeliums lautet:

Jesus sagte:
„Wenn ihr Geld habt, verleiht es nicht gegen Zinsen,
sondern gebt es dem, der es nicht zurückgeben wird." [753]

---

[751] ThEv 63
[752] Lk 12,16-20
[753] ThEv 95

Zum Wucher- oder Zinseszins gibt es parallele Stellen in anderen sogenannten heiligen Büchern: 3. Mos 25,37; Hes 18,13; Koran 3,125 und schließlich 17. Kanon des Beschlusses, des 1. ökumenischen Konzils in Nicäa im 4. Jahrhundert. Wer Zins will, will haben, haben, haben. Er wird vom niederen Selbst für eine bessere Zukunft gedrängt.

Jesus bezeichnete das Niedere Selbst je nach Übersetzung mit Arbeiter, Knecht, Diener oder Sklave. Zweimal macht Jesus eine Ausnahme, die an die andere Bezeichnung für das Niedere Selbst, das innere Kind, anklingt, nämlich den Säugling. So ist das Niedere Selbst die Quelle der Lebensenergie:

Jesus sagte:
„Das Königreich des Vaters gleicht einem Mann,
der guten Samen hatte.
Sein Feind kam in der Nacht
und säte Unkraut unter den guten Samen.
Der Mann ließ das Unkraut nicht ausreißen
und sagte:
‚Dass ihr nicht hingeht und das Unkraut ausreißt
und dabei auch den Weizen vernichtet.
Am Tag der Ernte wird sich das Unkraut schon zeigen
und man wird es ausreißen und verbrennen.'" [754]

Matthäus erzählt dieses Gleichnis etwas ausgeschmückter mit einem kleinen Unterschied, dass entgegen dem Thomasevangelium nicht vom Königreich des Vaters redet, sondern vom Himmelreich:

Mit dem Reich, das den Himmel regiert,
verhält es sich wie mit einem Mann,
der guten Samen auf einem Acker säte.
Eines Nachts, als alles schlief,
kam sein Feind und säte Unkraut zwischen den Weizen

[754] ThEv 57

und machte sich davon.
Als die Saat aufging und Ähren ansetzte,
kam auch das Unkraut zum Vorschein.
Da kamen die Sklaven des Mannes herbei und fragten:
„Herr, hast du nicht guten Samen auf deinen Acker gesät?
Woher kommt dann das Unkraut?“
„Das hat einer getan, der mir schaden will“ erwiderte er.
Die Sklaven fragten:
„Sollen wir hingehen und das Unkraut ausreißen?“
„Nein“, entgegnete er,
„ihr würdet mit dem Unkraut auch den Weizen ausreißen.
Lasset beides wachsen bis zur Ernte.
Wenn es dann soweit ist,
werde ich den Erntearbeiter sagen:
„Reißt zuerst das Unkraut aus
und bindet es zum Verbrennen in Bündel.
Und dann bringt den Weizen in meine Scheune.“ [755]

Im Matthäusevangelium wird das Gleichnis so ausgelegt:

Der Mann, der den guten Samen aussät,
ist der Menschensohn.
Der Acker ist die Welt.
Der gute Samen sind die Menschen,
die zur Herrschaft Gottes gehören.
Das Unkraut sind die Menschen,
die dem Bösen gehören.
Der Feind, der das Unkraut gesät hat,
ist der Teufel.
Die Ernte ist das Ende der Welt,
und die Erntearbeiter sind die Engel.
So wie das Unkraut ausgerissen und verbrannt wird,
so wird es auch am Ende der Welt sein:
Der Menschensohn wird seine Engel schicken,
und sie werden aus seinem Reich alle entfernen,

---

[755] Mt 13,24-30

die ein gesetzloses Leben geführt
und andere zur Sünde verleitet haben,
und werden sie in den glühenden Ofen werfen.
Dann wird das große Weinen und Zähneknirschen anfangen.
Und dann werden die Gerechten im Reich ihres Vaters
leuchten wie die Sonne.
Wer Ohren hat, der höre. [756]

Während das Matthäusevangelium vom Reich des Himmels moralisiert, spricht das Thomasevangelium eine Weisheit für das Königreich des Vaters aus. Das Königreich des Vaters steht für das Mittlere Selbst. Der Samen steht für die Lebensenergie. Das Mittlere Selbst erhält die Lebensenergie vom Niederen Selbst.

Die Ziele des Hohen Selbst stehen oftmals im Widerstreit zu denen des Niederen Selbst. Der schlechte Samen symbolisiert die Lebensenergie, die den Zielen des Hohen Selbst entgegensteht. Deswegen aber im Niederen Selbst herumtrampeln, um das Unkraut herauszureißen, schadet auch dem Weizen. Das Mittlere Selbst soll auf dem Niederen Selbst nicht herumtrampeln.

Das Thomasevangelium will verdeutlichen, dass das Niedere Selbst vom Mittleren Selbst nicht überwältigt werden will, sonst verweigert es seine Zusammenarbeit mit dem Mittleren Selbst. Das Hunawissen kennt dies.

Das Niedere Selbst wird seine für das Mittlere Selbst negativen Neigungen immer wieder rechtfertigen. So heißt es im Thomasevangelium:

Jesus sagte:
„Ein Mann hatte Gäste;
und als er das Mahl angerichtet hatte,
sandte er seinen Diener aus,
um die Gäste einzuladen.

---

[756] Mt 13,34-43

Dieser ging zum ersten und sagte:
‚Mein Herr lädt dich ein.'
Der Mann antwortete:
‚Kaufleute schulden mir Geld.
Heute Abend kommen sie zu mir,
und ich werde ihnen Anweisungen erteilen.
Ich entschuldige mich für das Mahl.'
Der Diener ging zu einem anderen
und sagte:
‚Mein Herr lädt dich ein.'
Dieser sagte zu ihm:
‚Ich habe ein Haus gekauft;
und brauche einen Tag.
Ich habe keine Zeit.'
Der Diener kam zu einem Dritten
und sagte:
‚Mein Herr lädt dich ein.'
Der sagte zu ihm:
‚Mein Freund hat Hochzeit,
und ich werde das Mahl zubereiten.
Ich werde nicht kommen können.
Ich entschuldige mich für das Mahl.'
Der Diener ging zu einem anderen
und sagte zu ihm: ‚Mein Herr lädt dich ein.'
Der sagte zu ihm:
‚Ich habe einen Hof gekauft
und muss die Pacht einfordern.
Ich werde nicht kommen können.
Ich entschuldige mich.'
Der Diener kehrte zurück
und sagte zu seinem Herrn:
‚Die, die du geladen hast,
lassen sich entschuldigen.'
Der Herr sagte zu seinem Diener:
‚Geh hinaus auf die Straße

und bring die mit, die du finden wirst,
damit sie hier essen.
Die Verkäufer und Händler
werden den Ort meines Vaters nicht betreten.'" [757]

Matthäus und Lukas erzählen dieses Gleichnis auch:

Mit dem Reich, das den Himmel regiert,
verhält es sich wie mit einem König,
der seinem Sohn die Hochzeit ausrichtete.
Als es soweit war,
schickte er seine Sklaven los
um die, die er zum Fest eingeladen hatte,
rufen zu lassen.
Doch sie wollten nicht kommen.
Da schickte er noch einmal Sklaven los
und ließ den Eingeladenen sagen:
„Das Festmahl ist angerichtet,
Ochsen und Mastkälber geschlachtet,
alles ist bereit.
Beeilt euch und kommt!"
Doch sie kümmerten sich überhaupt nicht darum.
Der eine hatte auf dem Feld zu tun,
der andere im Geschäft.
Einige packten die Sklaven,
misshandelten sie und brachten sie um.
Da wurde der König zornig.
Er schickte seine Truppen aus,
ließ jene Mörder umbringen
und ihre Stadt in Brand stecken.
Dann sagte er zu seinen Sklaven:
„Das Hochzeitsfest ist vorbereitet,
aber die Gäste, die ich eingeladen hatte,
waren es nicht wert.
Geht jetzt auf die Straßen

---

[757] ThEv 64

und ladet alle ein, die ihr trefft.“
Das taten sie und holten alle herein, die sie fanden,
Böse und Gute.
So füllte sich der Hochzeitssaal mit Gästen.
Als der König hereinkam, um zu sehen, wer da gekommen war, fand er einen, der kein Festgewand anhatte.
„Mein Freund“, sagte er zu ihm,
„wie bist du überhaupt ohne Festgewand hereingekommen?“ Der Mann wusste darauf nichts zu antworten.
Da befahl der König seinen Dienern:
„Fesselt ihm Hände und Füße,
und werft ihn hinaus in die Finsternis.“
Da wird das große Weinen und Zähneknirschen anfangen. [758]

Das Niedere Selbst hat tausend Ausreden. Doch es kommt noch schlimmer, so heißt es im Thomasevangelium:

Jesus sagte:
„Ein reicher Mann hatte einen Weinberg.
Er gab ihn Pächtern,
damit sie ihn bearbeiten
und er aus ihren Händen die Ernte erhielte.
Er schickte einen Diener,
um von den Pächtern
die Frucht des Weinbergs zu erhalten.
Sie fielen über den Diener her,
schlugen ihn und hätten ihn beinahe getötet.
Der Diener ging hin und sagte es seinem Herrn.
Sein Herr sagte:
‚Vielleicht haben sie ihn nicht erkannt.‘
Und sandte einen anderen Diener.
Den schlugen die Pächter auch.
Da sandte der Herr seinen Sohn
und sagte:

---

[758] Mt 22,2-13; Lk 14,15-24

‚Vielleicht werden sie vor ihm,
meinem Sohn Achtung haben.'
Da die Pächter wussten,
dass er der Erbe des Weinbergs war,
ergriffen sie ihn und brachten ihn um.
Wer Ohren hat, der höre." [759]

Die Synoptiker machten folgendes daraus:

Ein Gutsherr legte ein Weinberg an,
zog eine Mauer darum,
hob eine Grube aus,
um den Wein darin zu keltern
und baute einen Wachturm.
Dann verpachtete er ihn an Winzer
und reiste ins Ausland.
Als die Zeit der Weinlese gekommen war,
schickte er seine Sklaven zu den Winzern,
um seinen Anteil an der Ernte abzuholen.
Doch die Winzer packten seine Sklaven,
den einen verprügelten sie,
einen anderen schlugen sie tot,
und wieder einen anderen steinigten sie.
Da schickte der Gutsherr andere Sklaven,
mehr als beim ersten Mal.
Aber mit denen machten sie es genauso.
Zuletzt schickte er seinen Sohn zu ihnen,
weil er dachte:
„Meinen Sohn werden sie sicher nicht antasten."
Doch als die Winzer den Sohn sahen,
sagten sie zueinander: Das ist der Erbe!
Kommt, wir bringen ihn um
und behalten das Land für uns!"
So fielen sie über ihn her,
stießen ihn zum Weinberg hinaus

---

[759] ThEv 65

und brachten ihn um. [760]

Das Gleichnis von den Winzern zeigt: Das Niedere Selbst schreckt vor Mord nicht zurück, wenn es meint, dass dieser sein Überleben fördere.

Für eine mächtige spirituelle Arbeit wird viel Vitalenergie vom Niederen Selbst gebraucht:

Jesus sagte:
„Es ist wahr, dass die Ernte groß ist,
aber die Arbeiter sind knapp.
Bittet also den Herrn,
dass er Arbeiter zur Ernte schicke.“ [761]

Im Matthäusevangelium heißt es:

Die Ernte ist groß,
aber es gibt nur wenig Arbeiter,
bittet deshalb den Herrn der Ernte,
mehr Arbeiter auf seine Felder zu schicken! [762]

Beim *Ernteeinsatz der Arbeiter* wird durch Pranaatmung [763] Energie vom Niederen Selbst zum Hohen Selbst transportiert. Praktisch bedeutet das, bei einem Bittgebet mit der Pranaatmung tief zu atmen und zwischen dem Ein- und Ausatmen gleichlange Pausen der Atembewegungen einzulegen.

Das Niedere Selbst ist nicht nur das Tier im Menschen mit seinen animalischen Überlebenstrieben, wie Essen, Sex, Aggression oder Flucht, das mit dem autonomen Nervensystem arbeitet. Es erzeugt auch die Lebensenergie und gibt dem Mittleren Selbst die abgespeicherten Erinnerungen für die Automatismen, wie z. B. beim Autofahren oder Stricken. So arbeiten z. B. die Musikvirtuosen perfekt mit ihrem Niederen Selbst zu-

---

[760] Mt 21,33-39; Mk 12,1-8; Lk 20,9-15

[761] ThEv 73; Mt 9,37

[762] Mt 9,37-38

[763] Gertraud Radke: *Prana - Mit geistiger Lebensenergie die inneren Selbstheilungskräfte entfalten*, S. 91, Grafing, 2008

sammen. Das Niedere Selbst arbeitet nach dem Freud'schen Unterbewusstsein.

Das Niedere Selbst sorgt nicht nur für das körperliche Überleben, es kann, wenn es anerkannt wird, sehr praktische Dinge vollbringen: Es weiß, wo du Dinge liegen ließest oder wann für irgendwelche Dinge es nun Zeit ist.

Das Niedere Selbst denkt nicht, es handelt auf einer Reiz-Reaktionsbasis. Es wird mit wiederholenden Überwindungen erzogen, wie tägliche Meditation, tägliches Fitnesstraining usw.

Das Reich

Jesus kam nicht, um durch seinen Kreuzestod die Gläubigen zu erlösen. Sein wirklicher Auftrag war, die Frohe Botschaft vom Reich Gottes zu verkünden:

Er sprach zu ihnen:
„Ich muss auch in den anderen Städten
das Evangelium vom Reiche Gottes verkünden;
denn dazu bin ich gesandt.“ [764]

Im Thomasevangelium gibt es das Himmelreich, das Königreich, das Königreich des Vaters und das Königreich von Jesu Vater.

Bei den Synoptikern gibt es kein Königreich. Sie unterscheiden nicht zwischen diesen verschiedenen Reichen. Das Matthäusevangelium bezeichnet alle als das Himmelreich. Das Markus- und Lukasevangelium bezeichnen alle als das Reich Gottes. Wenn es im Thomasevangelium heißt:

Das Königreich des Vaters *gleicht einer Frau.*
Sie nahm ein wenig Sauerteig,
verbarg ihn im Teig und machte davon große Brote.
Wer Ohren hat, der höre. [765]

Dann steht im Matthäus- und Lukasevangelium gleichlautend:

---

[764] Lk 4,43
[765] ThEv 96

Mit ***dem Reich, das der Himmel regiert,***
ist es wie mit dem Sauerteig,
den eine Frau nimmt und
unter einen halben Sack Mehl mischt.
Am Ende ist die ganze Masse durchsäuert. [766]

Die Auslegung dieses Gleichnisses erfolgt später bei *Das Königreich des Vaters.*

Lange hatte ich, wie die Synoptiker, das Thema *Reich* mit Ähnlichem in einen Topf geworfen. Deshalb glaube ich, dieses Gebiet hier zuerst auseinandernehmen zu müssen. Im Thomasevangelium kannst du für

- das **Himmelreich** das Paradies der Glückseligkeit nehmen,
- das **Königreich** die Welt des Mittleren Selbst setzen,
- das **Königreich des Vaters** das Universum des Hohen Selbst nehmen,
- das **Königreich von Jesu Vater** das Reich Parabrahmas setzen.

Das Himmelreich

Im Thomasevangelium wird das Paradies der Glückseligkeit das Himmelreich genannt.

Spruch 20 des Thomasevangeliums beschäftigt sich damit:

Die Jünger sagten zu Jesus:
„Sage uns, womit das Himmelreich vergleichbar ist."
Er sagte zu ihnen:
„Es ist gleich einem Senfkorn,
dem kleinsten aller Samenkörner.
Wenn es aber auf bestellten Boden fällt,
wächst daraus ein großer Schössling hervor,
der den Vögeln des Himmels Schutz bietet." [767]

Bei den Synoptikern wurde daraus:

---

[766] Mt 13,33; Lk 13,21
[767] ThEv 20

Ein anderes Gleichnis legte er ihnen vor und sagte:
„Das Himmelreich ist gleich einem Senfkörnlein,
das einer nahm und auf seinen Acker säte.
Dieses ist zwar das kleinste unter allen Samenkörnern;
wenn es aber ausgewachsen ist, so ist es größer als die Kräuter
und wird zu einem Baum, so dass die Vögel des Himmels kommen
und in seinen Zweigen wohnen.“ [768]

Das Original dürfte aus Indien stammen. Dort sagt der Ehrwürdige zu Svetaketu:

„Hol eine Frucht des Feigenbaumes!“
„Hier Ehrwürdiger!“
„Zerteile sie!“
„Ich habe sie zerteilt, Ehrwürdiger!“
„Was siehst du darin?“
„Diese ganz winzigen Körner, Ehrwürdiger.“
„Zerteile eines von ihnen, mein Guter!“
„Ich habe es zerteilt, Ehrwürdiger.“
„Was siehst du darin?“
„Gar nichts, Ehrwürdiger.“
Da sprach er zu ihm:
„Diese Winzigkeit, die du nicht wahrnimmst, mein Lieber - wahrlich dieser Winzigkeit entstammend steht dieser Feigenbaum[769] *so groß da.*
Glaube mein Lieber, was diese Winzigkeit ist,
das ist das Selbst dieses Universums.
Das ist die Wahrheit.
Das ist das Selbst.
Das bist du, Svetaketu.“ [770]

---

[768] Mt 13,31-32; Mk 4,30-32; Lk 13,18-19

769 Ficus Indica, die Luftwurzelfeige, entwickelt sich, wenn Platz ist, mit der Zeit zu einem ganzen Wäldchen.

[770] Chandogya-Upanischad 6.12.1-3

Damit ist uns genau das passiert, was im Spruch 2 angekündigt ist:

Jesus sagte:
„Wer sucht, soll nicht aufhören zu suchen,
bis er findet.
Und wenn er gefunden hat,
wird er verwirrt sein, und verwirrt,
wird er sich in Staunen verlieren,
und er wird herrschen über das All.“

Wir haben gefunden.
Wir sind verwirrt:
Wie soll das Samenkörnchen der Feige die Seele des Universums sein?
Wie kann das Samenkörnchen der Feige die Seele des Universums und gleichzeitig die Wahrheit sein?
Wie kann das Samenkörnchen der Feige die Seele des Universums und gleichzeitig die Wahrheit und gleichzeitig die individuelle Seele sein?
Wie kann das Samenkörnchen der Feige die Seele des Universums und gleichzeitig die Wahrheit und wie kannst du es gleichzeitig sein?
Wie kannst du gleichzeitig die Wahrheit, die Seele des Universums und das Samenkörnchen der Feige sein?
Es geht nicht um Metaphern, es geht um dich, als Seele, um die Seele des Universums und um die Seele des Samenkorns der Feige.
Wenn du verantwortlich bist für dich, für das Samenkorn der Feige und das Universum, dann wirst du über das All herrschen.
Dann bist du dir bewusst, was du schon immer warst, ein großes göttliches Wesen, das menschliche Erfahrungen durchlebt.
Das wusste schon der Psalmist, wenn er sagt:

Ich sagte zwar:
„Ihr seid Götter,
Söhne des Höchsten,

ihr alle!"
Doch werdet ihr wie Menschen sterben. [771]

Und das Johannesevangelium verweist darauf wenn es heißt:

Steht nicht in eurem Gesetz geschrieben:
„Ich habe gesagt, ihr seid Götter." [772]

Von einem geringeren Gesichtspunkt aus kann das Thomasevangelium nur leidlich verstanden werden.

Du kannst die Verantwortung für dich Gott überlassen, und hampelst weiterhin herum und leidest, weil du ein schlechtes Karma aus deinen früheren Existenzen mitbringst. Dann bist du schon besser als die Moslems, die meinen, ihr Schicksal von Allah zu erhalten. Oder du übernimmst die volle Verantwortung für dich, und steigst zu deiner früheren Größe wieder auf. Um Verantwortung für dich übernehmen zu können, musst du dich zuerst so annehmen wie du bist. Also beginne dich zu lieben, wie du bist, mit allen deinen scheinbaren Fehlern und Schwächen. Denn du hast sie dir ausgesucht, dass du auf diesem Gebiet etwas lernen kannst!

Der Weg heraus ist der Weg hindurch.

Der Weg hindurch geht wie das hawaiianische Ho'oponopono, [773] oder wie „The Journey™ - Der Highway zur Seele" [774] oder wie das Thomasevangelium zeigt, mit dem Weg der Liebe. So heißt es im Thomasevangelium:

Jesus sagte:
„Liebe deinen Bruder wie deine Seele,
behüte ihn wie deinen Augapfel." [775]

oder

Jesus sagte:

---

[771] Ps 82.6

[772] Jh 10,34

773 Ho'oponopono siehe das spätere Kapitel Wenn Jesus nicht für unsere Sünden starb, was brachte er uns dann?

[774] Brandon Bays: *The Journey ™ – Der Highway zur Seele*

[775] ThEv 25

„Den Splitter im Auge deines Bruders, den siehst du;
aber den Balken im eigenen Auge, den siehst du nicht.
Wenn du den Balken aus deinem Auge herausziehst,
dann wirst du genug sehen, um
den Splitter aus dem Auge deines Bruders herauszuziehen."
[776]

Dieser Spruch findet sich auch im Matthäus- oder Lukasevangelium. [777] Hier verwendet Jesus wieder die Bildersprache, der Splitter und der Balken für klein und groß.

Etwas lieben zu können, beginnt damit, dass du dieses anschaust. Dafür steht im Thomasevangelium Spruch 5:

Jesus sagte:
„Erkenne, was vor deinem Angesicht ist,
und was dir verborgen ist, wird dir enthüllt werden.
Denn es gibt nichts Verborgenes,
das nicht offenbar werden wird." [778]

Die Synoptiker haben davon folgenden Text bewahrt:

Es ist nichts verborgen, was nicht offenbar wird,
und nichts geheim, was nicht bekannt werden wird. [779]

Dieses Anschauen erscheint fast zu einfach zu sein, doch wie oft wird weggeschaut, wenn anstatt der Ursache zu beheben, die Wirkung ausgeschaltet wird. Das schafft neue Probleme. Die ganze Kriminalität beruht darauf, dass der Kriminelle anstatt der Ursache, die Wirkung als Lösung gebraucht. Weil das richtige Anschauen so schwierig ist, ist es leichter zu fragen, wie es auch die Jünger taten, kann man außerdem bloßen Anschauen auch noch etwas darüber hinaus tun? Deshalb fragten sie Jesus:

---

[776] ThEv 26

[777] Mt 7,3-5; Lk 6,41-42

[778] ThEv 5

[779] Mt 10,26 Lk 8,17 aus dem ursprünglichen Zusammenhang heraus. Lk 12,2 und Mk 4,22

„Willst du, dass wir fasten?
Wie sollen wir beten?
Wie sollen wir Almosen geben?“ [780]

Darauf geht Jesus auf das ein, was zählt:

„Lügt nicht,
und was ihr hasst, das tut nicht,
denn im Angesicht des Himmels ist alles offenbar.
Es gibt nichts Verborgenes, das nicht offenbar werden wird,
und es gibt nichts Verdecktes,
das nicht aufgedeckt werden wird.“ [781]

Und mit Spruch 14 beantwortet Jesus die ursprüngliche Frage:

„Wenn ihr fastet, werdet ihr euch nur Sünde schaffen,
und wenn ihr betet, werdet ihr verurteilt werden,
und wenn ihr Almosen gebt, werdet ihr eurem Geist Böses zufügen.
Und wenn ihr irgendein Land betretet und es durchwandert,
so esst, was man euch vorsetzt,
und heilt die Kranken dort.
Denn was in euren Mund hineingeht,
wird euch nicht verunreinigen,
aber was aus eurem Mund herauskommt,
das ist es, was euch unrein macht.“ [782]

Der erste Teil des Spruches meint: Vergewaltigt euch nicht selbst, um der anderen Willen, und macht keine religiösen Praktiken, wenn sie nicht eurem Herzen entspringen. Wenn die Frage mit *soll man* beginnt, dann ist man höchstens halbherzig dabei.

Vom zweiten Teil schlug sich einiges bei den Synoptikern nieder. Bei Lukas findet sich:

Esst, was man euch vorsetzt, und heilt die Kranken [783]

Bei Matthäus und Markus findet sich:

---

[780] ThEv 6
[781] ThEv 6
[782] ThEv 14
[783] Lk 10,8-9

Was in euren Mund hineingeht, wird euch nicht verunreinigen,
aber was aus eurem Mund herauskommt,
das ist es, was euch unrein macht." [784]

Bei Markus wird das Zitat des Matthäus erklärt:

„Versteht ihr nicht,
dass alles, was von außen in den Menschen hineinkommt,
ihn nicht unrein machen kann?
Denn es kommt ja nicht in sein Herz,
sondern geht in den Magen
und wird im Abort wieder ausgeschieden."
Damit erklärte Jesus alle Speisen für rein.
Dann fuhr er fort:
„Was aus dem Menschen herauskommt,
das macht ihn unrein.
Denn von innen aus dem Herzen des Menschen,
kommen die bösen Gedanken
und mit ihnen alle Arten von sexueller Unmoral,
Diebstahl, Mord, Ehebruch, Habgier, Bosheit.
Dazu Betrug, Ausschweifung, Neid, Verleumdung,
Überheblichkeit und Unvernunft.
All dieses Böse kommt von innen heraus
und macht den Menschen vor Gott unrein." [785]

Kurz gesagt meint Spruch 14: „Frömmelt nicht, wie die Pharisäer, sondern seid fromm!" Jesus war Vegetarier. Wenn du nicht von Herzen ein Vegetarier bist, dann lass es bleiben, sonst versündigst du dich gegen dich selbst!

Spruch 7 des Thomasevangeliums lautet:

Jesus sagte:
„Selig ist der Löwe, den der Mensch essen wird,
und der Löwe wird Mensch sein.

---

[784] Mt 15,11; Mk 7,15

[785] Mk 7,18-23

Und elend ist der Mensch, den der Löwe essen wird,
und der Mensch wird Löwe werden."

Selig ist der Löwe, den der Mensch essen wird, ist ein Aufstieg für den Körper des Löwen.

Elend ist der Mensch, den der Löwe essen wird, wäre ein Abstieg für den Körper des Menschen. Das Wesen *Mensch* kann jedoch nicht absteigen. Die Karmalehre, dass ein böser Mensch in seiner nächsten Inkarnation eine Ameise werde, ist einfach falsch. Jesus vertritt den Vegetarismus, wie auch im Spruch 14 zu Tage tritt.

Sie sahen einen Samarier,
der ein Lamm trug,
und nach Judäa ging.
Jesus fragte seine Jünger:
„Was will dieser mit dem Lamm machen?"
Sie antworteten:
„Es töten und essen."
Er sagte zu ihnen:
„Solange es lebt, wird er es nicht essen,
erst, wenn er es tötet und es ein Leichnam ist."
Sie sagten:
„Anders wird er es nicht machen können."
Er sagte zu ihnen:
„Ihr selbst, sucht euch einen Ort der inneren Ruhe,
damit ihr nicht zu Leichen werdet und man euch isst."

Für dich zählt zuerst du selbst. Wenn du zuerst dich liebst, dann brauchen andere dir deine „Fehler" nicht mehr zu spiegeln. Dann liebst du automatisch deine Nächsten. Liebe deinen Nächsten wie dich selbst, verlangt, dass du dich zunächst selbst liebst, sonst bleibt die Liebe zum Nächsten immer nur ein kurzes Strohfeuer.

Wenn du dich vollkommen liebst, kannst du über dich hinausschauen auf das, was es sonst auch noch gibt, die Mitmenschen, die Mitgeschöpfe, die Mutter Erde, das Universum.

Wenn du dann deinen eigenen Weg gehst, so wirst du Anstoß erregen. Jesus sah das voraus:

Jesus sagte:
„Ich habe Feuer auf die Welt geworfen,
und jetzt hüte ich es, bis es auflodert." [786]

Und in Spruch 16 erklärt er, was er mit dem Feuer meint:

Jesus sagte:
„Vielleicht denken die Menschen,
dass ich gekommen bin, Frieden auf die Welt zu bringen,
und sie wissen nicht, dass ich gekommen bin, Uneinigkeiten
auf die Erde zu werfen, Feuer, Schwert, Krieg.
Denn fünf werden in einem Haus wohnen,
sie werden drei gegen zwei sein und zwei gegen drei,
der Vater gegen den Sohn, der Sohn gegen den Vater,
und sie werden als Einsgewordene dastehen." [787]

Jesus wollte auf der weltlichen Ebene nicht Feuer, Schwert und Krieg bringen, in Spruch 16 sagte er heftige Auseinandersetzungen auf der geistigen Ebene voraus.

Bei Lukas heißt es:

Ich bin gekommen, um Feuer auf der Erde anzuzünden,
und ich wünschte, es würde schon brennen.
Aber mir steht eine Taufe bevor, [788]
und ich bin sehr bedrückt, bis sie vollzogen ist.
Denkt ihr vielleicht, dass ich gekommen bin,
Frieden auf die Erde zu bringen?
Nein, sage ich euch, sondern Entzweiung.
Denn von jetzt an wird es so sein:
Wenn fünf in einem Haus wohnen,
werden sich drei gegen zwei stellen
und zwei gegen drei.
Der Vater wird gegen den Sohn sein
und der Sohn gegen den Vater,

---

[786] ThEv 10
[787] ThEv 16
788 Feuertaufe

die Mutter gegen die Tochter
und die Tochter gegen die Mutter,
die Schwiegermutter gegen die Schwiegertochter
und die Schwiegertochter gegen die Schwiegermutter. [[789]]

Das meint: Ich habe Wissen auf die Erde gebracht, und beschütze es bis es verstanden wird. Die, die es verstehen und die, die es nicht verstehen, werden miteinander streiten. Entgegen dem Lukasevangelium gibt es im Thomasevangelium ein Happyend:

Und sie werden als Einsgewordene dastehen.

Der 54. Spruch des Thomasevangeliums lautet:

Jesus sagte:
„Selig seid ihr, ihr Armen,
denn euch gehört das Himmelreich." [[790]]

Dieser Satz findet sich auch in der Bergpredigt bei Matthäus und Lukas. [[791]]

Aus diesem Spruch wurde oft das Armutsideal abgeleitet. Im Thomasevangelium geht es nicht um Physisches, sondern um Immaterielles. Deshalb bedeutet dieser Spruch: Selig die geistig Armen, die nicht nach dem Kopf, sondern nach dem Herzen leben.

Das Königreich

Was das Thomasevangelium das Königreich nennt, nennen wir die Welt des Mittleren Selbst. Dazu gehört die menschliche Kreativität. Eine sehr niedrige Stufe der Kreativität ist die Lüge. Zum Königreich findest du im Thomasevangelium mehrere Sprüche.

---

[789] Lk 12,49-53
[790] ThEv 54
[791] Mt 5,3; Lk 6,20

Spruch 3
1. Teil

Jesus sagte:
„Wenn die, die euch führen, euch sagen:
‚Seht, das Königreich ist im Himmel',
so werden euch die Vögel des Himmels zuvorkommen;
wenn sie euch sagen: ‚Es ist im Meer',
so werden euch die Fische zuvorkommen.
Aber das Königreich ist in euch und außerhalb von euch." [792]

Im Lukasevangelium lautet diese Stelle:

Das Reich Gottes kommt nicht so,
dass man's mit den Augen sehen kann
man wird auch nicht sagen: Siehe hier! oder: da!
Nein, das Reich Gottes ist schon jetzt mitten unter euch. [793]

Im Friedensevangelium heißt es:

Das Reich Gottes ist in euch. [794]

Das bedeutet: Das Universum des Mittleren Selbst, die Kreativität, ist in euch.

Daniel Benezra sagte:

Jesu konfrontierte uns mit einer ganz neuen Sichtweise unserer Beziehung zu Gott. Alles was sich über lange Zeit entwickelt hatte und uns so sicher erschienen war, geriet nun ein wenig ins Schwanken. Es brauchte viel Mut, sich dem Unbekannten zu stellen. Als Jesus uns lehrte, die Aufmerksamkeit weg von Gott im Himmel und hin zu Gott in unserem Herzen zu verlagern, da fanden nur wenige Mitglieder unseres Ordens den Mut, das auch wirklich zu akzeptieren. Vielen war die Herausforderung zu groß, sie hielten sich lieber an die traditionelle Überlieferung der Essener.

---

[792] ThEv 3
[793] Lk. 17,21
[794] FEv S. 46

Die Welle der Veränderung überrollte unsere Gemeinden und unterzog unsere Bruderschaft einer schweren Zerreißprobe. Doch das war unbedingt notwendig, um den neuen Weg zu etablieren. Rückblickend sehe ich ganz klar, dass alles genau so kommen musste. Wie in einem ewigen Garten muss das Alte sterben, damit daraus wieder Neues entstehen kann. [795]

Bei solchen Gelegenheiten wurde der 47. Spruches des Thomasevangeliums zitiert:

„Es ist unmöglich, dass ein Mensch zwei Pferde reitet,
dass er zwei Bogen spannt.
Und es ist unmöglich, dass ein Diener zwei Herren dient,
oder aber, er wird den einen ehren
und den anderen verhöhnen.

2. Teil

Wenn ihr euch erkennen werdet, dann werdet ihr erkannt,
und ihr werdet wissen,
dass ihr die Söhne des lebendigen Vaters seid.
Aber wenn ihr euch nicht erkennt,
dann werdet ihr in der Armut sein,
und ihr seid die Armut.

Der zweite Teil des Spruches bedeutet: Ihr seid arm dran, denn ihr kennt euch nicht, wenn ihr euch kennen würdet, wüsstet ihr, dass ihr Götter seid, und würdet als Götter erkannt werden.

Spruch 107

Jesus sagte:
„Das Königreich ist gleich einem Hirten,
der hundert Schafe hatte.
Eins von ihnen, das Größte, verschwand.
Er ließ die neunundneunzig stehen
und suchte das eine, bis er es gefunden hatte.

---

[795] vergl. Stuart Wilson, Joanna Prentis: *Die Essener – Kinder des Lichts*, S. 297, Darmstadt, 2010[3]

Nach dieser Prüfung sagte er zu dem Schaf,
ich liebe dich mehr als die neunundneunzig." [796]

Matthäus und Lukas erzählen dieses Gleichnis auch. [797]
Übersetzt heißt es: Das Reich des Mittleren Selbst gleicht einem sorgenden Verantwortungsbewussten, der verantwortungsvoll kreiert.

Das Königreich des Vaters

Das Königreich des Vaters steht für das Reich des Hohen Selbst, für die bedingungslose Liebe.

Spruch 96

Jesus sagte:
„Das Königreich des Vaters gleicht einer Frau.
Sie nahm ein wenig Sauerteig,
verbarg ihn im Teig und machte davon große Brote.
Wer Ohren hat, der höre."

Sauerteig treibt Gerste nicht auf, er treibt nur Weizen, sprich Weißmehl, auf. Das Weißmehl entspricht dem Guten und der Sauerteig dem Prozess, dass etwas größer wird.
Wenn das Hohe Selbst das Tun des Mittleren Selbst gut heißt, erwächst etwas viel Größeres daraus.

Spruch 113

Seine Jünger sagten zu ihm:
„Das Königreich, an welchem Tage wird es kommen?"
Jesus sagte:
„Wenn man danach Ausschau hält,
wird man es nicht kommen sehen.
Man wird nicht sagen:
‚Schau, hier ist es!' oder: ‚Siehe, dies ist der Augenblick!'

---

[796] ThEv 107
[797] Mt 18,12-13; Lk 15,4

Aber das Königreich des Vaters breitet sich über die Erde aus, und die Menschen sehen es nicht."

Auch Lukas zitiert diesen Spruch, bei ihm fragen nicht die Jünger, sondern Pharisäer:

Einige Pharisäer fragten Jesus,
wann das Reich Gottes komme.
Er antwortete:
„Das Reich Gottes kommt nicht so,
dass man es an äußeren Zeichen erkennen kann.
Man wird auch nicht sagen können:
‚Seht, hier ist es!' oder: ‚Seht einmal, dort!.'"
Nein, das Reich Gottes ist schon jetzt mitten unter euch." [798]

Die Frage zielt auf die Prophezeiung des Propheten Daniel, vom kommenden Reich Gottes. [799]
Bei den Jüngern geht es um immaterielle Ausdehnung des Friedens, bei den Pharisäern um einen Gottesstaat, wie ihn die Buddhisten in Tibet hatten und die konservativen Juden und die Moslems ihn wollen.
Es geht um etwas ganz anderes. Im Thomasevangelium fragen die Jünger: „Wann kommt die Liebe?", worauf Jesus meint: „Das Hohe Selbst liebt Dich bedingungslos, wenn deine Kreativität auch nur im Lügen besteht, doch wenn du bei der Wahrheit bist, entstehen großartige Dinge.

Das Haus des Königreichs

Das Haus des Königreichs steht für den menschlichen Körper.

Wenn der Herr des Hauses weiß,
wann der Dieb kommen wird,
wird er wachen, bevor er kommt;
und er wird ihn nicht
in das Haus seines Königreiches eindringen lassen,

---

[798] Lk 17,21
[799] Altes Testament, Buch des Propheten Daniel 7,14

um seine Dinge mitzunehmen.
Ihr aber, wacht angesichts der Welt;
gürtet eure Lenden mit einer großen Kraft,
dass die Räuber keinen Weg finden,
um zu euch zu kommen.
Denn der Mangel, den ihr jetzt voraussеht,
sie werden ihn finden.
Unter euch möge doch jeder ein weiser Mann sein!
Als die Frucht gereift ist, ist er sofort gekommen,
seine Sichel in der Hand, und hat sie gemäht.
Wer Ohren hat, zu hören, der höre. [800]

Im Matthäus- oder Lukasevangelium lautet dieses Gleichnis:

Das aber sollt ihr bedenken:
Wenn der Hausherr wüsste,
zu welcher Nachtstunde der Dieb kommt,
so würde er wachen
und in sein Haus nicht einbrechen lassen. [801]

Dieser zweite Teil von Spruch 21 hat das Friedensevangelium als Vorlage:

Ihr leidet, denn Satan und seine Krankheiten martern eure Körper. Aber fürchtet euch nicht, denn ihre Macht über euch wird schnell enden. Denn Satan ist wie ein heuchlerischer Nachbar, der seines Nachbarn Haus betrat, als dieser abwesend war, mit der Absicht, dessen Güter in sein eigenes Haus zu nehmen. Aber Leute erzählten diesem, dass sein Feind in seinem Haus wütete und er kam in sein Haus zurückgerannt. Als der schlechte Nachbar alles zusammengerafft hatte, was ihm gefiel, sah er von weitem den Herrn des Hauses in Eile zurückkommen, und er war zornig, dass er nicht alles mitnehmen konnte und ging daran, alles, was da war, zu zerbrechen und zu verwüsten, alles zerstören, damit wenigstens die Dinge, die er nicht haben konnte auch der

---

[800] ThEv 21, 2. Teil
[801] Mt 24,43; Lk 12,39

andere nicht haben sollte. Doch kurz nachdem der Herr des Hauses hereingekommen war und bevor der bösartige Nachbar seine Absicht ausführen konnte, nahm jener ihn und warf ihn aus dem Haus. Wahrlich, ich sage euch, genauso betrat der Satan eure Körper, welche die Wohnung Gottes sind. Und er nahm alles in Besitz, was er stehlen wollte: euren Atem, euer Blut, eure Knochen, euer Fleisch, eure Eingeweide, eure Augen und eure Ohren. Aber mit eurem Fasten und Beten habt ihr den Herrn eures Körpers und seine Engel zurückgerufen. Und nun sieht Satan, dass der wahre Herr eures Körpers zurückkehrt und dass dies das Ende seiner Macht ist. Deshalb sammelt er in seinem Zorn seine Stärke noch einmal, damit er den Körper zerstört, bevor der Herr kommt. Darum martert euch Satan so qualvoll, denn er fühlt, dass das Ende gekommen ist. Aber lasst eure Herzen nicht erzittern, denn bald werden die Engel Gottes erscheinen, um wieder ihre Wohnstätte zu belegen und sie wieder als Tempel Gottes zu weihen. Und sie werden Satan packen und ihn aus eurem Körper hinauswerfen mit all seinen Krankheiten und all seinen Unreinheiten. [802]

Im Thomasevangelium geht es darum, keine Dämonen in den Körper zu lassen. Siehe auch: *Jesus trieb Dämonen aus.*

Die Lebensenergie

Das Wort *Biologie* kommt wieder einmal aus dem Griechischen und bedeutet *Lehre vom Leben*. Doch die Biologie beschäftigt sich nicht mit dem Leben, sondern mit den Funktionen belebter Körper. In Sri Lanka wird den buddhistischen Grundschülern nicht nur von belebten Körpern gelehrt, auch vom Leben.

Die Lebensenergie wird im ägyptischen Kult Maat genannt, im Hawaiianischen Mana, im Chinesischen Qi, im Japanischen Ki, im Indischen Prana, in Europa kennt man mehrere Namen: l'elan vital, Od, Orgon, Universion usw. Während Ägypter, Chi-

[802] FEv S. 29-30

nesen und mit ihnen die Japaner, die Inder und Buddhisten und vor allem die Naturreligionen wie die Hawaiianer sich mit der Lebensenergie beschäftigen, schweigt sich das Christentum im Grunde darüber aus. Großzügig gesehen, kannst du sagen, im Christentum gibt es das Feuer des Heiligen Geistes, aber dann hat es sich auch schon wieder.

Zwar wird die Lebensenergie in den verschiedenen Kulturen unterschiedlich benannt, doch wenn es eine Gemeinsamkeit aller Religionen gibt, dann ist dies der Respekt vor dem Ausdruck der Lebensenergie. Ohne Lebensenergie ist Schöpfung nicht möglich. Das Thomasevangelium handelt von der Lebensenergie:

> *„Wer den Vater lästert, dem wird vergeben werden,*
> *und wer den Sohn lästert, dem wird vergeben werden.*
> *Aber wer den reinen Geist lästert,*
> *dem wird weder auf Erden noch im Himmel vergeben werden."* [803]

Aus den kanonischen Evangelien spricht das Missverstehen des reinen Geistes. Im Matthäusevangelium wird aus dem *reinen Geist*, aus der Lebensenergie, die dritte Person der christlichen Dreifaltigkeit, der Heilige Geist, gemacht:

> *Alle Sünden können den Menschen vergeben werden,*
> *selbst die Gotteslästerungen, die sie aussprechen.*
> *Wer aber den Heiligen Geist lästert,*
> *wird keine Vergebung finden.*
> *Wer was gegen den Menschensohn* [804] *sagt,*
> *dem kann vergeben werden.*
> *Wer aber gegen den Heiligen Geist redet,*
> *dem wird nicht vergeben werden,*
> *weder in dieser Welt noch in der kommenden.* [805]

Das Markusevangelium enthält den gleichen Fehler:

---

[803] ThEv 44, Mk 3,28-29

804 Mit Menschensohn ist niemals irgendein Sohn irgendeines Menschen gemeint, immer und nur Jesus.

[805] Mt 12,31-32

Ich versichere euch:
„Alle Sünden können den Menschen vergeben werden,
selbst die Gotteslästerungen, die sie aussprechen.
Wer aber den Heiligen Geist lästert,
wird in Ewigkeit keine Vergebung finden.
Mit dieser Sünde hat er ewige Schuld auf sich geladen."
[806]

Das Lukasevangelium erfasst es auch nicht:

Wer etwas gegen den Menschensohn sagt,
dem kann vergeben werden.
Wer aber den Heiligen Geist lästert,
dem wird nicht vergeben werden. [807]

Das Thomasevangelium drückt aus: Wer irgendeinem Wesen lästert, dem wird vergeben werden, wer aber die Lebensenergie lästert, dem wird nicht vergeben werden.
Im ägyptischen Kult besitzt die göttliche Maat eine ordnende Funktion. Leben schafft Ordnung, wo kein Leben ist, da herrscht Chaos.
Wie sich hier beim Vergleich des abgelehnten Thomasevangeliums mit den anerkannten Evangelien zeigt, zitiert das geheime Thomasevangelium den ursprünglichen Sinn, und die anerkannten Evangelien sind öfters der verfälschte oder bestenfalls noch der unverstandene Abklatsch.

Wenn Bewusstsein sich individualisiert, entsteht ein Wesen. Im Thomasevangelium heißt es:

Der Lebendige, hervorgegangen aus dem Lebendigen ... [808]

In den indischen Weisheitsbüchern heißt es dann „Atman ist Brahman." Dieses bedeutet: Das Geschöpf ist der Schöpfer.

---

[806] Mk 3,29
[807] Lk 12,10
[808] ThEv 111

Jesu Vater im Himmel

Mit *Jesu Vater im Himmel* ist nicht der Erzeuger seines Körpers gemeint. Zu Jesu Vater im Himmel sagen die Inder *Parabrahman*. Das Thomasevangelium deutet auf Jesu Ursprung:

Salome fragte:
„Wer bist du, Mann?
Hast du, der du aus dem Einen hervorgegangen bist,
nicht mein Bett benutzt und von meinem Tisch gegessen."
Jesus sagte zu ihr:
„Ich bin der, der hervorgegangen ist aus dem, der gleich ist.
Mir wurde gegeben, was von meinem Vater kommt." [809]

Das Königreich von Jesu Vater

Das Königreich von Jesu Vater ist Parabrahman, der unbewegte Beweger, wie ihn die Griechen nannten, das Ruhende Eine.

Im Thomasevangelium heißt es:

Die Jünger sagten zu ihm:
„Deine Brüder und deine Mutter stehen draußen."
Er sagte zu ihnen:
„Diejenigen, die an dieser Stelle
den Willen meines Vaters erfüllen,
sind meine Brüder und meine Mutter;
sie sind es,
die in das Königreich meines Vaters eingehen werden." [810]

Daraus wurde bei den Synoptikern:

Während Jesus noch zu der Menschenmenge sprach,
waren seine Mutter und seine Brüder angekommen.
Sie blieben vor dem Haus und verlangten, ihn zu sprechen.
„Deine Mutter und deine Brüder sind draußen
und fragen nach dir",

---

[809] ThEv 61
[810] ThEv 99

sagte ihm einer.
„Wer ist meine Mutter und wer sind meine Brüder?“,
antwortete ihm Jesus.
Dann wies er mit der Hand auf seine Jünger und sagte:
„Das hier ist meine Mutter
und das sind meine Brüder!
Jeder, der nach dem Willen meines Vaters im Himmel lebt,
ist mir Bruder, Schwester und Mutter.“ [811]

Der Urtext steht im Friedensevangelium:

Und eure wahren Brüder sind alle jene, die den Willen eures Himmelsvaters und eurer Erdenmutter tun, und nicht eure leiblichen Brüder. [812]

Aus einer Erklärung im Friedensevangelium wurde in den späteren Evangelien ein Geschehnis, dabei wurde aus der Erdenmutter die leibliche Mutter, Maria, gemacht.

Der Erzeuger von Jesu Körper

Im Thomasevangelium heißt es:

Jesus sagte:
„Wer den Vater kennt und die Mutter,
wird man den Hurensohn rufen.“ [813]

So wie der Spruch hier steht, ist er sachlich falsch, denn der Vater des Hurensohns ist unbekannt.

Dieser Spruch ist also verschlüsselt. Die Verschlüsselung besteht in der Umkehrung.

Die erste Zeile muss heißen: „Wer den Vater nicht kennt.“

Die Umkehrung des Hurensohns ist der Hochangesehene, der Erlöser oder das Vorbild. Als Beispiele unbekannter Väter hochangesehener Söhne können in China die Gelben Kaiser Huang-Ti (*2696 v. Z., †2598 v. Z.), Yao (*2353 v. Z., † 2234 v. Z.) oder Shun († 2240 v. Z.) gelten, bei den Semiten Sargon der

---

[811] Mt 12,46; ähnlich Mk 3,31; Lk 8,19
[812] FEv S. 17
[813] ThEv 105

Große (*2356 v. Z., † 2300 v. Z.), der sagte, „meine Mutter ist eine Priesterin, meinen Vater kenne ich nicht“, bei den Hebräern Samson/Simson, der sie aus der Hand der Philister rettete, der Religionsgründer Mose (* 1225 v. Z.), der sie aus der ägyptischen Bedrückung führte und wie Henoch oder Elias (9. Jh v. Z.) in den Himmel auffuhr und schließlich Jesus, der Sohn der Maria, der ebenfalls in den Himmel auffuhr. Alle diese Hochangesehenen ohne bekannten Vater, wurden von außerirdische Wesen gezeugt.
Damit drückte Jesus verschlüsselt aus, dass sein biologischer Vater ein außerirdisches Wesen war.
Maria wurde künstlich befruchtet. [814]

Jesu Gleichnisse der Braut- oder Hochzeitsmystik

Die mystische Hochzeit findet statt, wenn das Mittlere Selbst mit dem Hohen Selbst eins ist. Praktiken, um dies zu erreichen, sind Fasten, Meditation, aber auch Tätigkeiten, bei denen du in Ekstase gerätst, wie bei Trancetanz, Tantra oder künstlerischem Schaffen.
Damit das Mittlere mit dem Hohen Selbst in Verbindung treten kann, wird das Niedere Selbst benötigt. Es muss von unten die Energie nach oben bringen und dem Hohen Selbst darreichen. Dies hat das Christentum nicht verstanden.
Manchmal geschieht es ohne erkennbaren Anlass. Wenn Jesus sagte: „Wer mir nahe ist, der ist dem Feuer nahe. Und wer mir fern ist, der ist dem Königreich fern“, [815] dann sollte dies keineswegs so interpretiert werden, dass Jesus das Königreich sei. Das Königreich symbolisiert das Hohe Selbst. In der Gegenwart Jesu geschieht die Vereinigung des Mittleren Selbst mit dem Hohen Selbst leichter, wie es Thomas passierte. [816] Siehe *Die Erleuchtung des Thomas.*

---

[814] Phyllis Virtue-Carmel: *Planet der Wandlung*, S. 244, Güllesheim, 1997[2]
[815] ThEv 82
[816] ThEv 13

Jesus gab Anleitungen, um die mystische Hochzeit zu erreichen:

Wenn ihr nicht fastet gegenüber der Welt,
werdet ihr das Königreich nicht finden.
Wenn ihr den Sabbat nicht zum Sabbat macht,
werdet ihr den Vater nicht sehen. [817]

Das Markusevangelium hat den Sinn noch bewahrt:

Der Sabbat wurde für den Menschen geschaffen, und nicht der Mensch für den Sabbat. [818]

Nach dem Friedensevangelium bedeutet den Sabbat zum Sabbat machen, am Sabbat zu fasten, Darmspülungen durchzuführen und nur vom Wort Gottes zu leben. [819]

Ein anderer Spruch des Thomasevangeliums deutet darauf, dass Jesus die Menschen zur Erleuchtung führen wollte:

Jesus sagte:
„Ich werde euch erwählen,
einen aus tausend und
zwei aus zehntausend,
und sie werden
in ihrem Einssein bestätigt werden.“ [820]

Im Matthäusevangelium ist erhalten:

Viele sind gerufen, aber
nur wenige sind erwählt. [821]

Das Thomasevangelium meint: Ich werde 1 Promille erwählen, genau gesagt 1,1 Promille. Nämlich bei Zehntausend, bei den letzten Tausend einen Zweiten hinzu. Wichtiger als die 1,1 $^{0}/_{00}$ ist die Bestätigung des Einsseins!

Das Thomasevangelium hält weitere Gleichnisse zur mystischen Vereinigung bereit:

---

[817] ThEv 27

[818] Mk 2,27

[819] FEv. S. 14-15 in Verbindung mit S. 42

[820] ThEv 23

[821] Mt 22,14

„Jesus sagte:
„Viele stehen vor der Tür,
aber es sind die Einsgewordenen,
die ins Brautgemach eintreten werden.“ [822]

Ergebnisse der mystischen Hochzeit

Jesus sagte:
„Wenn ihr aus zwei eins macht,
werdet ihr des Menschen Sohn sein.
Und wenn ihr sagt: Berg, hebe dich hinweg,
wird er sich wegheben.“ [823]

Falsch verstandene Brautmystik

Jesus sagte:
„Selig seid ihr, Einsgewordene, Auserwählte,
denn ihr werdet das Königreich finden.
Da ihr aus ihm hervorgegangen seid,
werdet ihr dahin zurückkehren.“ [824]
Sie sagten zu ihm:
„Komm, lass uns heute beten und fasten.“
Jesus sagte:
„Welche Sünde habe ich denn begangen
oder wovon bin ich besiegt worden?
Aber wenn der Bräutigam das Brautgemach verlässt,
dann ist es an der Zeit, zu fasten und beten!“ [825]

Der Bräutigam in der mystischen Hochzeit steht also nicht für Jesus, sondern für die Vitalkraft, und das Brautgemach symbolisiert das Hohe Selbst.

---

[822] ThEv 75
[823] ThEv 106
[824] ThEv 49
[825] ThEv 104

Auch im Johannesevangelium findet sich die Brautmystik. Da heißt es:

Der die Braut hat, ist der Bräutigam;
der Freund des Bräutigams steht dabei und
freut sich, wenn er dessen Stimme hört.

Wenn Johannes dann sagt, „das ist auch jetzt meine Freude", [826] dann praktiziert er die Brautmystik.

Der Hund, das Schwein und die Perle

Im Thomasevangelium symbolisiert der Hund den Geistlosen, das Schwein den Zyniker und in der Mystik steht die Perle für die Erleuchtung.

Im Matthäusevangelium steht:

Gebt das Heilige nicht den Hunden.
Und werft eure Perlen nicht vor die Schweine.
Diese trampeln doch nur auf ihnen herum
und jene drehen sich um und reißen euch in Stücke. [827]

Der ursprünglichere Text findet sich im Thomasevangelium. Er heißt:

„Gebt den Hunden nicht, was rein ist,
sie könnten es auf den Misthaufen schleppen.
Werft keine Perlen vor die Säue,
sie könnten sie beschmutzen." [828]

Das bedeutet: Gebt den Geistlosen nicht was rein ist, sie könnten es in den Dreck ziehen. Sprecht mit Zynikern nicht über eure Erleuchtung, sie könnten sie in den Dreck ziehen und euch niedermachen.

Ein weiteres Perlengleichnis

Im Matthäusevangelium steht ein weiteres Perlengleichnis:

Mit diesem Reich (das den Himmel regiert)

---

[826] Jh 3,29
[827] Mt 7,6
[828] ThEv 93

ist es auch wie mit einem Kaufmann,
der schöne Perlen sucht.
Als er eine besonders wertvolle entdeckt,
geht er los, verkauft alles, was er hat,
und kauft sie. [829]

Der ursprünglichere Text findet sich im Thomasevangelium. Er heißt:

„Das Reich des Vaters gleicht einem Kaufmann,
der gerade eine Ladung Waren hatte, als er eine Perle fand.
Der Kaufmann war klug, er verkaufte die Waren
und kaufte die einzigartige Perle. [830]

Wenn jemand die Erleuchtung erreicht hat, bedeutet alles Weltliche für ihn Tand, den er nicht benötigt.

Der Text im Thomasevangelium fährt dann folgerichtig fort:

Sucht auch ihr euch den Schatz, der nicht vergeht,
und dort liegt, wo die Motte ihn nicht zerfressen
und der Wurm ihn nicht vernichten kann." [831]

Diese folgerichtige Idee findet sich im Matthäusevangelium an anderer Stelle:

Sammelt euch keine Reichtümer hier auf der Erde,
wo Motten und Rost sie fressen
oder Diebe einbrechen und sie stehlen.
Sammelt euch lieber Schätze im Himmel,
wo sie weder von Motten
noch von Rost zerfressen werden können
und auch vor Dieben sicher sind. [832]

Im Lukasevangelium heißt es ähnlich:

Verkauft euren Besitz und gebt das Geld den Armen.
Und macht euch Geldbeutel, die keine Löcher bekommen;
legt euch einen Schatz im Himmel an,
wo kein Dieb ihn findet

---

[829] Mt 13,45
[830] ThEv 76
[831] ThEv 76
[832] Mt 6,19-20

und keine Motte ihn zerfrisst. [833]
Geldbeutel, die keine Löcher bekommen, sind Schatztruhen im Himmel.

Der Ochse

Der Ochse steht im Thomasevangelium für den Gutwilligen. Im Matthäusevangelium heißt es:

Wehe euch, ihr Gesetzeslehrer und Pharisäer, ihr Heuchler! Ihr verschließt den Menschen das Reich, das den Himmel regiert, denn ihr selbst geht nicht hinein, und die, die hinein wollen, lasst ihr nicht hinein. [834]

Der ursprünglichere Text findet sich im Thomasevangelium. Er heißt:

„Wehe den Pharisäern,
sie gleichen einem Hund,
der im Futtertrog der Ochsen liegt;
weder frisst er selbst,
noch lässt er die Ochsen fressen." [835]

Das Thomasevangelium meint, dass die Pharisäer, welche das Volk mehr oder weniger kontrollieren, die Gutwilligen davon abhalten, ein höheres Bewusstsein zu erlangen, und auch sich selbst nicht darum bemühen. Die Pharisäer gibt es heute noch, nur werden sie anders genannt. Wenn sie im Futtertrog der Ochsen liegen, dann lassen sie sich von den Steuern oder Spenden der Gutwilligen bezahlen. Sie kennen die Schriften und bezeichnen diese als apokryph, was zwar geheim bedeutet, aber auch als verfälscht ausgegeben werden kann.

Das Gebet

In dem Wort Gebet steckt die Bedeutung von Bitte. Ich glaube nicht, dass Pinguine zu Gott beten. Und doch erfüllen sich die

---

[833] Lk 12,33
[834] Mt 23,13
[835] ThEv 102

Bitten der Tiere genauso wie die der Menschen. Junge Pinguine wanderten wie in einer Menschenschlange von ihrer Schlupfstätte zum Meer. Plötzlich hatte ein Vogel, der größer als sie war, sie als Nahrungsquelle ausgemacht. Als der große Vogel begann, sich sein Opfer auszusuchen, löste sich die Pinguinschlange auf und bildete einen Kreis, wobei ihre Schnäbel aus dem Kreis heraus zeigten. Ihre Bitte um Hilfe wurde nicht nur von der Gruppenseele der Pinguine, dem *Aumakua* der Pinguine, gehört, die Bitte wurde erhört. Ein Pinguin einer aggressiven Art verließ seine Gruppe, kam zu den verängstigten Jungpinguinen und vertrieb ihnen den Vogel, der größer als er selbst war. Amseln vertreiben Raubvögel, die viel größer als sie selbst sind. Einmal kam ich zufällig in die Nähe des Nestes von Bodenbrütern. Ich hatte das Nest weder gesucht, noch entdeckt, da kamen die Eltern und vertrieben mich. Ein kleiner Vogel vertrieb einen ausgewachsenen Menschen. Das war ein sehr beeindruckendes Erlebnis.

Richte deine Bitten nicht an das Ruhende Bewusstsein, es erhört sie bestimmt nicht, sondern an Wesen, die sich individualisiert haben, z. B. dein Hohes Selbst. Das Hohe Selbst ist nicht menschlichen, sondern göttlichen Ursprungs.

> *Jesus sagte:*
> *„Wenn ihr den seht, der nicht von einer Frau geboren wurde,*
> *so werft euch auf euer Antlitz und betet ihn an.*
> *Er ist es: euer Vater."* [836]

Dein Hohes Selbst liebt dich grenzenlos und stellt keine Forderungen an dich.

Das Gebet richtet sich an „Unseren Vater", das Hohe Selbst. Dein Hohes Selbst ist Gott in dir und außer dir! Durch die Silberschnur ist es zur Urquelle und damit mit Allem-was-ist verbunden.

---

[836] ThEv 15

Natürlich ist eine Kommunikation mit anderen geistigen Wesen möglich. Über der Ebene des Hohen Selbst gibt es viele andere:

Jesus sagte:
„Dieser Himmel wird vergehen,
und der Himmel, der darüber ist,
wird vergehen. [837]

Es gibt den Himmel der Engel, der Erzengel, der Mächte, der Cherubim, der Seraphim oder der Elohim.

Wie ein Spinnennetz durch seinen Faden, der aus ihr heraustrat, ein Teil der Spinne ist, und jeder Fadenknoten, jedes Selbst, mit jedem anderen verbunden ist, so ist Alles-was-ist miteinander in einer Hierarchie, die von innen nach außen fällt, verbunden. [838]

Die Naturreligionen, der Buddhismus oder Taoismus leugnen Gott nicht. Aber da er unser Vorstellungsvermögen übersteigt, beschäftigen sie sich nicht mit ihm, sondern mit dem, was einem praktisch nützt, mit dem Leben, der Lebenskraft und vor allem mit dem Menschen selbst, seinem Körper, seinem Schattenkörper und seinen drei Selbsten.

Asiaten richten ihre Bitten auch an ihre verstorbenen Ahnen, und diese versuchen den Lebenden zu helfen.

Eine europäische Frau, die schwanger werden wollte und viele Gebete an Gott gesandt hatte, wurde nicht schwanger. Als ihr Maß voll war, schimpfte sie mit Gott sehr zornig. Da wurde sehr viel Energie des Niederen Selbst frei, dass das Hohe Selbst die nötige Energie bekam, und die Frau wurde später schwanger.

Die Venusierin *Omnec Onec* (* 1955 n. Z.) nimmt drei tiefe Atemzüge vor einem Gebet, die Hawaiianer bis zu neun. Tiefe Atemzüge öffnen den Zugang zum Hohen Selbst.

---

[837] ThEv 14
[838] Vergleiche: Brhadaranyaka-Upanischad 2.1.23

Von der Religion zur Spiritualität

Der Weg von Religion zur Spiritualität ist der Weg von müssen zu können. Deutlicher gesagt, der Weg von Wirkung sein zu müssen, zu Ursache sein können, vom Amboss sein zu müssen, auf dem herumgehämmert wird, zu der Hammer sein zu können, der das Schicksal formt, ein völlig berechtigter Wunsch vieler.

Der Weg von Religion zur Spiritualität geht nicht nur, von keine Wirkung sein zu müssen zu Ursache sein zu können, er geht auch die umgekehrte Richtung von *Hammer sein* zu müssen *zu Amboss sein* zu können. Ja, das ist der asiatische Schlüssel. Wirkung sein zu können bedeutet, alle Kontrolle loslassen zu können, sich einem Guru zu unterwerfen, zu unterjochen. Im Matthäusevangelium heißt es:

> *Nehmt mein Joch auf euch und lernt von mir,*
> *denn mein Joch ist leicht und meine Bürde süß.* [839]

Auf dem Weg zur Spiritualität ist jeglicher Zwang, jegliches Müssen, pures Gift. Das Gesetz Aktion = Reaktion, gilt nicht nur in der Physik, so sagt die Volksweisheit: *Wie man in den Wald hineinruft, so schallt es zurück.*

In dem Maße, wie jemand sich wehrt, in dem Maße entsteht eine Gegenreaktion. Weil immer eine Gegenreaktion entsteht, sagte Jesus im Thomasevangelium:

> *Wenn ihr fastet, werdet ihr euch nur Sünde schaffen,*
> *und wenn ihr betet, werdet ihr verurteilt werden,*
> *und wenn ihr Almosen gebt, werdet ihr eurem Geist Böses zufügen.* [840]

In dem Maße, wie man etwas annimmt, entsteht keine Gegenreaktion! Deshalb sagte Jesus in der Bergpredigt:

> *Liebt eure Feinde, tut denen Gutes, die euch hassen.*

---

[839] Mt 11,29-30

[840] ThEv 14

Segnet die, die euch fluchen. Betet für die, die euch beleidigen.
Schlägt dir jemand ins Gesicht, dann halte ihm auch die andere Wange hin!
Wenn jemand deinen Umhang will, dann lass ihm auch das Hemd.
Gib jedem der dich bittet. Und wenn dir etwas weggenommen wird, dann versuche nicht, es wieder zu bekommen. [841]

Die Tarotkarte *der Narr* symbolisiert die Zwanglosigkeit. Der Narr scheint ziellos. Doch sein Ziel ist nicht Ursache sein zu müssen, nicht kontrollieren zu müssen, sondern jede Kontrolle loslassen zu können, jede Wirkung annehmen zu können.
Zu behaupten, ein schlechtes Schicksal ist von Gott zur Prüfung beschieden, ist primitivste Religion, um Gläubige am Gängelband zu führen.

Gott die Verantwortung zuzuschieben, ist die Rechtfertigung für die eigene Verantwortungslosigkeit. Verantwortung bedeutet, die Antwort auf ein Handeln anzunehmen. Anzunehmen bedeutet lieben.
Der Schlüssel zur Verantwortung ist die Liebe, zur Selbstverantwortung die Selbstliebe.
Ist Gott die Liebe, ist Gott für alles verantwortlich, oder gaukelt die Bibel dem Leser einen Gott vor, der seine Liebe an Bedingungen knüpft:
Wenn Gott Bedingungen stellt, dann ist er weniger bereit zu geben, als er dem Menschen abverlangt:
Ist das ein liebender Gott, der die Ungerechtigkeit in der Welt, trotz Bitten um Gerechtigkeit, nicht unterbindet. Oder gibt es mehr Bitten um Ungerechtigkeit? Oder ist Gott für die Gerechtigkeit nicht zuständig.

---

[841] Lk 6,27- 30; Mt 5,39-40; 42; 44

Ist Gott persönlich, wie Jahwe es behauptet, dann wird in der Liebe zu Gott der Egoismus *Jahwes* befriedigt.
Ist Gott der Ruhende Eine, der jedes Potenzial besitzt, dann ist er nicht zuständig für die Ungerechtigkeit der Welt. Ist Gott alles, was in das Sein gekommen ist, dann ist dieses zuständig, ist dieses verantwortlich.
Die Verantwortung nicht bei Gott, sondern bei sich selbst zu suchen, ist der Weg zur Spiritualität. Die Selbstverantwortung besteht in der Selbstliebe. Was macht es dir aus, wenn du dich selber liebst und jemand anderer glaubt, auf dir psychisch herumtrampeln zu müssen. Wenn er keine Reaktion auf sein Tun bemerkt, wird er es wieder aufgeben. Wie beim Handeln auf dem orientalischen Basar, genügt es nicht, so zu tun, als ob man die Ware nicht wolle, man muss **wirklich** auf sie verzichten, dann bekommt man sie *nachgeworfen*. Genauso darf man nicht so tun, als ob die psychischen Stiche einem nichts ausmachen, es darf einen nicht berühren, dann wird der andere aufhören. Vielleicht wird er noch heftiger zuschlagen, aber irgendwann merkt er, dass er nichts bewirken kann, ins Leere läuft und gibt auf. Seine Absicht ist eine Wirkung zu erzielen. Wenn ihm das nicht gelingt, wird er versuchen, auf andere Weise eine Wirkung erzielen zu können. Wer versucht auf jemanden psychisch herumzutrampeln, handelt zwanghaft. Er ist unfrei, er ist der Sklave eines Tyrannen, wie das ägyptische Sprichwort sagt:

> *Ein Tyrann ist nur ein, nach außen gekehrter, Sklave.*

Der Weg von der Religion zur Spiritualität lautet im Friedensevangelium:

> *Liebe den Herrn deinen Gott mit ganzem Herzen und mit deiner Seele und mit all deiner Stärke, dies ist das erste und größte Gebot. Und das zweite ist ihm ähnlich. Liebe deinen*

Nachbarn wie dich selbst. Es gibt keine Gebote, die größer sind als diese. [842]

Das Evangelium zitiert damit aber nur, was schon im Alten Testament steht. [843] Es heißt nicht liebe *Gott,* oder liebe *den Gott,* sondern liebe *deinen Gott.* Das bedeutet liebe *dein Hohes Selbst.* Anstelle Jahwes Egoismus zu bedienen. Sein Hohes Selbst, sich selbst und seinen Nachbarn zu lieben, ist der Weg von der Religion zur Spiritualität.

Unterstützung für das Haus des Königreichs

Das Studium der Lebenserwartung auf einer Weltkarte zeigt, dass die Lebenserwartung von verschiedenen Faktoren abhängig ist.

Auf Inseln oder in Küstennähe ist die Lebenserwartung höher, als im Binnenkontinent. Möglicherweise liegt dies an der eiweißreichen Ernährung aus dem Meer. Anderseits ist die Lebenserwartung in der Schweiz höher, als auf den meisten Inseln. Eine signifikante Ausnahme macht Japan. Vielleicht weil die Japaner, mit Sushi, rohen Fisch essen.

In Israel ist die Lebenserwartung höher, als in verschiedenen christlichen Ländern. Der Buddhismus spielt keine Rolle, denn das buddhistische Sri Lanka und Thailand haben eine höhere Lebenserwartung, als das buddhistische Nepal, Bhutan, Burma, Laos oder Vietnam. In islamischen Ländern sinkt die Lebenserwartung gegenüber den christlichen Ländern, das liegt nicht an der Ernährung, sondern an der Haltung in Unwissenheit und natürlich auch an Ausbreitung des Islams durch Feuer und Schwert, sprich den Toten, welche die Selbstmordattentäter verursachen.

In Wirtschaftsparadiesen ist die Lebenserwartung am höchsten. Am höchsten ist sie in Monako gefolgt von San Marino, Macau, Singapur, Hong-Kong, Guernsey, Liechtenstein, Jersey. Zwi-

---

[842] FEv S. 35; Lk 10,27; Mt 22,37-39; MK 12,30-31

[843] 3.Mos 19,18 und 5.Mos 6,5

schen Macau und Singapur liegen die Sushi-Esser, zwischen Hong-Kong und der Kanalinsel Guernsey, liegt die Schweiz, und zwischen Guernsey und Liechtenstein und der Kanalinsel Jersey liegen Australien, Italien, USA, Schweden, Kanada und Spanien.
Außer Eiweiß aus dem Meer, Religion und Geld spielt Politik eine wesentliche Rolle. So ist die Lebenserwartung in Französisch Guinea höher als im umliegenden Brasilien, etwa so hoch wie in Frankreich, oder in Ecuador, höher als in den anliegenden Staaten Kolumbien und Peru.
Das höchste Lebensalter mit bis zu 120 Jahren erreichen Bewohner des Talyschgebirges im Kaukasus, gefolgt von den Hunza [844] in Pakistan.

Die Bewohner des Talyschgebirges und die Hunza führen ein einfaches landwirtschaftliches Leben. Wie die Talysch konsumieren die Schweizer ebenfalls viel Milchprodukte.
Die Hunza bewahrten viele Teile der Essener-Kultur. Sie essen nur zweimal am Tag. Ihre erste und Hauptmahlzeit nehmen sie um 12 Uhr mittags ein, obwohl sie morgens sehr früh aufstehen. [845] Die Bewohner dieses Hochtals arbeiten meist den ganzen Vormittag mit leerem Magen. Dieses erstaunliche Volk isst niemals nur zum Vergnügen, so wie wir Mitteleuropäer, für die eine Mahlzeit am besten auch gleich ein Gaumenfest sein soll. [846] Fleisch gibt es oft nur einmal im Monat, die Portionen sind klein, etwa 70 bis 80 Gramm Ziegenfleisch oder Geflügel. Das Fleisch wird klein geschnitten und lange gekaut.

---

844 Hunza: besser Hunzukuc, Bewohner des Hunza-Tales im Karakorum. Die alte Hauptstadt heißt heute Karimabad. Es ist ein Gebiet des Kulturtransfers in Ost-Westrichtung, von Indien und China nach Europa. Am Oberlauf der Donau, in der keltischen Heuneburg, aus dem 6. Jahrhundert v. Z. wurde Seide gefunden.

[845] Esst nur, wenn die Sonne am höchsten im Himmel steht, und wieder, wenn sie untergegangen ist. FEv S. 40

[846] Und setzt euch nie an den Tisch Gottes, bevor er euch vom Engel des Appetits rufen ließ. FEv S.42

Die Nahrung ist vollkommen naturbelassen, ohne jegliche chemische Zusätze. In den Gärten dürfen keine Pestizide oder andere Toxine versprüht werden. Der sogenannte Mir, die Befehlsgewalt der Hunza, lehnte die Aufforderung pakistanischer Behörden ab, ihre außerordentlich reichen Obstgärten mit Unkraut- und Insektenvernichtungsmitteln zu besprühen. Stattdessen verwenden die Hunza im Kampf gegen Insekten, Bakterien, Pilze oder andere Mikroben eine Mischung aus Wasser und Asche, die ebenso gut oder auf Dauer wirksamer ist, als die bei uns verwendeten chemischen Gifte.

Auf dem Speiseplan der Hunza stehen Buchweizen, Weizen, Hirse, Gerste, Kartoffeln, Grüngemüse, Hülsenfrüchte, Karotten und reichlich Obst: Äpfel, Birnen, Pfirsiche, Beeren (speziell Brombeeren), sowie Aprikosen, denen die Hunzas wegen des enthaltenen Reichtums an Karotenen ein so unvergleichlich robustes Immunsystem verdanken. [847] Snacks gegen den kleinen Hunger zwischendurch sind Mandeln, Wal- und Haselnüsse und vor allem Aprikosenkerne, die zerkaut werden und dabei einen unvorstellbaren Schatz an Vitaminen, Enzymen, Hormonen, Pflanzenschutzstoffen und Arzneimitteln aus der Apotheke der Natur freisetzen. Milch, Buttermilch und magerer Käse runden die Liste gesunder Nahrungsmittel ab. [848] Bei den Hunzas gibt es fast täglich Joghurt, der für eine kerngesunde Darmbakterienflora sorgt. Bei uns Mitteleuropäern ist die Darmflora hingegen oft durch zu viel Süßigkeiten und helle Mehlprodukte gestört und Ausgangspunkt vieler Beschwerden und Krankheiten.

---

[847] So esst immer vom Tisch Gottes: die Früchte der Bäume, das Korn und die Gräser des Feldes, die Milch des Viehs und den Honig der Bienen. FEv S. 39

Esst Gerste; ... Weizen, die vollkommenste aller samentragenden Pflanzen, ... die Traube ...Feigen. Esst sie (Feige) mit dem Fleisch der Mandeln. FEv S. 41

[848] ... beginnt auch die Milch eurer Tiere zu essen, ... FEv S. 41

Die Hunzas bereiten ihre Fladenbrote nach der Art der Essener. Mit Weizenkeimlingen. [849]
Nach Ansicht von Wissenschaftlern verdanken die Hunzas ihre Langlebigkeit weniger den Lebensmitteln, die sie verzehren, als den Nahrungsmitteln, die sie nicht essen.
Obwohl die Nächte im Karakorum kalt sind und Menschen dort nur auf Matten schlafen, gibt es kaum Erkältungen. Der Anteil an gesättigten Fettsäuren in der Ernährung beträgt nur etwa zwei Prozent von jener, die wir uns täglich zuführen. Deshalb werden keine Triglyzeride [850] ins Fettgewebe an Bauch, Hüften oder Oberschenkeln eingebaut. Fettmoleküle werden unverzüglich zu Energie verheizt, weil sich Hunza in ihrem bergigen Gelände relativ viel bewegen. Hunza gehen täglich mindestens zehn Kilometer, sie praktizieren Yoga und Entspannungsübungen. Ähnlich wie Tiere in freier Natur opfern sie kein Molekül Energie für Dinge, die nicht positiv zur Bewältigung des Alltags beitragen.
Hunza unterbrechen ihre Tagesarbeit durch kurze Phasen von Meditation und Entspannung, in denen sie sich regenerieren. Dabei sprechen oder unterhalten sie sich nicht, sondern richten ihre Sinne in die Tiefen ihres inneren Bewusstseins. Sie leben stets im Hier und Jetzt, machen sich keine Sorgen um den nächsten Tag.

---

[849] Nässt euren Weizen, damit der Engel des Wassers in ihn eindringen kann. Setz ihn dann der Luft aus, so dass der Engel der Luft ihn auch umarmen kann. Und lasst ihn von morgens bis abends unter der Sonne, auf dass der Engel des Sonnenscheins zu ihm kommen kann. Und der Segen der drei Engel wird bald den Lebenskeim in eurem Weizen sprießen lassen. Dann zerdrückt euer Korn und macht dünne Waffeln , ... Legt die Waffeln wieder unter die steigende Sonne, und wenn sie am höchsten im Himmel steht, dreht die Waffeln auf die andere Seite, dass sie auch vom Engel des Sonnenscheins umarmt werden, und lasst sie liegen, bis die Sonne untergeht. FEv S. 38

850 Triglyzeride: Erhöhte Triglyzeridwerte stellen ein Risiko dar, da sie die Bildung von Thrombosen oder eine Arterienverkalkung fördern können, insbesondere wenn sie mit einem erhöhten Cholesterinspiegel einhergehen.

Die christlichen Mittelmeeranlieger und die islamischen Tunesier und Libyer habe eine signifikant hohe Lebenserwartung. Olivenöl mag wesentlich dazu beitragen.
Da die Anhänger der Lehre des Sir Thomas Malthus (*1766, †1834) einflussreich sind, wird versucht, die Menschheit zu dezimieren. Ein fast unbekanntes Mittel der Bevölkerungsdezimierung außer AIDS usw. ist die Nahrung ungesund zu machen durch Zucker oder andere Kunstgriffe der Nahrungsmittelindustrie. Da wird Rohkost zum Mittel der Wahl. [851]

Zur Unterstützung für das Haus des Königreichs empfiehlt das Friedensevangelium der Essener die Freikörperkultur in der Natur und dabei lang und tief zu atmen:

> *Sucht die frische Luft der Wälder und Felder, und dort in ihrer Mitte werdet ihr den Engel der Luft finden. Zieht eure Schuhe und Kleider aus und erlaubt dem Engel der Luft, euren ganzen Körper zu umarmen. Dann atmet lang und tief, damit der Engel der Luft in euch hinein gelangen kann.* [852]

Die Engel der Luft werden heute Prana genannt.
Anschließend, während des täglichen, kalten Tauchbades tief atmen. [853] Das Tauchbad lässt sich durch kaltes Duschen ersetzen.
Dass beim Baden dem Wasser Prana entnommen wird, zeigt der Lärmpegel der in Freibädern durch freudiges Rufen höher liegt als sonst. Die positive Wirkung der Reinigung durch Wasser kann noch erhöht werden, wenn man wie im Bad des indischen, heiligen Flusses Ganges die äußere Reinigung verinnerlicht, und die innerlichen Verunreinigungen vom Wasser davontragen lässt.
An jedem Fasttag, das ist jeder Sabbat, Darmspülungen mit lauwarmem Wasser durchführen, bis das Wasser rein aus dem Körper kommt. Anschließend in fließendem Wasser baden.

[851] FEv S. 37, 39
[852] FEv S. 13
[853] FEv S. 13

Danach ist wieder langes und tiefes Atmen in der Natur bei Freikörperkultur angesagt. [854] Anschließend in der Sonne baden:

> *Und wenn danach etwas von euren vergangenen Sünden und Unreinheiten übrigbleibt, sucht den Engel des Sonnenlichts. Nehmt eure Schuhe ab und eure Kleidung und lasst dem Engel des Sonnenlichts euren ganzen Körper umarmen. Dann atmet lang und tief, damit der Engel des Sonnenlichts in euch hinein gelangen kann.* [855]

Die Sonne und die Erde sind Pranaspender. [856]

Nach Luft, Wasser und Feuer empfiehlt das Friedensevangelium das Element Erde bei Gichtknoten:

> *Senkt eure Füße in den Schlamm, damit die Umarmung des Engels der Erde aus eurem Knochen alle Unreinheit und Krankheit herauszieht. Und ihr werdet Satan und eure Schmerzen aus der Umarmung des Engels der Erde fliehen sehen. Und die Knoten eurer Knochen werden verschwinden, und sie werden sich wieder strecken und all eure Schmerzen werden vergehen.* [857]

Das Friedensevangelium empfiehlt vegetarische, lebendige Rohkost langsam zu kauen:

> *Fleisch und Blut sollt ihr nicht essen.* [858]
>
> *So esst immer vom Tische Gottes: die Früchte der Bäume, das Korn und die Gräser des Feldes, die Milch des Viehs und den Honig der Bienen.* [859]

Lebendige Nahrung bedeutet: Esst nichts, was Feuer oder Frost oder Wasser zerstört hat:

---

[854] FEv S. 14-15

[855] FEv S. 15

[856] Gertraud Radke: *Prana - Mit geistiger Lebensenergie die inneren Selbstheilungskräfte entfalten*, S. 91, Grafing, 2008

[857] FEv S. 28-29

[858] FEv S. 34

[859] FEv S. 39

Denn gekochte Nahrung, erfrorene und verfaulte Nahrung wird euren Körper ebenso verbrennen, erfrieren und verfaulen lassen. [860]
Esst langsam, als ob es ein Gebet sei, das ihr dem Herrn widmet. [861]
Meidet alles, was zu heiß oder zu kalt ist. [862]

Die Trennkost ist dem Friedensevangelium abgeschaut:

Kocht nicht, noch mischt alle Dinge miteinander, damit eure Eingeweide keine dampfenden Sümpfe werden. Seid mit zwei oder drei Nahrungsarten zufrieden. Und begehrt nicht alle Dinge zu verzehren, die ihr überall seht.

Bei nur zwei Mahlzeiten am Tag sich nicht satt zu essen:

Und seid nicht wie der gierige Diener, der immer am Tisch seines Herrn die Portionen von anderen aufaß. [863]
Esst nicht wie die Heiden, die sich in aller Eile vollstopfen und ihre Körper mit allen Abscheulichkeiten verschmutzen. [864]
Esst nie bis zur Völle. So beachtet, wieviel ihr gegessen habt, wenn ihr satt seid und esst immer ein Drittel weniger.
Lasst das Gewicht eurer täglichen Nahrung nicht weniger als ein Mina (570 Gramm) *sein, aber beachtet, dass es nicht über zwei hinausgeht.* [865]

Nicht zu essen, wenn man verärgert ist:

Denn ich sage euch wahrlich, die Körper der Menschensöhne werden zu einem Tempel umgewandelt und ihre inneren Teile zu einem Altar, wenn sie die Gebote Gottes halten. Leg deshalb nichts auf den Altar Gottes, wenn dein Geist verdrossen ist, noch denke schlecht über andere im Tempel Gottes. Und betretet das Allerheiligste des Herrn nur, wenn

---

[860] FEv S. 37
[861] FEv S. 41-42
[862] FEv S. 44
[863] FEv S 39
[864] FEv S. 41
[865] FEv S. 40

ihr den Ruf seiner Engel fühlt, denn alles, was ihr in Traurigkeit oder Ärger oder ohne Wunsch esst, wird Gift in eurem Körper. Legt eure Gaben mit Freude auf den Altar eures Körpers und lasst alle bösen Gedanken von euch weichen, wenn ihr in eurem Körper die Macht Gottes empfangt. Und setzt euch nie an den Tisch Gottes, bevor er euch vom Engel des Appetits rufen ließ. [866]

Die Synoptiker heben alle Speisevorschriften wieder auf, wenn man eingeladen ist:

Bleibt aber in jenem Hause und esset und trinkt, was immer man euch gibt. [867]

Und wenn ihr irgendein Land betretet und es durchwandert,
so esst, was man euch vorsetzt,
und heilt die Kranken dort.
Denn was in euren Mund hineingeht,
wird euch nicht verunreinigen,
aber was aus eurem Mund herauskommt,
das ist es, was euch unrein macht." [868]

Auch hier gilt stures Müssen fördert die Spiritualität nicht.

Was brachte uns Jesus?

Grundvoraussetzung für dein Wohlbefinden schaffst du dir durch deine Handlungen. Die richtige Handlung wird in der Ethik gelehrt. Dazu brachte Jesus wesentliche Beiträge:

Was ihr hasst das tut nicht! [869]

Wenn du es hasst, zu deiner Schwiegermutter zu gehen, dann sagt Jesus: „Lass es bleiben!"

Das löst das Problem nicht, aber du schaffst keine weiteren Selbstverletzungen.

---

[866] FEv S. 42

[867]ThEv 14; Lk 10,7; Mt 10,10

[868] ThEv 14

[869] ThEv 6

Der Spruch *Was ihr hasst, das tut nicht* beginnt mit, *lügt nicht,* und fährt erst dann fort mit, *und was ihr hasst, das tut nicht.*
Die Ehrlichkeit zu sich selbst ist grundlegend wichtig. Im Thomasevangelium heißt es:

„Wenn ihr fastet, werdet ihr euch nur Sünde schaffen,
und wenn ihr betet, werdet ihr verurteilt werden,
und wenn ihr Almosen gebt, werdet ihr eurem Geist Böses zufügen. [870]

Das Friedensevangelium, das schon vor Jesus bestand, empfiehlt das Fasten. Brachte Jesus diesbezüglich eine Neuerung? Nein! Jesus meint frömmelt nicht, seid ehrlich zu euch selbst. Fastet, betet und gebt nicht Almosen wegen den Leuten.

Warum wird das Gebet, *Lieber Gott im Himmele, schenk mir Kind mit Pimmele,* selten erhört? Sicher nicht wegen der Verkleinerungsform *Himmele* oder *Pimmele,* weil die meisten Leute nicht wissen, wie man richtig betet. Jesus lehrte es. Das Markusevangelium hält fest, wie ein Gebet erfüllt wird:

Bei allem, um was ihr betet und fleht, glaubt nur, dass ihr es empfangen habt, und es wird euch zuteilwerden. [Mk 11,24]

Nach Jesu Lehre hätte das Gebet heißen müssen: *Lieber Gott im Himmele, Du hast mir geschenkt, Kind mit Pimmele*! Wenn die Eltern so beten, dann werden sie einen Stammhalter bekommen. Im Matthäusevangelium fehlt die Aussage, dass es schon vollendet ist, und im Lukasevangelium steht nichts darüber, wie man richtig betet. In der Kirche wird gebetet. Aber es werden unwirksame Gebete verrichtet, weil das richtige Beten nicht gelehrt wird. Und es werden Gebete zum Ruhenden Einen gesandt, das nichts anderes tut, als ruhen. Gebete können nur von individualisierten Wesen erhöht werden.

---

[870] ThEv 14

Das wichtigste Thema in Jesu Ethik ist die Vergebung

Ein bisschen kommt Jesu Lehre des Verzeihens im Vaterunser zum Vorschein:

> *Auch wir haben denen vergeben, die an uns schuldig geworden sind.* [871]

Ich habe noch gelernt, *„wir vergeben." Wir vergeben* ist Gegenwart oder Zukunft. Es ist keine vollendete Vergangenheit, wie sie bei Markus verlangt wird, *wir **haben vergeben***.

Nach dem Vaterunser fährt das Markusevangelium mit dem Verzeihen fort. Jesu Lehre ist in erster Linie eine Lehre des Selbstverzeihens. Paulus bildete aus Jesu Lehre des Selbstverzeihens eine Lehre, in welcher der egoistische Jahwe durch Jesu Kreuzestod verzeiht.

Wenig gegenwärtig ist die Stelle des Matthäusevangeliums, bei der Petrus wegen des Verzeihens Jesus befragt:

> *„Herr, wie oft darf mein Bruder gegen mich sündigen und ich muss ihm vergeben. Siebenmal?" „Nein", antwortete Jesus, „nicht siebenmal, sondern siebzigmal siebenmal.* [872]

Das ist Jesu fortgeschrittene Lehre, die im Gegensatz zur Lehre des egoistischen Jahwe, *Aug um Auge, Zahn um Zahn*, steht. [873]

Wichtiger als deinem Nächsten zu vergeben ist, sich selbst zu vergeben. [874] Wenn man sich selbst nicht vergibt, halten die anderen einem immer wieder den Spiegel vor, und man sieht die eigene Verfehlung immer bei den anderen. Wenn man sich selbst vergibt, ist der Spiegel verschwunden, es heißt dann, wenn ihr vergebt, vergibt euch euer Vater.

---

[871] Mt 6,12; Lk 11,4

[872] Mt 18,21-22

[873] Mt 5,38

[874] Colin Tipping: *13 Schritte zur Selbstvergebung*

Euer Vater ist der, von dem es im Thomasevangelium heißt:

Wenn ihr den seht, der nicht von einer Frau geboren wurde, so werft euch auf euer Antlitz und betet ihn an.
Er ist es, euer Vater. [875]

Die anerkannten synoptischen Evangelien unterscheiden ja leider nicht zwischen dem himmlischen Vater *Jehova* und dem Hohen Selbst. Das Matthäusevangelium fährt nach dem Vaterunser fort:

Denn wenn ihr den Menschen ihre Verfehlungen vergebt, wird euer Vater im Himmel euch vergeben. Wenn ihr den Menschen nicht vergebt, dann wird euer Vater auch eure Verfehlungen nicht vergeben. [876]

Das Gleichnis vom Himmelreich, bei dem der König mit seinen Knechten abrechnet [877] schwingt zum Schluss leider wieder die Drohkeule.

Der mir bekannte, beste Lösungsweg ist Ho'oponopono. [878] Der hawaiianische Begriff bedeutet, *etwas richtig zu stellen, etwas in Ordnung zu bringen, Fehler wiedergutmachen*. Ho'oponopono ist eine althergebrachte hawaiianisch-schamanische Methode zur Auflösung von Konflikten und Fehlverhalten in Familien.

Ähnlich der quantenphysikalischen Erkenntnis geht die Philosophie von Ho'oponopono davon aus, obwohl es so scheint, dass alles getrennt sei, ist alles mit allem verbunden. Durch diese Verbindung geschieht nichts in der Welt, das nicht auch in Resonanz zum Betrachter steht. Probleme lassen sich ändern, wenn man seine Resonanz dazu auflöst. Das heißt, die vollständige Verantwortung für sein Leben übernimmt. Das bedeutet, dass alles in seinem Leben, schon deshalb, weil es sein Leben ist, in seiner Verantwortung liegt. Wie die Inder der

---

[875] ThEv 15
[876] Mt 6,14-15
[877] Mt 18,23-35
[878] vergleiche: de.spiritualwiki.org/Wiki/Hooponopono

Upanischaden schon wussten, ist die ganze Welt die eigene Schöpfung.

Wenn du vollständige Verantwortung für dein Leben übernimmst, dann ist alles, was du siehst, hörst, schmeckst, berührst oder auf sonst irgendeine Art erfährst, in deiner Verantwortung, weil es in deinem Leben auftritt. Das bedeutet, dass Terrorismus, die Kirche, die Wirtschaft und alles, was du erfährst aber nicht magst, da ist, um es zu heilen. Im Grunde existiert nichts, außer als Projektion aus dem Inneren. Probleme sind nicht im Außen, sie sind dein Problem. Und um sie zu ändern, kommst du nicht umhin, dich selbst zu ändern.

Einem anderen die Schuld zuzuweisen, ist viel bequemer, als selbst die Verantwortung zu übernehmen.

Aus der Sicht von Ho'oponopono bedeutet Heilung, sich selbst zu lieben.

Wenn du dein Leben verbessern möchtest, kommt es darauf an, es zu heilen. Wenn du jemanden heilen möchtest, bist du dazu nur imstande, indem du dich selbst heilst.

Offensichtlich ist Selbstliebe der entscheidende Weg, sich selbst zu bessern und während man das tut, bessert man die Welt.

Wann immer du etwas in deinem Leben verbessern möchtest, gibt es nur einen einzigen Ort, wo das geschehen kann, in dir.

Wenn es im Friedensevangelium heißt: „Vergib uns unsere Schulden, wie wir unseren Schuldnern vergeben, [879] so umfasst die erfolgreiche hawaiianische innere Liebes- und Verzeihungsarbeit nach dem hawaiianischen Dr. Hew Len vier Schritte.

1. Die Situation des Hässlichen in einem selbst zu bestätigen:
   Es tut mir leid, dass ....
2. Das Hässliche in einem selbst zu lieben:
   Ich liebe mich...

[879] FEv S. 45; Lk 11,4; Mt 6,12

3. Für die ausstehende Umwandlung des Hässlichen in einem selbst zu danken:
   Ich danke dafür dass ....
4. Das Hässliche in einem selbst zu verzeihen:
   Ich verzeihe mir..............................

Die Übergabe des Geschehens an das Göttliche erfolgt im fünften Schritt. Die Antwort auf das Gebet von Allem-was-ist erfolgt nach göttlicher Maßgabe und zu göttlicher Zeit.
Der weiterführende Schritt ist still auszuführen:

5. Die freigeliebte Situation **in sich** dem Hohen Selbst zur Vollendung durch Alles-was-ist übergeben:
   Ich übergebe es dem Hohen Selbst zur Vollendung durch Alles-was-ist.
6. Den Dingen ihren Lauf zu lassen und gegebenenfalls zu bezeugen, wie sie sich wandeln:
   Ich bin bereit, ein Wunder zu bezeugen. [880]

Gewöhnlich ist der Mensch kein Einzelgänger. Um mit seiner Umgebung klarzukommen gab Jesus, was andere auch schon sagten, die Goldene Regel:

Alles was ihr wollt, das euch die Menschen tun,
das sollt auch ihr ihnen tun. [881]

Was Jesus für die Vereinigung des Mittleren mit dem Hohen Selbst brachte, lässt sich noch erahnen, aber wurde zu einer Gottesliebe zu Jahwe verdreht. Sexualmystik, die besser als Tantra bekannt ist, war ein Teil, wie es im Thomasevangelium noch herauszulesen ist. [882]

---

[880] vergleiche: de.spiritualwiki.org/Wiki/Hooponopono
[881] Mt 7,12
[882] ThEv 61

Schluss

Die Religion der All-Liebe, die Religion des Fischezeitalters, begann mit dem Sternenregen der Genies, dem Wirken von Laotse im 6. Jahrhundert v. Z., Konfuzius (551-479 v. Z.) oder Mo-Ti im späten 5. Jahrhundert v. Z. in China, in Indien mit Buddha († 483 v. Z.) oder Mahavira,(599-572 v. Z.) in Persien mit Zarathustra,(630-553 v. Z.) bei den Griechen mit Pythagoras (570-510 v. Z.) und in Palästina mit Isa. 2160 Jahre später endete das Fischezeitalter. In Deutschland ist es mit dem Westfälischen Frieden am Ende des 30-jährigen Krieges (1648 n. Z.) markiert. Dann begann das Wassermannzeitalter mit den Anfängen der Aufklärung. In Indien waren es die Sikh, zum Beispiel Guru Gobind Singh (*1666, † 1708 v. Z.) der zehnte und letzte menschliche Guru des Sikhismus. Er sagte: „Wenn alle Mittel versagt haben, dann ist es gerechtfertigt, das Schwert zu ergreifen“.

Der Sikhismus akzeptiert die masochistische Maxime nicht, *„widerstehe dem Bösen nicht, sondern wer dich auf die rechte Wange schlägt, dem biete auch die andere dar“.*

Die Masochisten finden die Sadisten bewundernswert, denn die Sadisten lassen sich nichts gefallen. Für Masochisten sind Sadisten ein nachahmungswertes Vorbild, deshalb laufen die Masochisten den Sadisten nach.

Es ist jetzt an der Zeit, sich nicht mehr als Sünder beschuldigen zu lassen und vom Massochisten zum Sadisten aufzusteigen und die Lehre von der Erlösung durch den Sündenbock *Jesus* als Irrlehre offenzulegen. Anschließend können die Sadisten anderer Tyranneien enthüllt werden.

Du brauchst nicht mit bloßen Füßen in die Dornen zu treten, um einen Helden zu spielen, du bist ein Gott.

Teil 4: Die 114 Sprüche des Thomas

Dies sind die geheimen Worte,
die Jesus der Lebendige sagte
und die der Zwilling Judas-Thomas
aufgeschrieben hat.
Thomasevangelium, Prolog

Spruch 1

Und er sagte:
„Wer die Bedeutung dieser Worte findet,
wird den Tod nicht schmecken."

Die Aussage, *den Tod nicht schmecken,* kehrt öfters wieder. Es bedeutet nicht, dass ein Mensch nicht sterben wird, es bedeutet, dass sein Gedächtnis ewig existiert. Siehe: *Das ewige Leben.*

Dass der Mensch den Körper, wenn er nicht mehr brauchbar ist, ablegt, zeigt ein Vers des Lukasevangeliums:
Darum kann auch keiner von euch mein Jünger sein,
der nicht von allem Abschied nimmt, was er hat.
Salz ist etwas Gutes.
Wenn es aber seinen Geschmack verliert,
womit soll man es wieder salzig machen?
Es ist nicht einmal mehr als Dünger für den Acker tauglich.
Man kann es nur noch wegschütten.
Wer Ohren hat und hören kann, der höre zu! [883]

Spruch 2

Jesus sagte:
„Wer sucht, soll nicht aufhören zu suchen,
bis er findet.
Und wenn er gefunden hat, wird er verwirrt sein,
und verwirrt, wird er sich im Staunen verlieren,
und er wird herrschen über das All."
Siehe: *Gott: Begriffsbestimmung.*

---

[883] Lk 14,33-35, Mt 5,13

Spruch 3

Jesus sagte:
„Wenn die, die euch führen, euch sagen:
‚Seht, das Königreich ist im Himmel',
so werden euch die Vögel des Himmels zuvorkommen;
wenn sie euch sagen: ‚Es ist im Meer',
so werden euch die Fische zuvorkommen.
Aber das Königreich ist in euch,
und es ist außerhalb von euch."
Wenn ihr euch selbst erkennt, werdet ihr erkannt werden,
und ihr werdet wissen,
dass ihr die Söhne des lebendigen Vaters seid.
Wenn ihr euch aber nicht erkennt,
dann seid ihr in der Armut, und ihr selbst seid die Armut.
Siehe: *Das Königreich.*

Spruch 4

Jesus sagte:
„Ein Greis wird nicht zögern, in seinem Alter,
ein kleines Kind von sieben Tagen
über den Ort des Lebens zu befragen;
und er wird leben.
Denn viele Erste werden Letzte sein,
und sie werden Eins sein."
Siehe: *Der Erwachte.*

Spruch 5

Jesus sagte:
„Erkenne, was vor deinem Angesicht ist,
und was vor dir verborgen ist, wird dir enthüllt werden.
Denn es gibt nichts Verborgenes, was nicht offenbar werden wird."
Siehe: *Das Himmelreich: Der Weg heraus ist der Weg hindurch.*

Spruch 6

Seine Jünger fragten ihn:
„Willst du, dass wir fasten?
Wie sollen wir beten?
Wie sollen wir Almosen geben?
Und welche Speisevorschriften sollen wir beachten?"
Jesus sagte:
„Lügt nicht, und was ihr hasst, das tut nicht,
denn im Angesicht des Himmels ist alles offenbar.
Es gibt nichts Verborgenes,
das nicht offenbar werden wird,
und es gibt nichts Verstecktes,
das nicht aufgedeckt werden wird."
Siehe: *Das Himmelreich: Der Weg heraus ist der Weg hindurch.*

Spruch 7

Jesus sagte:
„Selig ist der Löwe, den der Mensch essen wird,
und der Löwe wird Mensch sein.
Und elend ist der Mensch, den der Löwe essen wird,
und der Mensch wird Löwe werden."
Siehe: *Das Himmelreich: Der Weg heraus ist der Weg hindurch.*

Spruch 8

Und er sagte:
„Der Mensch gleicht einem klugen Fischer,
der sein Netz ins Meer geworfen hatte;
er zog es herauf, voll von kleinen Fischen.
Unter ihnen fand der kluge Fischer einen großen und guten Fisch.
Ohne zu zögern wählte er den großen Fisch und
warf alle kleinen Fische in die Tiefe des Meeres zurück.
Wer Ohren hat, zu hören, der höre!“
Siehe: *Das Mittlere Selbst.*

Spruch 9

Jesus sagte:
„Seht, der Sämann ging hinaus.
Er füllte seine Hand und warf aus.
Einige Samenkörner fielen auf den Weg,
die Vögel kamen und pickten sie auf.
Andere Körner fielen auf den Felsen,
sie trieben keine Wurzeln in die Erde
und schickten keine Ähren gen Himmel.
Wieder andere fielen zwischen die Dornen.
Diese erstickten den Samen und der Wurm fraß ihn.
Und andere fielen auf gute Erde,
und sie brachten eine gute Frucht zum Himmel empor;
sie trug sechzig je Maß und hundertzwanzig je Maß.“

Die Synoptiker hielten dieses Gleichnis ebenfalls fest. [884] Kurz darauf folgt bei Matthäus die Erklärung des Gleichnisses:
Wenn jemand das Wort vom Reich, das den Himmel regiert, hört
und nicht versteht, ist es wie mit der Saat,
die auf den Weg fällt.

---

[884] Mt 13,3-8; Mk 4,3-8; Lk 8,5-8

Der Böse kommt und reißt weg,
was in das Herz des Menschen gesät wurde.
Die Saat auf den felsigen Boden entspricht Menschen,
die das Wort hören und es gleich freudig aufnehmen.
Doch weil sie unbeständig sind,
kann es bei ihnen keine Wurzeln schlagen.
Wenn sie wegen der Botschaft in Schwierigkeiten geraten
oder gar verfolgt werden, wenden sie sich gleich wieder ab.
Andere Menschen entsprechen der Saat,
die ins Dornengestrüpp fällt.
Sie haben die Botschaft gehört,
doch dann gewinnen die Sorgen des Alltags,
die Verlockungen des Reichtums die Oberhand
und ersticken das Wort. Es bleibt ohne Frucht.
Die Menschen schließlich, die dem guten Boden entsprechen,
hören die Botschaft und verstehen sie und bringen Frucht,
einer hundertfach, einer sechzig- und einer dreißigfach. [885]
Die Zahlen waren ursprünglich 120, 60 und 30 gewesen. Ein gnostisches Äon entspricht 30 Wesen, dementsprechend sind 2 mal 2 Äonen 120 Wesen.

Spruch 10

Jesus sagte:
„Ich habe Feuer auf die Welt geworfen,
und jetzt hüte ich es, bis es auflodert.“
Siehe: *Das Himmelreich.*

---

[885] Mt 13,19-23

Spruch 11

Jesus sagte:
„Dieser Himmel wird vergehen, und der Himmel, der darüber ist, wird vergehen.
Und die Toten leben nicht, und die Lebenden werden nicht sterben.
In den Tagen, da ihr Totes aßt, habt ihr es zu etwas Lebendigem gemacht.
Wenn ihr aber im Licht seid, was werdet ihr dann tun?
Als ihr eins wart, seid ihr zwei geworden.
Jetzt aber, da ihr zwei seid, was werdet ihr tun?"

Daraus blieb bei den Synoptikern erhalten: „Himmel und Erde werden vergehen, aber meine Worte werden nicht vergehen." [886]
Dieser Himmel wird vergehen, und der Himmel, der darüber ist, wird vergehen bedeutet: Alle Wesen werden auf immer wieder höhere Bewusstseinsstufen aufsteigen.
Und die Toten leben nicht, und die Lebenden werden nicht sterben bedeutet: Die Unwissenden vegetieren, und die Wissenden sind sich der Unsterblichkeit der geistigen Wesen bewusst.
In den Tagen, da ihr Totes aßt, habt ihr es zu etwas Lebendigem gemacht bedeutet: Die Speise, das Essen, erlebt im Menschen eine Auferstehung in eine höhere Ebene.
Diese Auferstehung geschieht in der Pflanze vom Anorganischen zum Organischen. Die Mineralien im Mineralwasser sind anaorganisch, dieselben Mineralien aus einer Pflanze haben einen Aufstieg in das Organische hinter sich gebracht, und werden vom Körper besser aufgenommen, als aus dem Mineralwasser. Bei einem akuten Muskelkrampf, wäre es aber falsch, nun eine Hand voll Nüsse zu essen, das wäre zu wenig. Richtig ist eine anorganische Magnesiumtablette in Wasser gelöst zu sich zu nehmen.

---

[886] Mt 24,35; Mk 13,31; Lk 21,33

Wenn ihr aber im Licht seid,
was werdet ihr dann tun?
Als ihr eins wart, seid ihr zwei geworden.
Jetzt aber, da ihr zwei seid,
was werdet ihr tun?

Als das Hohe Selbst noch im Ruhenden Bewusstsein mit dem Mittleren Selbst eins war, lösten sie sich voneinander. Jetzt, da das Hohe und das Mittlere Selbst getrennt sind, was wird das Mittlere Selbst tun? Werdet ihr euch wieder vereinigen und ins Licht zurückgehen?

Spruch 12

Die Jünger sagten zu Jesus:
„Wir wissen, dass du uns verlassen wirst.
Wer wird uns dann führen?"
Jesus sagte:
„Gemäß dem Stand eurer geistigen Entwicklung
werdet ihr zu Jakobus dem Gerechten gehen.
Die Angelegenheiten von Himmel und Erde kommen ihm zu."

Siehe: *Der Herrenbruder Jakobus.*

Spruch 13

Jesus sagte zu seinen Jüngern:
„Vergleicht mich und sagt mir, wem ich gleiche."
Simon Petrus sagte zu ihm:
„Du gleichst einem gerechten Engel."
Matthäus sagte zu ihm:
„Du gleichst einem weisen Philosophen."
Thomas sagte zu ihm:
„Meister, mein Mund wird sich bestimmt weigern, zu sagen, wem du gleichst."
Jesus sagte:
„Ich bin nicht mehr dein Meister,
denn du hast getrunken von der sprudelnden Quelle,
die ich hervorströmen ließ, und dich daran berauscht."

Und er nahm ihn beiseite und sagte ihm drei Worte.
Als Thomas zu seinen Gefährten zurückgekehrt,
fragten diese ihn:
„Was hat Jesus zu dir gesagt?“
Thomas antwortete ihnen:
„Wenn ich euch nur eines der Worte sagen würde,
die er mir gesagt hat,
würdet ihr mit Steinen nach mir werfen
und aus den Steinen würde Feuer sprühen
und euch verbrennen.“
Siehe: *Die Erleuchtung des Thomas.*

Spruch 14

Jesus sagte zu ihnen:
„Wenn ihr fastet, werdet ihr euch nur Sünde schaffen,
und wenn ihr betet, werdet ihr verurteilt werden,
und wenn ihr Almosen gebt, werdet ihr eurem Geist Böses zufügen.
Und wenn ihr irgendein Land betretet und es durchwandert,
so esst, was man euch vorsetzt,
und heilt die Kranken dort.
Denn was in eure Mund hineingeht,
wird euch nicht verunreinigen,
aber was aus eurem Mund herauskommt,
das ist es, was euch unrein macht.“
Siehe: *Das Himmelreich: Der Weg heraus ist der Weg hindurch.*

Spruch 15

Jesus sagte:
„Wenn ihr den seht, der nicht von einer Frau geboren wurde, so werft euch auf euer Antlitz und betet ihn an.
Er ist es, euer Vater.“
Das Hohe Selbst ist nicht menschlichen, sondern göttlichen Ursprungs. Siehe: *Bittgebete.*

Spruch 16

Jesus sagte:
„Vielleicht denken die Menschen,
dass ich gekommen bin, Frieden auf die Welt zu bringen,
und sie wissen nicht, dass ich gekommen bin, Uneinigkeiten
auf die Erde zu werfen, Feuer, Schwert, Krieg.
Denn fünf werden in einem Haus wohnen,
sie werden drei gegen zwei sein und zwei gegen drei,
der Vater gegen den Sohn, der Sohn gegen den Vater,
und sie werden als Einsgewordene dastehen.“
Siehe: *Anfang und Ende des Menschen, Das Niedere Selbst, Das Himmelreich, Braut und Hochzeitsmystik*, *Spruch 49* und *75.*

Spruch 17

Jesus sagte:
„Ich werde euch geben,
was kein Auge gesehen,
kein Ohr gehört
und keine Hand berührt hat,
und was nicht zum Herzen
des Menschen aufgestiegen ist.“
Siehe: *Tantra.*

Spruch 18

Die Jünger sagten zu Jesus:
„Sage uns, wie unser Ende sein wird.“
Jesus sagte:
„Habt ihr den Anfang aufgedeckt
um das Ende zu suchen?
Denn wo der Anfang ist,
wird auch das Ende sein.
Selig, wer im Anfang stehen wird,
denn er wird das Ende erkennen,
und den Tod nicht schmecken.“
Siehe: *Das ewige Leben*.

Spruch 19

Jesus sagte:
„Selig der, der schon war, bevor er wurde.
Wenn ihr meine Jünger seid und meine Worte hört,
werden diese Steine euch dienen.
Denn ihr habt fünf Bäume im Paradies,
die sich weder Sommer noch Winter bewegen
und deren Blätter nicht abfallen.
Wer sie kennt, wird den Tod nicht schmecken.“

Die fünf Bäume im Paradies ist eine gnostische Anschauung, die nicht von Jesus stammt, aber ihm im Thomasevangelium in den Mund gelegt wurde.
In Erik van Ruysbeek/Marcel Messing: *Das Thomasevangelium - Seine östliche Spiritualität* findet sich die folgende Anmerkung: *Die fünf Bäume im Paradies sind die fünf Gliedmaßen des ursprünglichen Menschen, die im Lebensbaum des Paradieses vereinigt werden*.
Nach dieser gnostischen Anschauung sind diese:

1. Der erste Gedanke, die Barbelo, die Paargenossin des Unermesslichen, die endgültige Kraft, gewissermaßen der weibliche Anteil der Vorstellung des Vater-Mutter-Gottes.
2. Die erste Erkenntnis.
3. Die Unvergänglichkeit.
4. Das ewige Leben.
5. Die Wahrheit.

Diese stellen den ersten vollkommenen Menschen dar, die mannweibliche Fünfheit.
Siehe auch: *Das ewige Leben.*

Spruch 20

Die Jünger sagten zu Jesus:
„Sage uns, womit das Himmelreich vergleichbar ist."
Er sagte zu ihnen:
„Es gleicht einem Senfkorn,
dem kleinsten aller Samenkörner.
Wenn es aber auf bestellten Boden fällt,
wächst daraus ein großer Schössling hervor,
der den Vögeln des Himmels Schutz bietet."
Siehe: *Das Himmelreich.*

Spruch 21

Spruch 21 wurde aus zwei Teilen zusammengesetzt.
Der erste Teil lautet:

Mariham (Maia-Magdalena) sagte zu Jesus:
„Wem gleichen deine Jünger?"
Er sagte:
„Sie gleichen kleinen Kindern,
die sich auf einem Feld aufhalten,
das ihnen nicht gehört.
Wenn die Herren des Feldes kommen,
werden sie sagen:
‚Lasst uns unser Feld!'

Sie (die Jünger) sind nackt vor ihnen,
so dass sie es ihnen lassen und ihnen ihr Feld geben.

Die Jünger sind entwicklungsmäßig nicht zurückgeblieben. Sie haben die Voraussetzung, um den Sohn des Lebendigen zu sehen, wie er in Spruch 37 beschrieben ist, erreicht:
„Wenn ihr eure Scham ablegt,
eure Kleider nehmt,
sie vor eure Füße legt
und wie die kleinen Kinder mit Füßen tretet,
dann werdet ihr den Sohn des Lebendigen sehen,
und ihr werdet keine Furcht kennen."

Der zweite Teil lautet:

Darum sage ich euch:
Wenn der Herr des Hauses weiß,
dass der Dieb kommt,
wird er wachen, ehe er kommt,
und er wird ihn eindringen lassen
in das Haus seines Königreiches,
um seine Sachen fortzutragen.
Ihr aber: wacht angesichts der Welt,
gürtet eure Lenden mit aller Kraft,
damit die Räuber keinen Weg finden, zu euch zu kommen.
Denn der Vorteil, auf den ihr bedacht seid,
sie werden ihn finden.
In eurer eigenen Tiefe
sei ein erfahrener Mann!
Als die Frucht reif wahr,
eilte er herbei, die Sichel in der Hand,
und erntete sie.
Wer Ohren hat, zu hören, der höre!

Siehe: *Das Haus des Königreichs.*

Spruch 22

Jesus sah kleine Kinder, die gesäugt wurden.
Er sagte zu seinen Jüngern:
„Diese saugenden Kinder gleichen denen,
die ins Königreich eingehen.“
Sie fragten ihn:
„Wenn wir also klein sind,
werden wir dann ins Königreich eingehen?“
Jesus sagte zu ihnen:
„Wenn ihr aus zwei eins macht,
wenn ihr das Innere wie das Äußere macht
und das Äußere wie das Innere
und das Obere wie das Untere,
und wenn ihr das Männliche
und das Weibliche zu einem Einzigen macht,
so dass das Männliche nicht mehr männlich
und das Weibliche nicht mehr weiblich ist,
wenn ihr Augen macht statt eines Auges
und eine Hand statt einer Hand
und ein Fuß statt eines Fußes
und ein Bild statt eines Bildes,
werdet ihr in das Königreich eingehen.“

Siehe: *Animus und Anima.*

Spruch 23

Jesus sagte:
„Ich werde euch erwählen,
einen aus tausend und zwei aus zehntausend,
und sie werden in ihrem Einssein bestätigt werden.“
Siehe: *Jesu Gleichnisse in der Braut- und Hochzeitsmystik.*

Spruch 24

Seine Jünger sagten zu ihm:
„Unterrichte uns über den Ort, an dem du bist,
denn es ist notwendig, dass wir ihn suchen."
Er sprach zu ihnen:
„Wer Ohren hat, der höre! Licht ist in einem Lichtmenschen, und er erleuchtet die ganze Welt. Leuchtet es nicht, so herrscht Finsternis."

Siehe auch: *Das Geheimnis des Atman*: *Das Selbst ist die Seele.*

Spruch 25

Jesus sagte:
„Liebe deinen Bruder wie deine Seele,
behüte ihn wie deinen Augapfel."

Siehe: *Das Himmelreich*: *Der Weg heraus ist der Weg hindurch.*

Spruch 26

Jesus sagte:
„Den Splitter im Auge deines Bruders, den siehst du;
aber den Balken im eigenen Auge, den siehst du nicht.
Wenn du den Balken aus deinem Auge herausziehst,
dann wirst du genug sehen,
um den Splitter aus dem Auge deines Bruders herausziehen."
Siehe: *Das Himmelreich*: *Der Weg heraus ist der Weg hindurch.*

Spruch 27

„Wenn ihr nicht fastet gegenüber der Welt,
werdet ihr das Königreich nicht finden.
Wenn ihr den Sabbat nicht wie den Sabbat macht,
werdet ihr den Vater nicht sehen."

Siehe: *Das Haus des Königreichs.* [887]

Spruch 28

Jesus sagte:
„Ich trat inmitten der Welt auf
und erschien ihnen im Fleische
und fand alle trunken
und keinen fand ich durstig unter ihnen,
und meine Seele litt für die Menschenkinder,
weil sie blind sind in ihrem Herzen
und nicht sehen, dass sie leer zur Welt gekommen sind,
und sogar versuchen, die Welt leer zu verlassen.
Doch seht, jetzt sind sie betrunken.
Erst wenn sie den Wein ausgeschieden haben,
wird sich ihr Wesen ändern."

Siehe: *Jesus war ein Wanderprediger.*

---

[887] FEv. S. 14-15 in Verbindung mit S. 42

Spruch 29

Jesus sagte:
„Wenn das Fleisch des Geistes wegen entstanden ist,
ist es ein Wunder.
Wenn aber der Geist des Leibes wegen entstanden ist,
ist es ein wundersames Wunder.
Aber ich, ich wundere mich darüber,
wie dieser große Reichtum in dieser Armut gewohnt hat.“

Spruch 30

Jesus sagte:
„Wo drei Götter sind, da sind es Götter;
wo zwei sind oder nur einer,
da bin ich mit ihm.“

Im Matthäusevangelium wurde daraus:
Denn wo zwei oder drei in meinem Namen zusammenkommen,
da bin ich in ihrer Mitte. [888]

Spruch 31

Jesus sagte:
„Kein Prophet gilt etwas in seinem Dorf,
kein Arzt heilt die, die ihn kennen.“

Siehe auch: *Das Thomasevangelium als Literatur - Einleitung zum Grundverständnis des Thomasevangeliums.*

---

[888] Mt 18,20

Spruch 32

Jesus sagte:
„Eine Stadt, die auf einen hohen Berg erbaut wurde
erhöht und die befestigt ist,
kann nicht fallen, noch kann sie verborgen werden."

Siehe: *Jesus hatte Nachfolger.*

Spruch 33

Jesus sagte:
„Das, was ihr mit dem einen Ohr hören werdet,
das schreit in das andere Ohr,
verkünde es von den Dächern."
Denn niemand zündet eine Lampe an
und stellt sie unter den Scheffel
oder an einen verborgenen Ort,
sondern man stellt sie auf einen Leuchter,
damit alle, die kommen und gehen, ihr Licht sehen.

Siehe: *Jesus war ein Wanderprediger.*

Spruch 34

Jesus sagte:
„Wenn ein Blinder einen Blinden führt,
fallen beide hinunter in eine tiefe Grube."

Siehe: *Jesus war ein Wanderprediger. Jesus wollte, dass seine Lehre verbreitet wird.*

Spruch 35

Jesus sagte:
„Niemand kann in das Haus des Starken eindringen
und es mit Gewalt nehmen,
es sei denn, er fesselt ihm die Hände,
dann wird er das Haus auf den Kopf stellen.“
Siehe: *Jesus trieb Dämonen aus.*

Spruch 36

Jesus sagte:
„Sorgt euch nicht von morgens bis abends
und von abends bis morgens darum, was ihr anziehen sollt.“

Matthäus und Lukas greifen diese alltägliche Sorge auch auf. [889] Ihren blumigen Lösungen kannst du entnehmen, dass du dich auf dein Hohes Selbst verlassen sollst.

Spruch 37

Seine Jünger fragten:
„An welchem Tag wirst du dich uns offenbaren,
an welchem Tag werden wir dich sehen?“
Jesus sagte:
„Wenn ihr eure Scham ablegt,
eure Kleider nehmt,
sie vor eure Füße legt
und wie die kleinen Kinder mit Füßen tretet,
dann werdet ihr den Sohn des Lebendigen sehen,
und ihr werdet keine Furcht kennen.“

Wenn ihr euch von den Tabus frei macht, erkennt ihr wer ihr seid.

---

[889] Mt 6,25 28 31; Lk 12,22 26

Spruch 38

Jesus sagte:
„Wie oft habt ihr danach verlangt, diese meine Worte zu hören,
die ich zu euch sage, und ihr habt keinen anderen,
von dem ihr sie hören könnt.
Es werden Tage kommen, an denen ihr mich suchen
und nicht finden werdet."

Dieser Spruch ist nicht symbolisch.

Spruch 39

Jesus sagte:
„Die Pharisäer und die Schriftgelehrten
haben die Schlüssel zur Erkenntnis erhalten
und haben sie versteckt.
Sie sind nicht eingetreten,
und die, die eintreten wollten,
haben sie nicht hineingelassen.
Ihr aber, seid klug wie die Schlangen
und rein wie die Tauben."

Siehe: *Jesus warnte vor dem Establishment.*

Spruch 40

Jesus sagte:
„Ein Weinstock wurde außerhalb des Vaters gepflanzt,
und da er nicht fest steht,
wird er mit seiner Wurzel ausgerissen werden und verdorren.“

Dieses Mal ist von keinem der synoptischen Evangelien Hilfe zu erwarten, dieses Mal kommt sie vom Johannesevangelium. Dort heißt dieser Spruch:

Siehe: Ich bin der wahre Weinstock
und mein Vater ist der Weingärtner.
Jede Rebe an mir, die keine Frucht bringt, schneidet er weg
und jede die Frucht bringt schneidet er zurück
und reinigt sie so, damit sie noch mehr Frucht bringt.
Ihr allerdings seid durch das Wort,
das ich euch verkündigt habe, schon rein.
Bleibt in mir, und ich bleibe in euch!
Eine Rebe kann nicht aus sich selbst heraus Frucht bringen;
sie muss am Weinstock bleiben.
Auch ihr könnt keine Frucht bringen,
wenn ihr nicht mit mir verbunden bleibt.
Ich bin der Weinstock; ihr seid die Reben.
Wer mit mir verbunden bleibt
und ich dann auch mit ihm,
der trägt viel Frucht.
Denn getrennt von mir könnt ihr nichts ausrichten.
Wenn jemand nicht mit mir verbunden bleibt,
wird es ihm ergehen wie den unfruchtbaren Reben,
die man auf einen Haufen wirft und verbrennt.
Er wird weggeworfen und verdorrt. [890]

Siehe: *Ich bin der Weinstock, ihr seid die Reben.*

---

[890] Jh 15,1-6

Spruch 41

Jesus sagte:
„Wer in seiner Hand hat, dem wird man geben;
und wer nichts hat, dem wird auch das Wenige,
das er hat, genommen werden.“

Siehe: *Jesus war ein Wanderprediger.*

Spruch 42

Jesus sagte:
„Seid Vorübergehende!“

Auf dem Stadttor von Fatehpur Sikri, das der Mogulkaiser Akbar der Große, (*1542, †1605) erbauen ließ, sind folgende Worte zu lesen:
Jesus, über den Frieden sei, hat gesagt:
„Diese Welt ist nur eine Brücke.
Geh über sie hinweg, aber baue dort nicht deine Wohnung.“ [891]

Spruch 43

Seine Jünger sagten zu ihm:
„Wer bist du, der du uns solche Dinge sagst?“ –
„Aus dem, was ich euch sage, erkennt ihr nicht, wer ich bin?
Doch ihr, seid wie die Juden,
sie lieben den Baum, sie hassen seine Frucht,
sie lieben die Frucht, sie hassen den Baum.“

Da gibt es nichts zu deuten.

---

[891] Nieuwtestamentische apocriefen, Amsterdam, 1922, Bd. 1, S. 301

Spruch 44

Jesus sagte:
„Wer den Vater lästert, dem wird vergeben werden,
und wer den Sohn lästert, dem wird vergeben werden.
Aber wer den reinen Geist lästert,
dem wird weder auf Erden noch im Himmel vergeben werden."

Siehe: *Gott: Begriffsbestimmung.*

Spruch 45

Jesus sagte:
„Man erntet keine Trauben von den Dornen,
und man pflückt keine Feigen von den Disteln,
denn sie geben keine Frucht.
Ein guter Mensch holt Gutes aus seinem Schatz hervor;
ein böser Mensch holt Böses aus seinem Schatz hervor,
der in seinem Herzen ist,
und er sagt böse Dinge,
denn aus dem Überfluss des Herzens holt er Böses hervor."

Spruch 46

Jesus sagte:
„Von Adam bis Johannes dem Täufer
übertrifft unter den Frauen geborenen
niemand Johannes den Täufer derart,
dass seine Augen nicht brechen werden.
Ich aber habe gesagt:
„Wer von euch klein sein wird,
wird das Königreich erkennen
und größer als Johannes sein."

Siehe: *Johannes der Täufer.*

Spruch 47

Jesus sagte:
„Es ist unmöglich, dass ein Mensch zwei Pferde reitet,
dass er zwei Bogen spannt.
Und es ist unmöglich, dass ein Diener zwei Herren dient,
oder aber, er wird den einen ehren und den anderen verhöhnen.
Niemand trinkt alten Wein und wünscht sofort,
neuen Wein zu trinken.
Neuen Wein gießt man nicht in alte Schläuche,
aus Angst, sie könnten platzen,
und alten Wein gießt man nicht in einen neuen Schlauch,
aus Angst, er könnte ihn verderben.
Man näht nicht einen alten Flicken auf ein neues Kleid,
denn dadurch würde ein Riss entstehen."

Siehe: *Der konservative Petrus.*

Spruch 48

Jesus sagte:
„Wenn zwei Frieden schließen
in ein und demselben Haus,
werden sie zum Berg sagen:
‚Hebe dich, hinweg',
und er wird sich hinwegheben."
Matthäus machte daraus:
Ich versichere euch:
Wenn euer Vertrauen nur so groß wäre wie ein Senfkorn,
könntet ihr zu diesem Berg sagen:
„Rück weg von hier nach dort!"
Und er wird wegrücken. [892]

Dieser Spruch braucht nicht ausgelegt werden.

---

[892] Mt 17,20

Spruch 49

Jesus sagte:
„Selig seid ihr, Einsgewordene, Auserwählte,
denn ihr werdet das Königreich finden.
Da ihr aus ihm hervorgegangen seid,
werdet ihr dahin zurückkehren."

Die Einsgewordenen sind die, die die mystische Hochzeit, die Vereinigung des Mittleren mit dem Hohen Selbst, erreicht haben.
Siehe: *Anfang und Ende des Menschen, Das Niedere Selbst, Das Himmelreich, Braut und Hochzeitsmystik*, *Spruch 16* und *75.*

Spruch 50

Jesus sagte:
„Wenn die Menschen euch fragen,
woher kommt ihr, so antwortet,
wir sind aus dem Licht gekommen,
von dort, wo das Licht aus sich selbst heraus geboren ist.
Wenn sie euch fragen,
wer seid ihr,
so antwortet,
wir sind seine Söhne und die Auserkorenen
des lebendigen Vaters.
Wenn sie euch fragen,
welches ist das Zeichen eures Vaters der in euch ist,
so antwortet, es ist Bewegung und Ruhe."

Siehe: *Anfang und Ende des Menschen.*

Spruch 51

Seine Jünger fragten:
„An welchem Tag wird die Ruhe der Toten eintreten?
Und an welchem Tag wird die neue Welt kommen?“
Er antwortete ihnen:
„Was ihr erwartet, ist gekommen,
aber ihr erkennt es nicht.“

Die Jünger haben den vom Propheten Daniel vorausgesagten Weltuntergang und das mit dem erwarteten Menschensohn eingeleitete Reich Gottes im Auge.

Das Reich Gottes des Daniel wird bei Jesus im Thomasevangelium zu den verschiedenen Reichen.

Siehe: *Das Reich*

Das Königreich des Vaters kommt nicht, es ist da.

Siehe: *Das Königreich des Vaters*

Spruch 52

Seine Jünger sagten zu ihm:
„Vierundzwanzig Propheten haben in Israel gesprochen,
und sie haben alle durch dich gesprochen.“
Er sagte ihnen:
„Ihr habt den Lebendigen,
der vor euch steht, verlassen
und über Tote gesprochen.“

Spruch 53

Seine Jünger fragten:
„Ist die Beschneidung nützlich oder nicht?“
Er antwortete ihnen:
„Wenn sie nützlich wäre,
würde ihr Vater sie beschnitten in ihrer Mutter zeugen.
Aber die wahre Beschneidung, die des Geistes,
hat ihren vollen Nutzen gefunden.“

Die Beschneidung des Geistes ist das Abtrennen der falschen, pharisäischen Lehren.

Spruch 54

Jesus sagte:
„Selig seid ihr, ihr Armen,
denn euch gehört das Himmelreich."

Siehe: *Das Himmelreich*, *Der Weg heraus ist der Weg hindurch.*

Spruch 55

Jesus sagte:
„Wer Vater und Mutter nicht verachtet,
kann nicht mein Jünger werden.
Und wer seine Geschwister nicht verachtet,
und sein Kreuz nicht so trägt wie ich es trage,
wird meiner nicht würdig sein."

Siehe: *Jesus hatte Nachfolger.*

Spruch 56

Jesus sagte:
„Wer die Welt erkannt hat, hat einen Leichnam gefunden;
und wer einen Leichnam gefunden hat,
dessen ist die Welt nicht würdig."

Wer die leblose Welt erkannt hat, hat genug gelernt, und kann sie verlassen.

Spruch 57

Jesus sagte:
„Das Königreich des Vaters gleicht einem Mann,
der guten Samen hatte.
Sein Feind kam in der Nacht

und säte Unkraut unter den guten Samen.
Der Mann ließ das Unkraut nicht ausreißen und sagte:
‚Dass ihr nicht hingeht und das Unkraut ausreißt
und dabei auch den Weizen vernichtet.
Am Tag der Ernte wird sich das Unkraut schon zeigen
und man wird es ausreißen und verbrennen.'"

Siehe: *Das Niedere Selbst.*

Spruch 58

Jesus sagte:
„Selig der Mensch, der gelitten hat,
er hat das Leben gefunden."
Großen Erkenntnissen gehen oft große Leiden voraus.

Spruch 59

Jesus sagte:
„Schaut auf den Lebendigen, solange ihr lebt,
damit ihr nicht sterbt und versucht,
ihn zu sehen und ihn dann nicht sehen könnt."
Schaut auf den Lebendigen, solange ihr lebt, damit ihr die Erinnerung nicht verliert, und ihr ihn dann nicht sehen könnt.

Spruch 60

Sie sahen einen Samarier,
der ein Lamm trug,
und nach Judäa ging.
Jesus fragte seine Jünger:
„Was will dieser mit dem Lamm machen?"
Sie antworteten:
„Es töten und essen."
Er sagte zu ihnen:
„Solange es lebt, wird er es nicht essen,
erst, wenn er es tötet und es ein Leichnam ist."

Sie sagten:
„Anders wird er es nicht machen können."
Er sagte zu ihnen:
„Ihr selbst, sucht euch einen Ort der inneren Ruhe,
damit ihr nicht zu Leichen werdet und man euch isst."
Siehe: *Das Thomasevangelium als Literatur.*

Spruch 61

Jesus sagte:
„Zwei ruhen auf einem Bett,
der einer wird sterben, der andere wird leben."
Salome fragte:
„Wer bist du, Mann?
Hast du, der du aus dem Einen hervorgegangen bist,
nicht mein Bett benutzt und von meinem Tisch gegessen."
Jesus sagte zu ihr:
„Ich bin der, der hervorgegangen ist aus dem, der gleich ist.
Mir wurde gegeben, was von meinem Vater kommt."
Salome sagte:
„Ich bin deine Jüngerin."
Jesus:
„Deshalb sage ich, wenn der Jünger leer ist,
wird er voller Licht sein,
aber wenn er geteilt ist, wird er voller Finsternis sein."

Siehe: *Jesus führte Salome durch Tantra zur Erleuchtung.*

Spruch 62

Jesus sagte:
„Ich sage meine Geheimnisse denen,
die meiner Geheimnisse würdig sind.
Was immer deine Rechte tun wird,
deine Linke soll nicht wissen, was sie tut."
Bei Matthäus wird daraus:
Wenn du den Armen etwas gibst,

dann soll deine linke Hand nicht wissen,
was die rechte tut. [893]

Bezüglich *„Ich sage meine Geheimnisse denen, die meiner Geheimnisse würdig sind,* siehe: *Jesus war ein Schamane.* Anstatt rechter und linker Seite, die heute auf die beiden Gehirnhälften konzentriert werden, wurde rechte und linke Hand gesagt. Gemeint ist, denke über das, was dein Herz sagt, nicht mit deinem Verstand nach.

Spruch 63

Jesus sagte:
„Es war ein reicher Mann,
der ein großes Vermögen besaß.
Er sagte:
‚Ich werde mein Vermögen dazu benutzen,
zu säen, zu ernten, zu pflanzen
und meine Speicher mit Getreide zu füllen,
damit es mir an nichts fehle.'
So dachte er in seinem Herzen;
und in derselben Nacht starb er.
Wer Ohren hat, der höre."

Siehe auch: *Das Niedere Selbst, Hütet euch vor Habsucht.*

Spruch 64

Jesus sagte:
„Ein Mann hatte Gäste;
und als er das Mahl angerichtet hatte,
sandte er seinen Diener aus,
um die Gäste einzuladen.
Dieser ging zum ersten und sagte:
‚Mein Herr lädt dich ein.'

---

[893] Mt 6,3

Der Mann antwortete:
‚Kaufleute schulden mir Geld.
Heute Abend kommen sie zu mir,
und ich werde ihnen Anweisungen erteilen.
Ich entschuldige mich für das Mahl.'
Der Diener ging zu einem anderen und sagte:
‚Mein Herr lädt dich ein.'
Dieser sagte zu ihm:
‚Ich habe ein Haus gekauft;
und brauche einen Tag.
Ich habe keine Zeit.'
Der Diener kam zu einem Dritten und sagte:
‚Mein Herr lädt dich ein.'
Der sagte zu ihm:
‚Mein Freund hat Hochzeit,
und ich werde das Mahl zubereiten.
Ich werde nicht kommen können.
Ich entschuldige mich für das Mahl.'
Der Diener ging zu einem anderen
und sagte zu ihm:
‚Mein Herr lädt dich ein.'
Der sagte zu ihm:
‚Ich habe einen Hof gekauft
und muss die Pacht einfordern.
Ich werde nicht kommen können.
Ich entschuldige mich.'
Der Diener kehrte zurück
und sagte zu seinem Herrn:
‚Die, die du geladen hast,
lassen sich entschuldigen.'
Der Herr sagte zu seinem Diener:
‚Geh hinaus auf die Straße
und bring die mit, die du finden wirst,
damit sie hier essen.
Die Verkäufer und Händler

werden den Ort meines Vaters
nicht betreten.'"

Siehe: *Das Niedere Selbst.*

Spruch 65

Jesus sagte:
„Ein reicher Mann hatte einen Weinberg.
Er gab ihn Pächtern, damit sie ihn bearbeiten
und er aus ihren Händen die Ernte erhielte.
Er schickte einen Diener,
um von den Pächtern die Frucht des Weinbergs zu erhalten.
Sie fielen über den Diener her,
schlugen ihn, und hätten ihn beinahe getötet.
Der Diener ging hin und sagte es seinem Herrn.
Sein Herr sagte:
‚Vielleicht haben sie ihn nicht erkannt.'
Und sandte einen anderen Diener.
Den schlugen die Pächter auch.
Da sandte der Herr seinen Sohn und sagte:
‚Vielleicht werden sie vor ihm, meinem Sohn Achtung haben.'
Da die Pächter wussten, dass er der Erbe des Weinbergs war,
ergriffen sie ihn und brachten ihn um.
Wer Ohren hat, der höre."

Siehe: *Das Niedere Selbst.*

Spruch 66

Jesus sagte:
„Zeigt mir den Stein,
den die Bauleute abgelehnt haben,
er ist es, der Eckstein."

Dieser Spruch findet sich bei allen drei Synoptikern wieder. [894] Jesus übernahm diesen Spruch vom Psalmisten:
Der Stein, den die Bauleute verworfen haben,
ist zum Eckstein geworden. [895]

Spruch 67

Jesus sagte:
„Wer das All erkennt,
aber seiner selbst beraubt wird,
der wird des Alls beraubt."

Im Umkehrschluss bedeutet dies: „Wer sich selbst erkennt, besitzt das All."
Siehe: *Gott: Begriffsbestimmung.*

Spruch 68

Jesus sagte:
„Seid glücklich, wenn man euch hasst,
wenn man euch verfolgt,
und an der Stelle, wo sie euch verfolgt haben,
werden sie keinen Platz finden."

Siehe: *Jesus war ein Wanderprediger*, *Jesus warnte vor dem Establishment*.

Spruch 69

Jesus sagte:
„Selig sind die, die in ihrem Herzen verfolgt wurden;
sie sind es, in Wahrheit, die den Vater gekannt haben.
Selig sind die Hungrigen,
denn man wird den Magen dessen füllen,
der es will."

---

[894] Mt 21,42; Mk 12,10; Lk 20,17
[895] Ps 118,22

In der Bergpredigt bei Matthäus werden die gepriesen, die um der Gerechtigkeit willen verfolgt werden. Ihnen wird ihr Hunger nach Gerechtigkeit gestillt. [896]
Das Thomasevangelium meint: Glücklich die, die von ihrem Hohen Selbst, das sie kennen, getrieben werden. Glücklich die, die nach Wissen hungern, sie werden Wissen erhalten.

Spruch 70

Jesus sagte:
„Wenn ihr das, was ihr habt,
in euch hervorbringt,
wird es euch retten.
Wenn ihr das nicht in euch habt,
wird das, was ihr nicht in euch habt,
euch töten."

Wenn ihr die Liebe in euch hervorbringt, wird sie euch retten. Wenn ihr keine Liebe hervorbringt, wird euch dies töten.

Spruch 71

Jesus sagte:
„Ich werde dieses Haus zerstören,
und niemand wird es wieder aufbauen können."

Siehe: *Jesus und die Auferstehung.*

Spruch 72

Jemand sagte zu ihm:
„Sprich mit meinen Brüdern,
damit sie die Sachen meines Vaters mit mir teilen."
Er antwortete ihm:
„Mensch, wer hat mich zu einem Teiler gemacht?"
Er wandte sich seinen Jüngern zu,

---

[896] Mt 5,6 und 5,10

und sagte zu ihnen: „Bin ich etwa ein Teiler?“

Bei Lukas findet sich:
„Rabbi“, wandte sich einer aus der Menge an Jesus,
„sag meinem Bruder doch,
er soll das Erbe mit mir teilen!“
„Lieber Mann“, erwiderte Jesus,
„wer hat mich denn als Richter
für eure Erbstreitigkeiten eingesetzt?“ [897]
Da gibt es nichts zu deuten.

Spruch 73

Jesus sagte:
„Es ist wahr, dass die Ernte groß ist,
aber die Arbeiter sind knapp.
Bittet also den Herrn,
dass er Arbeiter zur Ernte schicke.“

Siehe: *Das Niedere Selbst.*

Spruch 74

Er sagte:
„Viele stehen um den Brunnen herum,
aber es ist niemand im Brunnen.“

Bei diesem Spruch hatte ich immer das Bild von der Samarianerin mit dem Heiland am Brunnen vor Augen und ich verstand diesen Spruch nicht, bis es mir während eines Mittagessens wie Schuppen von den Augen fiel, dass das lateinische Wort fonticulus die Bedeutung von kleiner Brunnen als auch von kleiner Quelle besitzt. Als ich an Stelle von Brunnen das Wort Quelle setzte, gab dieser Spruch plötzlich einen Sinn. Alle sind um die

[897] Lk 12,13

Quelle, aber keiner ist in der Quelle, nur der, der sagt: „Ich bin im Vater, und der Vater ist in mir.“

Spruch 75

Jesus sagte:
„Viele stehen vor der Tür,
aber es sind die Einsgewordenen,
die ins Brautgemach eintreten werden.“

Siehe: *Jesu Gleichnisse der Braut- und Hochzeitsmystik.*

Spruch 76

Jesus sagte:
„Das Reich des Vaters gleicht einem Kaufmann,
der gerade eine Ladung Waren hatte,
als er eine Perle fand.
Der Kaufmann war klug,
er verkaufte die Waren
und kaufte die einzigartige Perle.
Sucht auch ihr euch den Schatz,
der nicht vergeht,
und dort liegt,
wo die Motte ihn nicht zerfressen
und der Wurm ihn nicht vernichten kann.“

Siehe: *Der Hund, das Schwein und die Perle*, *Ein weiteres Perlengleichnis.*

Spruch 77

Jesus sagte:
„Ich bin das Licht, das über ihnen allen ist.
Ich bin das All.
Das All ist aus mir hervorgegangen,
und das All ist zu mir gelangt.

Spaltet das Holz - und ich bin da.
Richte einen Stein auf,
und dort wirst du mich finden."
Siehe: *Das Geheimnis des Atman.*

Bei den Verehrern des Herrn Zebaoth findet die beste Gottesverehrung im Tempel statt. Habakuk, einer der kleinen Propheten des Alten Testaments, lebte, als der Salomonische Tempel noch stand, etwa zur Zeit des Propheten Jeremias. Bei ihm heißt es:
Was nützt das Schnitzbild, das sein Bildner geschnitzt hat,
das Gussbild und das Lügenorakel,
das der Bildner seiner Gebilde darauf vertraut,
indem er stumme Götzen macht.
Weh dem, der zum Holz spricht: „Wache auf!"
Und zum stummen Steine: „Stehe auf!"
Wie sollte es lehren?
Es ist mit Gold und Silber überzogen
und ist kein Odem in ihm.
Aber der Herr ist in seinem heiligen Tempel.
Es sei vor ihm alle Welt still! [898]
Jesus entgegnete den Jahweverehrern, wie Isa schon ein halbes Jahrtausend vor ihm, dass es keines Tempelgebäudes bedarf.
Siehe auch: *Isa, Samaria.*

Spruch 78

Jesus sagte:
„Warum seid ihr auf die Felder hinausgegangen?
Um ein Schilfrohr zu sehen, das im Wind bewegt wird,
und um einen Menschen zu sehen, der edle Kleider trägt?
Dort sind eure Könige und die Großen der Erde,
sie tragen edle Kleider,

---

[898] Habakuk 2,19f

und sie werden die Wahrheit nicht erkennen."
Siehe: *Johannes der Täufer.*

Spruch 79

Eine Frau aus der Menge sagte zu ihm:
„Selig der Leib, der dich getragen hat
und die Brüste, die dich gestillt haben."
Er antwortete ihr:
„Selig, die das Wort des Vaters gehört haben
und es in Wahrheit bewahrt haben!
Denn es werden Tage kommen,
da ihr sagen werdet:
„Selig der Schoß, der nicht empfangen hat
und die Brüste, die keine Milch gegeben haben."

Das Lukasevangelium trennt diesen Spruch in zwei Teile. Der erste Teil steht bei Lukas 11,27.
Eine Frau aus der Menge sagte zu ihm:
„Selig der Leib, der dich getragen hat
und die Brüste, die dich gestillt haben."
Er antwortete ihr:
„Selig, die das Wort des Vaters gehört haben
und es in Wahrheit bewahrt haben!
Der zweite Teil steht bei Lukas 23,29:
Denn es kommt die Zeit, da wird man sagen:
„Wie gut sind Frauen dran,
die keine Kinder bekommen konnten,
die nie ein Kind geboren und gestillt!"

Dazu gibt es keine geheime Bedeutung.

Spruch 80

Jesus sagte:
„Wer die Welt erkannt hat,
hat den Körper gefunden;
aber wer den Körper gefunden,
dessen ist die Welt nicht würdig."

Spruch 81

Jesus sagte:
„Wer reich geworden ist,
soll König werden,
und wer die Macht hat,
soll ihr entsagen."
In einem solchen Fall werden keine egoistischen Ziele mehr verfolgt, die Selbstbegrenzung ist zu Ende und die Ausdehnung nun zum Nutzen anderer kann beginnen.

Spruch 82

Jesus sagte:
„Wer mir nahe ist, der ist dem Feuer nahe.
Und wer mir fern ist, der ist dem Königreich fern."

Siehe: *Braut- und Hochzeitsmystik.*

Spruch 83

Jesus sagte:
„Die Bilder offenbaren sich dem Menschen,
und das Licht in ihnen ist verborgen.
Im Bild des Lichtes des Vaters wird das Licht offenbar,
und sein Bild wird vom Licht verborgen werden."

Dieser Spruch ist wieder ein poetisches Spiel mit den Wortbedeutungen: Die Bilder des Niederen Selbst offenbaren sich dem

Mittleren Selbst und die Aussage der Bilder werden dem Mittleren Selbst nicht bewusst.
Im Lichte des Hohen Selbst werden die Aussagen erkannt, aber das Hohe Selbst wird nicht erkannt.

Spruch 84

Jesus sagte:
„An den Tagen, da ihr euer Ebenbild seht,
freut ihr euch.
Aber wenn ihr eure Urbilder sehen werdet,
die ursprünglich in euch waren,
die weder sterben noch sich offenbaren,
oh, wie viel werdet ihr dann ertragen?“

An dem Tag, wo ihr euer Hohes Selbst sehen werdet, freut ihr euch. Aber an dem Tag, wo ihr die Bilder eures Niederen Selbst sehen werdet, was könnt ihr dann konfrontieren?

Spruch 85

Jesus sagte:
„Adam ist hervorgegangen aus einer großen Kraft
und aus einem großen Reichtum,
und er war eurer nicht würdig.
Denn wäre er würdig gewesen,
hätte er den Tod nicht geschmeckt.“

Siehe: *Das ewige Leben.*

Spruch 86

Jesus sagte:
„Die Füchse haben ihre Höhlen und die Vögel ihre Nester,
der Sohn des Menschen aber hat keinen Ort,
an dem er sein Haupt hinlegen und sich ausruhen kann.“

Siehe: *Jesus war ein Wanderprediger.*

Spruch 87

Jesus sagte:
„Elend ist der Körper, der von einem Körper abhängt,
und elend ist die Seele, die von diesen beiden abhängig ist."
Elend ist das Kind, das von der Mutterbrust abhängt, elend ist der Körper, der von einem Sexpartner abhängt. Elend ist die Seele, die vom eigenen oder vom Körper eines anderen abhängt.

Spruch 88

Jesus sagte:
„Die Engel werden zu euch kommen,
zusammen mit den Propheten,
und sie werden euch geben,
was euch zusteht.
Ihr selbst, was in euren Händen ist,
das gebt ihnen und bedenkt folgendes:
„An welchem Tag werden sie kommen,
um zu empfangen, was ihnen zusteht?"

Dies ist gnostische Ideologie.

Spruch 89

Jesus sagte:
„Warum reinigt ihr die Außenseite der Schale?
Versteht ihr nicht, dass der, der die Innenseite schuf,
auch die Außenseite geschaffen hat?"

Auch Lukas zitiert diesen Spruch. [899] Er entspringt der ägyptischen Smaragdtafel: *Wie oben, so unten, wie innen, so außen.*

---

[899] Lk 11,40

Spruch 90

Jesus sagte:
„Kommt zu mir, denn leicht ist mein Joch
und meine Herrschaft ist mild,
und ihr werdet Ruhe finden für euch."

Dieser Spruch findet sich auch im Matthäusevangelium. [900] Joch bedeutet in der östlichen Literatur z. B. in der indischen, dass du von einem Guru geführt wirst.

Spruch 91

Sie sagten zu ihm:
„Sage uns, wer du bist, damit wir an dich glauben."
Er antwortete ihnen:
„Ihr erkundet das Antlitz von Himmel und Erde,
und den, der vor euch steht, erkennt ihr nicht;
und diesen Augenblick, ihr wisst ihn nicht zu würdigen."
Daraus wurde bei Lukas:
Er sprach auch zum Volke:
„Wenn ihr eine Wolke aufsteigen seht im Westen,
sagt ihr sogleich:
Es gibt Regen, und es kommt so;
und merkt ihr den Südwind wehen,
sagt ihr: Es wird heiß!
Und es trifft zu. Ihr Heuchler!
Das Aussehen der Erde und des Himmels wisst ihr zu beurteilen;
wieso macht ihr euch kein Urteil über die jetzige Zeit?" [901]

Bei Matthäus [902] und Markus [903] wurde es noch mehr verfremdet. Wer bei Thomas Ohren hat, der hört: „Sage uns, wer

---

[900] Mt 11,29-30
[901] Lk 12,54-56
[902] Mt 16,1-4

du bist, damit wir dich anerkennen." Er sagte: „Ihr prüft den Sternenhimmel, wie die mythologischen drei Weisen aus dem Morgenland , und den, der vor euch ist, habt ihr nicht erkannt, und die Gelegenheit, wo der am Himmel Angezeigte vor euch steht, wisst ihr nicht zu schätzen?"

Spruch 92

Jesus sagte:
„Sucht, und ihr werdet finden.
Aber die Dinge,
nach denen ihr mich
in jenen Tagen befragt habt,
habe ich euch damals nicht gesagt.
Heute will ich sie euch sagen,
und ihr fragt nicht danach."

In Spruch 92 deutet Jesus an, dass er etwas Esoterisches zu sagen hat, das er gerne loswerden will.

Spruch 93

„Gebt den Hunden nicht, was rein ist,
sie könnten es auf den Misthaufen schleppen.
Werft keine Perlen vor die Säue,
sie könnten sie beschmutzen."

Siehe. *Der Hund, das Schwein und die Perle.*

Spruch 94

Jesus sagte:
„Wer sucht, wird finden.
Und wer anklopft,
dem wird geöffnet werden."
Im Matthäus- und Lukasevangelium wurde aus Spruch 94:

---

[903] Mk 8,11-12

Bittet, und ihr werdet bekommen,
was ihr braucht;
sucht, und ihr werdet finden,
klopft an, und es wird euch geöffnet!
Denn wer bittet empfängt;
wer sucht findet;
und wer anklopft,
dem wird geöffnet. [904]

Das Original dürfte das Friedensevangelium sein:
Glücklich seid ihr, dass ihr anklopft,
denn ich will euch die Tür des Lebens öffnen.

Spruch 95

Jesus sagte:
„Wenn ihr Geld habt, verleiht es nicht gegen Zinsen,
sondern gebt es dem, der es nicht zurückgeben wird."
Siehe: *Das Königreich.*

Spruch 96

Jesus sagte:
„Das Königreich des Vaters gleicht einer Frau.
Sie nahm ein wenig Sauerteig,
verbarg ihn im Teig und machte davon große Brote.
Wer Ohren hat, der höre."

Siehe: *Das Königreich des Vaters.*

Spruch 97

Jesus sagte:
„Das Königreich des Vaters gleicht einer Frau,
die einen Krug voll Mehl trug
und einen weiten Weg ging.

---

[904] Mt 7,7-8; Lk 11,9-10

Der Henkel des Kruges zerbrach
und das Mehl rieselte hinter ihr auf den Weg herab.
Da sie nichts davon merkte,
konnte sie es nicht bereuen.
Zu Hause stellte sie den Krug ab und fand ihn leer."

Siehe: *Das Leersein.*

Spruch 98

Jesus sagte:
„Das Königreich des Vaters gleicht einem Mann,
der einen mächtigen Mann töten wollte.
Zu Hause zog er das Schwert aus der Scheide
und durchstach damit die Wand,
um zu sehen, ob seine Hand sicher genug sei.
Dann tötete er den mächtigen Mann."

Siehe: *Das Hohe Selbst.*

Spruch 99

Die Jünger sagten zu ihm:
„Deine Brüder und deine Mutter stehen draußen."
Er sagte zu ihnen:
„Diejenigen, die an dieser Stelle
den Willen meines Vaters erfüllen,
sind meine Brüder und meine Mutter;
sie sind es,
die in das Königreich meines Vaters eingehen werden."

Siehe: *Das Königreich von Jesu Vater.*

Spruch 100

Sie zeigten Jesus ein Goldstück und sagten zu ihm:
„Cäsars Männer fordern Steuern von uns."
Er sagte:
„Gebt Cäsar, was Cäsar gehört,
gebt Gott, was Gott gehört,
und was mir gehört, das gebt mir."

Alle drei Synoptiker zitieren diesen Spruch, aber sie lassen *was mir gehört, das gebt mir,* aus. [905]
Dies ist das einzige Mal, dass im Thomasevangelium Gott genannt wird, sonst ist vom *Vater* die Rede. In diesem Spruch sind mit Gott *die Vertreter Gottes auf Erden* gemeint, *der Tempel, der Klerus.*
Die Situation, in der dieser Spruch fällt, lässt sich aus den anerkannten Evangelien gut ersehen. Die Pharisäer sind gegen Jesus und wollen ihm eine Falle stellen.
Und so meint er: „Zahlt dem Kaiser die Steuern, dem Tempel was er verlangt und öffnet mir eure Herzen, damit ich euch aus der Falle holen kann, in der ihr steckt.

Spruch 101

Wer seinen Vater und seine Mutter nicht hasst, so wie ich,
wird nicht mein Jünger werden können.
Und wer seinen Vater und seine Mutter nicht liebt so wie ich,
wird nicht mein Jünger werden können.

Siehe: *Jesus als Zwölfjähriger im Tempel.*

---

[905] Mt 22, 15-22;Mk 12,13-17; Lk 20,20-26

Spruch 102

Jesus sagte:
„Wehe den Pharisäern, sie gleichen einem Hund,
der im Futtertrog der Ochsen liegt;
weder frisst er selbst,
noch lässt er die Ochsen fressen.“

Siehe: *Der Ochse.*

Spruch 103

Jesus sagte:
„Selig der Mensch, der weiß,
wo und wann die Räuber einbrechen werden,
so dass er aufstehen kann, um seine Kräfte zu sammeln
und seine Lenden zu gürten, bevor sie hereinkommen.“

Das Matthäusevangelium ändert das Thomaszitat wieder tendenziös ab:
Und es ist doch klar:
Wenn ein Hausherr wüsste,
zu welchem Zeitpunkt der Dieb kommt,
würde er wach bleiben und nicht zulassen,
dass in sein Haus eingebrochen wird.
So sollt auch ihr immer bereit sein,
denn der Menschensohn wird dann kommen,
wenn ihr es gerade nicht erwartet,
zu welcher Stunde der Dieb kommt. [906]
Während das Thomasevangelium ausdrückt, sich vor Dämonenbesetzung in Acht zu nehmen, meint das Matthäusevangelium, du sollst auf die Wiedererscheinung Jesu achten.
Im Grunde ist es ein Ausschnitt von Spruch 21, der auf das Friedensevangelium zurückgeht. Siehe: *Das Haus des Königreichs.*

---

[906] Mt 24,43-44; Lk 12,39

Spruch 104

Sie sagten zu ihm:
„Komm, lass uns heute beten und fasten."
Jesus sagte:
„Welche Sünde, habe ich denn begangen
oder wovon bin ich besiegt worden?
Aber wenn der Bräutigam das Brautgemach verlässt,
dann ist es an der Zeit, zu fasten und beten!"

Im Matthäusevangelium heißt die entsprechende Stelle:
Einmal kamen die Jünger des Johannes zu Jesus und fragten:
„Wie kommt es, dass wir und die Pharisäer so viel fasten,
deine Jünger aber nicht?"
Jesus erwiderte:
„Können die Hochzeitsgäste denn trauern,
wenn der Bräutigam bei ihnen ist?
Die Zeit kommt früh genug,
dass der Bräutigam von ihnen weggenommen sein wird.
Dann werden sie fasten. [907]
Siehe: *Braut- und Hochzeitsmystik.*

Spruch 105

Jesus sagte:
„Wer den Vater kennt und die Mutter,
wird man den Hurensohn rufen."

Siehe: *Der Erzeuger von Jesu Körper.*

---

[907] Mt 9,14-15

Spruch 106

Jesus sagte:
„Wenn ihr aus zwei eins macht,
werdet ihr des Menschen Sohn sein.
Und wenn ihr sagt:
Berg, hebe dich hinweg,
wird er sich wegheben."

Im Matthäus- und Markusevangelium lässt der unerschütterliche Glaube Berge versetzen. [908] Die Kraftanstrengung, welche den unerschütterlichen Glauben zusammenhält, löst sich in Harmonie auf, wenn das Mittlere Selbst sich, wie im Thomasevangelium empfohlen, mit dem Hohen Selbst vereinigt.

Spruch 107

Jesus sagte:
„Das Königreich ist gleich einem Hirten,
der hundert Schafe hatte.
Eins, von ihnen, das Größte, verschwand.
Er ließ die neunundneunzig stehen
und suchte das eine,
bis er es gefunden hatte.
Nach dieser Prüfung sagte er zu dem Schaf,
ich liebe dich mehr als die neunundneunzig."

Daraus wurde im Matthäusevangelium:
Was meint ihr?
Wenn jemand hundert Schafe hat
und eines davon verirrt sich,
lässt er dann nicht die neunundneunzig
in den Bergen zurück und zieht los,
um das verirrte Schaf zu suchen?
Und wenn er es dann findet,

---

[908] Mt 17,20; 21,21; Mk11,23

ich versichere euch:
Er wird sich über das Schaf mehr freuen
als über die neunundneunzig,
die sich nicht verlaufen haben.
Genauso ist es bei eurem Vater im Himmel:
Er will nicht,
dass auch nur einer
von diesen Geringgeachteten verloren geht. [909]
Das Matthäusevangelium machte aus dem Himmlischen Vater, dem *Hohen Selbst,* den Vater im Himmel, *Jehova*. Siehe auch: *Das Reich* und *bei Das Königreich.*

Spruch 108

Jesus sagte:
„Wer von meinem Mund trinkt,
wird wie ich sein.
Und ich werde wie er sein,
und das Verborgene wird sich ihm offenbaren."
Wer mir zuhört, wird mich verstehen, und ich werde ihn verstehen, und er wird mein geheimes Wissen erhalten.

Spruch 109

Jesus sagte:
„Das Königreich gleicht einem Menschen,
der auf seinem Feld einen verborgenen Schatz hatte,
von dem er nichts wusste.
Als er starb, hinterließ er das Feld seinem Sohn.
Der Sohn wusste nichts,
nahm das Feld und verkaufte es.
Der Käufer kam und fand den Schatz beim Pflügen,
und er begann, Geld gegen Zins auszuleihen,
an wen er wollte."

---

[909] Mt 18,12-14; Lk 15,4-7

Siehe: *Tantra.*

Spruch 110

Jesus sagte:
„Wer die Welt gefunden hat
und reich geworden ist,
der soll der Welt entsagen."

Wer den weltlichen Luxus gefunden hat, der kann sich dann an den spirituellen machen, am besten, wenn er den weltlichen loslässt.

Spruch 111

Jesus sagte:
„Die Himmel werden sich
vor euren Augen aufrollen,
ebenso die Erde.
Und der Lebendige,
hervorgegangen aus dem Lebendigen,
wird weder Tod noch Furcht kennen.
Wer sich selbst findet, dessen ist die Welt nicht würdig."

Der Kosmos wird sich euch erschließen, und ihr werdet eure Göttlichkeit erkennen. Und wenn ihr eure Göttlichkeit erkannt habt, seid ihr über diese Welt hinausgewachsen.

Spruch 112

Jesus sagte:
„Wehe dem Fleisch, das von der Seele abhängig ist.
Wehe der Seele, die vom Fleisch abhängig ist."

Wehe dem Körper, der vom Handeln des Mittleren Selbst abhängig ist, zum Beispiel durch die Zufuhr von Arznei oder Drogen. Wehe dem Mittleren Selbst, das vom Körper abhängig ist, zum Beispiel von der Schönheit seines Körpers.

Spruch 113

Seine Jünger sagten zu ihm:
„Das Königreich, an welchem Tage wird es kommen?“
Jesus sagte:
„Wenn man danach Ausschau hält,
wird man es nicht kommen sehen.
Man wird nicht sagen:
‚Schau, hier ist es!‘ oder: ‚Siehe, dies ist der Augenblick!‘
Aber das Königreich des Vaters breitet sich über die Erde aus,
und die Menschen sehen es nicht.“

Siehe: *Das Königreich.*

Spruch 114

Simon Petrus sagte zu ihnen:
„Mariham (Maria-Magdalena) soll aus unserer Mitte verschwinden,
denn die Frauen sind des Lebens nicht würdig.“
Jesus sagte:
„Seht, ich werde sie zu mir holen,
um sie männlich zu machen,
damit auch sie ein lebendiger Geist werde,
euch Männern gleich.
Denn jede Frau, die männlich wird,
wird in das Himmelreich eingehen.“

Siehe: *Animus und Anima.*

✧

Fachwortverzeichnis

> : siehe bei dem folgenden Wort

Ach, ägyptisch: Hohes Selbst.

Anima, lateinisch: Seele; weiblicher Seelenanteil.

Animus, männlicher Seelenanteil; > Anima.

apokryph, die Bedeutung des griechischen Wortes *apokryph* reicht von *geheim* über *nicht erkennbar* bis *unecht*.

Archetyp, Komponente des kollektiven Unbewussten im Menschen z. B. der Held, der Schurke, die Heilige, die Hure usw.

Atman, Sanskrit: individualisierte Seele, die mit allem, was ist, verbunden ist.

Aumakua, hawaiianisch: Hohes Selbst.

Ba, ägyptisch: Niederes Selbst.

Bharata, siehe Nachkomme Bharatas.

Brahman, Sanskrit: Schöpfer; im Zyklus der Schöpfung mythisch vergöttlichter Schöpfungsbefehl. Siehe in diesem Zusammenhang Mythos.

Chakra, Tor für die feinstoffliche Energie.

Daniel, jüdischer Prophet zur Zeit des babylonischen Exils.

Ebionäer, *die Armen,* sie lebten nach dem Armutsideal, siehe den Brief des Jakobus 1,9; 2,5; 5,1-5.

Eschatologie, die Lehre von den letzten Dingen.

Essäer, hebräisch: die Frommen, zurzeit Jesu drittgrößte, jüdische Religionspartei, asketisch, esoterischer Kult, aus dem Jesus hervorkam. Siehe S. 47

Essener, aramäisch: Die Frommen > Essäer.

Evangelium, griechisch: Gute Nachricht oder frohe Botschaft.

Gita, Kurzbezeichnung für Baghavad Gita, Sanskrit: *Der Gesang des Erhabenen;* das heilige Buch der Hindu, „Hindubibel“.

Gnosis, griechisch: Erkenntnis; Gnosis ist eine zum > Paulinismus konkurrierende, ursprünglich christliche Lehre, welche fragt: Wer sind wir, wo kommen wir her und wo gehen wir hin?

gnostisch, die > Gnosis betreffend.

Habakuk, jüdischer Prophet wirkte um 600 v. Z.

Helix, Wendel oder Schraubenlinie, laienhaft auch Spirale genannt.

Ho'oponopono, der hawaiianische Begriff bedeutet, *etwas richtig zu stellen, etwas in Ordnung zu bringen, Fehler wiedergutmachen*. Es ist eine althergebrachte hawaiianisch-schamanische Methode zur Auflösung von Konflikten und Fehlverhalten in Familien.

Huna, hawaiianische Weisheitslehre.

Ka, ägyptisch: Mittleres Selbst.

Kephas, hebräisch: Fels, der Erste unter den essenischen Brüdern.

Koan, ein Widerspruch, um vom Denken weg, hin zur Meditation zu kommen.

Kundalini, Sanskrit: *Schlange*. Der Name kommt daher, dass diese Kraft als schlafende, zusammengerollte Schlange am Beckenboden dargestellt wird. Sie gilt als die der Materie nächststehende Kraft im Menschen. Siehe S. 118; **222-226**

Logos, griechisch: Wort; gemeint ist der Schöpfungsbefehl (Jh 1,1)

Maat, siehe bei Prana.

Mandäer, Nachfolger des Kultes von Johannes dem Täufer.

matriarchalisch, das Matriarchat betreffend, bei dem die Mütter die größere Verantwortung, als die Väter, tragen.

Melchizedek, geistiger Führer, höher als nach der jüdischen Ordnung des Aron, (Heb 7,11), z. B. Melchizedek der Stadtkönig und oberste Priester (1. Mos 14,17-20) oder auch Jesus.

Mystik, Geheimlehre, besondere Form der Religiosität, bei der der Mensch durch Hingabe und Versenkung zu persönlicher Vereinigung mit seinem Gott zu gelangen sucht.

Mythos, eine Idee, die, obwohl weitläufig geglaubt, falsch ist. Er verleiht Macht denen, die zwar die Wahrheit kennen, aber ihn ausnutzen, um die Gesellschaft zu kontrollieren. Der religiöse Mythos ist das mächtigste Werkzeug, das wohl je erfunden wurde.

Nachkomme Bharatas, Indoarier.

Nazaräer, aramäisch: die Frommen. Nachfolger der Lehre Jesu. Siehe auch S. 35

Nazarener, andere Bezeichnung für die > Nazaräer.

Nestorianer, Christen, deren Patriarch Thaddäus, also der Apostel Thomas, ist.

Nibiru, Planet unseres Sonnensystems, seine Umlaufzeit beträgt etwa dreitausend Jahre.

Pantheismus, griechisch: Lehre, dass alles göttlich ist.

Parabrahman, Sanskrit: Vorstellung eines höchsten Schöpfers.

patriarchalisch, das Patriarchat betreffend, bei dem die Väter die größere Verantwortung, als die Mütter, tragen; Herrschaft, der Männer.

Paulinismus, Irrlehre des Völkerapostels Paulus von der Erlösung durch Jesus Christus, dass keine Werke erforderlich seien, sondern der Glaube allein genüge, und Gott bestrafe.

Pharisäer, zurzeit Jesu fanatische und größte Religionspartei mit dem Glauben an die Auferstehung.

Prana, Sanskrit: Im ganzen Universum bestehende Lebenskraft. Sie wird im ägyptischen Kult *Maat* genannt, im Hawaiianischen *Mana*, im Chinesischen *Qi*, im Japanischen *Ki*, in Europa hat sie mehrere Namen: *l'elan vital, Od, Orgon, Universion* usw. Zwar wird die Lebensenergie in den verschiedenen Kulturen unterschiedlich benannt, doch wenn es eine Gemeinsamkeit aller Religionen gibt, dann ist dies der Respekt vor dem Ausdruck der Lebensenergie. Ohne Lebensenergie ist Schöpfung nicht möglich. Im Christentum klingt diese Urkraft in Mk 3,28-29 als Heiliger Geist an.

Prolog, griechisch: Vorwort.

Redaktion, Abänderung eines Schriftstücks.

Sadduzäer, zurzeit Jesu zweitgrößte, jüdische Religionspartei, welche nicht an die Auferstehung glaubte, und nur die fünf Bücher des Moses akzeptierte.

Samarianer, Bewohner Samarias; zwischen Judäa und Galiläa. Für sie zählen nur die fünf Bücher Mose. Sie titulieren ihren Messias mit > Wiederhersteller.

Samaritaner, andere Bezeichnung für > Samarianer.

Samariter, andere Bezeichnung für > Samarianer.

Schiva, Sanskrit: Gott der Zerstörung; im Zyklus der Schöpfung mythisch vergöttlichte Beendung einer Schöpfung. Siehe in diesem Zusammenhang Mythos.

Skuld, nordische Schicksalsgöttin des Zukünftigen; im Zyklus der Schöpfung mythisch vergöttlichter Schöpfungsbefehl. Siehe in diesem Zusammenhang Mythos.

Soziopath, Geisteskranker, der nur an sich selbst denkt und glaubt, alle anderen seien Dummköpfe, die er für sich und seine Ziele wie in Papiertaschentuch benutzen und nach Gebrauch fallen lassen kann.

Synoptiker, Verfasser der synoptischen Evangelien, nämlich die Evangelisten Matthäus, Markus und Lukas.

synoptisch, griechisch: syn + optisch; syn bedeutet *gleich*, wie in synchron, - was *gleichzeitig* meint - und optisch meint, *wie etwas aussieht*: gleichaussehend.

synoptische Evangelien, gleichaussehende Evangelien, nämlich die Evangelien nach Matthäus, Markus und Lukas.

Theosophie, esoterische Lehre der 1875 gegründeten Theosophischen Gesellschaft.

transzendieren, über einen Bereich hinaus in einen anderen (hin)-übergehen.

Uhane, hawaiianisch: Mittleres Selbst.

Unihipili, hawaiianisch: Niederes Selbst.

Upanischaden, indische Weisheitsbücher.

Urd, nordische Schicksalsgöttin des Gewordenen. Es heißt nicht Schicksalsgöttin des Seienden, das Sein gehört bereits der Vergangenheit an. Im Zyklus der Schöpfung mythisch vergöttlichte Beendung einer Schöpfung. Siehe in diesem Zusammenhang Mythos.

Verdani, nordische *Schicksalsgöttin des Werdens*; im Zyklus der Schöpfung mythisch vergöttlichtes Werden und Fortbestehen einer Schöpfung. Siehe in diesem Zusammenhang Mythos.

Vischnu, Sanskrit: Gott des Werdens und Fortbestehens; im Zyklus der Schöpfung mythisch vergöttlichtes Werden und Fortbestehen einer Schöpfung. Siehe in diesem Zusammenhang Mythos.

Wiederhersteller, Messias der Samarianer, ein erwarteter Prophet aus dem Stamme Joseph.

Yang: chinesisch: Yang kann zunächst einmal als *männlich* bezeichnet werden. Ein gutes Beispiel in der Natur findet sich beim Tierrudel. Einer ist das Alpha-Männchen, und alle anderen Männchen haben zu kuschen. Sie müssen sich die Alpha-Position in erbitterten Rang-Kämpfen erobern. Bei Rudeltieren gibt es eine strenge Hierarchie. Das Vorbild für die Ellenbogengesellschaft bildet das Rudel.

Yin, chinesisch: Yin kann zunächst einmal als *weiblich* bezeichnet werden. Als ein gutes Beispiel in der Natur gilt der Bienen- oder Ameisenstaat. Alle Bienen sind weiblich. Die Drohnen werden nur zur Befruchtung der Bienenkönigin herangezüchtet und nach dem Hochzeitsflug als unnütze Fresser getötet. Der Kommunismus gleicht dem Insektenstaat, wo alle gleichwertig sind und die Parteibonzen der Königin entsprechen.

Zolkin-Zyklus, ein Zyklus nach dem Mayakalender von 539 Jahren.

Quellenangaben

Literatur

Biblische Texte
bevorzugt von Karl-Heinz Vanheiden, www.kh-vanheiden.de

Friedensevangelium:
Das Friedensevangelium der Essener, Buch 1, aus dem Aramäischen von Dr. Ed. B. Székely, Verlag Bruno Martin, Südergellersen, 1983[6]

Evangelium des vollkommenen Lebens aus dem aramäischen Urtext ins Englische übersetzt und herausgegeben von Rev. G. J. Ouseley. Deutsche Übersetzung: Humata Verlag Harold S. Blume, Bern, 1974[5]

Thomasevangelium:
bevorzugt von: E. van Ruysbeek/ Marcel Messing (ins Deutsche übertragen von Eva Thielen): *Das Thomasevangelium - Seine östliche Spiritualität*, Düsseldorf und Zürich, 2001[2]

Das äthiopische Henochbuch:
Elizabeth Clare Prophet: ***Gefallene Engel und der Ursprung des Bösen*** - *Das verbotene Buch Henoch und seine erstaunlichen Offenbarungen,* München, 2010[3]

Das Totenbuch der Ägypter:
Das Totenbuch der Ägypter eingeleitet und übersetzt von Erik Hornung, Goldmann Verlag, 1993

Upanischaden:
Upanischaden, aus dem Sanskrit übertragen und erläutert von Paul Thieme, Phillip Reclam jun.-Verlag, Stuttgart, 1966

Bhagavad Gita
Bhagavad-Gita - Wie sie ist. Vollständige Ausgabe mit originalen Sanskritversen, lateinischen Transliterationen, deutschen Synonymen, Übersetzungen und ausführlichen Erklärungen. Herausgeber: Internationale Gesellschaft für Krsna-Bewusstsein e. V., 3. Auflage

Der Koran:
Aus dem Arabischen übertragen von Max Henning, Phillip Reclam jun.-Verlag, Stuttgart, 1973

Nikolaus Notovitsch: ***Die Lücke im Leben Jesu,*** Stuttgart, 1894

Brandon Bays: ***The Journey™*** *Der Highway zur Seele,* Ullstein, Berlin, 2008[9]

Max Freedom Long: ***Kahuna-Magie*** – *Das Wissen um die weise Lebensführung, Verlag Hermann Bauer,* Freiburg i. Br. 1994[3]

Max Freedom Long: ***Die verborgene Lehre Jesu*** – *Eine Huna-Interpretation der vier Evangelien,* Schirner Verlag Darmstadt, 2004

Jane Roberts: ***Gespräche mit Seth*** - *Von der ewigen Gültigkeit der Seele*, Ariston Verlag, Genf, 1984[4]

Phyllis Virtue-Carmel: ***Planet der Wandlung*** – *Offenbarung des Rates der Neun,* Verlag „Die Silberschnur" Güllesheim 1997[2]

Elmar R. Gruber, Holger Kersten: ***Der Ur-Jesus - Die buddhistischen Quellen des Christentums,*** Frankfurt/M; Berlin, 1996

Tom Harpur: ***Der Heidnische Heiland*** - *Auferstehung des ursprünglichen Glaubens,* München, 2005

Edgar Hennecke; Wilhelm Schneemelcher: ***Neutestamentliche Apokryphen*** 1. Band *Evangelien,* Tübingen, 1959[4]

Edgar Hennecke; Wilhelm Schneemelcher: ***Neutestamentliche Apokryphen*** 2. Band *Apostolisches, Apokalypsen und Verwandtes,* Tübingen, 1964[4]

Stuart Wilson; Joanna Prentis: ***Die Essener*** - *Kinder des Lichts,* Darmstadt, 2010[3]

Bilder

N. Aujoulat: *Szene aus dem Schacht der Höhle von Lascaux in Frankreich,* Seite 223
Mein Dank geht an Centre national de Préhistore, Frankreich.

E. Naville, in: Das Ägyptische Todtenbuch der XVIII bis XX Dynastie, Berlin, 1886: *Die drei im Menschen miteinander verbundenen, geistigen Wesen,* Seite 259

Peter A. Söhngen

Der Märchenerzähler

Orientalische Liebesmärchen

Jupiter-Verlag

110 Seiten,
8 farbige Bilder
21x14,9 cm,
ISBN 3-9807822-5-5

Diese orientalischen Märchen berühren das weite Spektrum von der irdischen Liebesglut bis zum himmlischen Angenommensein.

Aufschlussreiche und unterhaltsame Märchen für Liebende und alle, die geliebt sein wollen.

Peter A. Söhngen

Stadt ohne Väter

Befreiung aus Unterdrückung

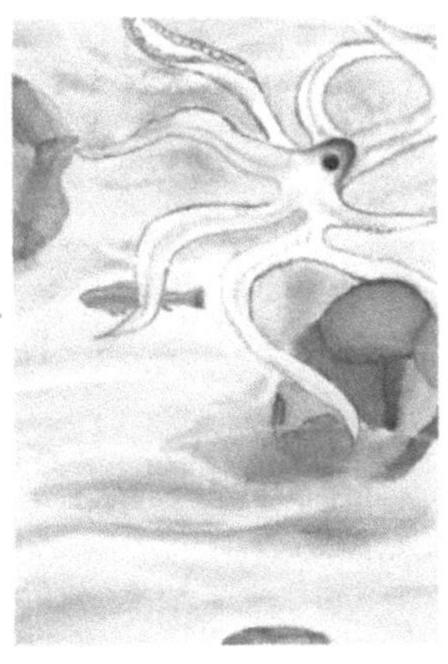

Jupiter - Verlag

133 Seiten, 2 Karten,
21x14,9 cm,
ISBN 3-9807822-1-2

„Stadt ohne Väter“ will als Wegweiser für ein erfolgreiches menschliches Zusammenleben dienen.

Der Hintergrund bildet Kleinasien, in seinem Konflikt zwischen gesellschaftlichem Fortschritt und konservativem Traditionalismus. Im Vordergrund stehen zwei Frauen, die mit ihren Kindern das Heimatdorf verlassen, um der patriarchalischen Unterdrückung zu entkommen. In ihren Konflikten verständigen sie sich mit neuen Märchen und traditionellen Geschichten aus verschiedenen Kulturkreisen. Diese stellen die eigentliche Mitte des Buches dar.